KROATISCH LERNEN? NEMA PROBLEMA! BAND 2

SABA LJUŠIĆ · ACHIM HUBIG

Kroatisch lernen? Nema problema!

Band 2

ISBN 978-3-9810940-3-9

1. Auflage 2008 © 2008 Joachim Hubig Verlag • Stauffenbergstr. 13 • 69469 Weinheim • info@nema-problema.de
Alle Rechte vorbehalten.

Das Werk und seine Teile, insbesondere auch beiliegende Datenträger, sind urheberrechtlich geschützt. Jede Nutzung in anderen als den gesetzlich zugelassenen Fällen bedarf der vorherigen schriftlichen Einwilligung des Verlags.
Bei der Zusammenstellung von Texten, Abbildungen sowie Material auf beiliegenden Datenträgern wurde mit größter Sorgfalt vorgegangen. Dennoch können Fehler nicht vollständig ausgeschlossen werden. Verlag und Autoren können für fehlerhafte Angaben und deren Folgen weder eine juristische noch irgendeine Haftung übernehmen.
Auf verschiedenen Seiten dieses Buches befinden sich Verweise (Links) auf Internetadressen. Trotz sorgfältiger inhaltlicher Kontrolle wird die Haftung für die Inhalte der externen Seiten ausgeschlossen. Für den Inhalt dieser externen Seiten sind ausschließlich deren Betreiber verantwortlich.

Lektorat: Renata Šavor-Köhl, Heidelberg; Barbara Zeller, Mannheim
Druck: Sonnenscheindruck, www.sonnenscheindruck.de
Layout und Gestaltung: Margit Hubig, Weinheim • lillijo@t-online.de

KROATISCH LERNEN? NEMA PROBLEMA

Inhaltsverzeichnis Band 2

KROATISCH LERNEN? 1
   HINWEISE ZUM GEBRAUCH DIESES BUCHES 2

1.   TRAŽIMO DENISA! – SUCHEN WIR DENIS! 3
   TRAŽIMO DENISA! – KONVERSATION 3
   GRAMMATIK UND ÜBUNGEN 6
      Reći, rečem, reci(te) – nichts als Lautveränderungen 6
      Das Perfekt 6
      Der Verbaspekt 11
      Die „doppelte" Verneinung 15
      Deklination der Fragewörter tko und što 15
      Nekoliko + Genitiv + Verb 17
      Živio oder živjela oder živjeli? Das Partizip Perfekt in neuer Bedeutung (Optativ) 18
      Die Präposition za in unterschiedlicher Bedeutung 20
      Wiederholung (1) 21
   VOKABELLISTE ZUR 1. LEKTION 22

2.   U BOLNICI – IM KRANKENHAUS 24
   U BOLNICI – KONVERSATION 24
   GRAMMATIK UND ÜBUNGEN 27
      Die i – Deklination 27
      Jotierung – schon wieder eine Lautveränderung 28
      Die Deklination der Personalpronomina 32
      Der possessive Dativ 36
      Što/sve + Komparativ eines Adverbs 37
      Wiederholung (2) 40
   VOKABELLISTE ZUR 2. LEKTION 41

3.   TENISKI TURNIR – TENNISTURNIER 43
   TENISKI TURNIR – KONVERSATION 43
   GRAMMATIK UND ÜBUNGEN 47
      Die Deklination der Adjektive (Singular und Plural) 47
      Die Deklination der Possessivpronomina im Singular 51
      Uživati + u + Lokativ 53
      Das reflexive Possessivpronomen svoj 54
      Die Deklination der Possessivpronomina im Plural 56
      Die Präposition s(a) mit Genitiv 57
      Wiederholung (3) 58
   VOKABELLISTE ZUR 3. LEKTION 60

4.   PRVI TEST – ERSTER TEST 62
   VOKABELLISTE ZUR 4. LEKTION 68

5.   TREBAMO NOVU GUMU – WIR BRAUCHEN EINEN NEUEN REIFEN 69
   TREBAMO NOVU GUMU – KONVERSATION 69
   GRAMMATIK UND ÜBUNGEN 73
      Possessivadjektive (besitzanzeigende Adjektive) 73
      Deklination von Eigennamen 76

      Der Imperativ für die dritte Person (Jussiv) 79
      Wiederholung (5) 81
   VOKABELLISTE ZUR 5. LEKTION 82

6.   JEDRENJE ILI RONJENJE? – SEGELN ODER TAUCHEN? 84
   JEDRENJE ILI RONJENJE? – KONVERSATION 84
   GRAMMATIK UND ÜBUNGEN 87
      Die erste Palatalisation 87
      Der Aorist 88
      Der Aorist des Hilfsverbs biti 91
      Der Konditional I 91
      Finalsätze 97
      Der Dativ auf die Frage wohin 99
      Kollektive Zahlwörter 99
      Wiederholung (6) 102
   VOKABELLISTE ZUR 6. LEKTION: 103

7.   KUPOVINA U ZADRU – EINKAUF IN ZADAR 105
   KUPOVINA U ZADRU – KONVERSATION 105
   GRAMMATIK UND ÜBUNGEN 110
      God in Verbindung mit einem Pronomen 110
      Die Demonstrativpronomina ovaj, taj und onaj 110
      Das Partizip Passiv 114
      Das Partizip Passiv in adjektivischer Verwendung 117
      Passivsätze im Präsens 120
      Bekleidung 121
      Tumarati ulicom – warum der Instrumental? .. 122
      Monatsnamen und Datumsangaben 122
   VOKABELLISTE ZUR 7. LEKTION 127

8.   DRUGI TEST – ZWEITER TEST 129
   VOKABELLISTE ZUR 8. LEKTION 136

9.   PLITVIČKA JEZERA – PLITWITZER SEEN 137
   PLITVIČKA JEZERA – KONVERSATION 137
   GRAMMATIK UND ÜBUNGEN 141
      Das Relativpronomen koji /-a/-e (welcher /welche/welches) 141
      Das Pronomen čiji (wessen, wem gehörend) ... 145
      Deklination der Maskulina auf –a, -o und -io. 147
      Deklination der Maskulina auf andere Vokale 149
      Himmelsrichtungen 150
      Wiederholung (9) 152
   VOKABELLISTE ZUR 9. LEKTION 153

10.   PISMA IZ HRVATSKE – BRIEFE AUS KROATIEN 155
   PISMA IZ HRVATSKE – KONVERSATION 155
   GRAMMATIK UND ÜBUNGEN 157
      Die Deklination von sav 157
      Das Gerundium I (Partizip Präsens Aktiv) 159
      Adjektivische Verwendung des Gerundium I ... 162
      Die Deklination von otac 162

Lautveränderungen: Konsonantenverschmelzung und Assimilation *163*
Das Gerundium II *164*
Die Deklination von oko und uho *166*
Der Konditional II *167*
Wiederholung (10) *170*
VOKABELLISTE ZUR 10. LEKTION 171

11. SPREMANJE ZA ODLAZAK – VORBEREITUNG ZUR ABFAHRT **173**

SPREMANJE ZA ODLAZAK – KONVERSATION 173
GRAMMATIK UND ÜBUNGEN 177
Wegen – zbog oder radi? *177*
Das Reflexivpronomen *179*
Adjektive – bestimmte und unbestimmte Form. *181*
Die Jahreszeiten *184*
Zeitangaben mit Akkusativ oder Genitiv *185*
Verwendung perfektiver und imperfektiver Verben *187*
Wiederholung (11) *190*
VOKABELLISTE ZUR 11. LEKTION 191

12. TREĆI TEST – DRITTER TEST **193**
Die Deklination von mati und kći *200*
VOKABELLISTE ZUR 12. LEKTION 201

LÖSUNGEN DER ÜBUNGEN **202**

LEKTION 1 TRAŽIMO DENISA 202
LEKTION 2 U BOLNICI 205
LEKTION 3 TENISKI TURNIR 208
LEKTION 4 PRVI TEST 211
LEKTION 5 TREBAMO NOVU GUMU 214
LEKTION 6 JEDRENJE ILI RONJENJE? 217
LEKTION 7 KUPOVINA U ZADRU 220
LEKTION 8 DRUGI TEST 224
LEKTION 9 PLITVIČKA JEZERA 226
LEKTION 10 PISMA IZ HRVATSKE 229
LEKTION 11 SPREMANJE ZA ODLAZAK 232
LEKTION 12 TREĆI TEST 235

ALPHABETISCHES VOKABELVERZEICHNIS 237

KROATISCH – DEUTSCH 237

INDEX 254

Kroatisch lernen?

Vorwort

Wenn Sie dieses Buch in Händen halten, haben Sie schon die ersten Hürden zum Erwerb der kroatischen Sprache gemeistert, zählen zu den Fortgeschrittenen und haben die oben gestellte Frage für sich mit einem „Na klar!" beantwortet. Und Sie sind motiviert, Ihr erworbenes Wissen zu vertiefen und Ihre Fertigkeiten im Sprechen und Schreiben weiter auszubauen.

Wir sind mit diesem zweiten Band unserem bewährten Konzept des ersten Bands treu geblieben. An einen überwiegend in Dialogform aufgebauten Konversationstext mit praxisnahen Themen schließen sich ausführliche, didaktisch aufbereitete grammatikalische Informationen mit reichhaltigem Übungsmaterial an.

Das vorliegende Buch ist in Verbindung mit der CD auch zum Selbststudium geeignet, zumal es sich nicht an Anfänger richtet. Dennoch empfehlen wir, wenn möglich, seine Verwendung in Verbindung mit einem Sprachkurs und einem qualifizierten Kroatischlehrer (es darf auch gerne eine Lehrerin sein).

Wir wünschen allen, die mit Hilfe unseres Buches ihre Kroatischkenntnisse weiter verbessern wollen, viel Erfolg und Spaß! Für Rückmeldungen, Verbesserungs- oder Ergänzungsvorschläge sind wir jederzeit offen und dankbar.

Unser besonderer Dank gilt

- *Danica und Jure Kadija (Turanj, Kroatien) für ihre Anregungen zum Buch und ihre nie ermüdende Hilfsbereitschaft*
- *Roko Pedišić (†, Turanj, Kroatien) für seine Gastfreundschaft*
- *Renata Šavor-Köhl (Heidelberg) und Barbara Zeller (Mannheim) für das gewissenhafte und kreative Lektorat*

Weinheim, im Juli 2008 *Saba Ljušić und Achim Hubig*

Hinweise zum Gebrauch dieses Buches

Der vor Ihnen liegende zweite Band von „Nema problema" umfasst wie der erste 12 Lektionen. Selbstverständlich ist dies nicht gleichzusetzen mit 12 Unterrichtsstunden, auch dann nicht, wenn es sich dabei um Doppelstunden (in der Regel 90 Minuten) handelt.

In diesem Buch versorgen wir Sie mit vielfältigem, abwechslungsreich aufbereitetem und authentischem Material, so dass Sie damit sehr viel mehr als 12 Unterrichtsstunden verbringen können. Nehmen Sie sich also für eine einzelne Stunde nicht zu viel vor, sondern unterteilen Sie bei Bedarf den Konversationstext und die Grammatik in sinnvolle Abschnitte! Lockern Sie das Lernen durch Sprech- und Vokabelübungen auf! Und ganz wichtig: Wiederholen Sie von Zeit zu Zeit den bereits behandelten Stoff, um den Lernerfolg zu kontrollieren und abzusichern! Diesem Zweck dienen auch die Lektionen 4, 8 und 12, in denen Sie anhand zahlreicher Übungen Ihren Kenntnisstand testen können. Außerdem haben wir am Ende vieler Lektionen kleine Übungseinheiten aus den Stoffgebieten des ersten Bands aufgenommen.

Auch wenn wir uns große Mühe gegeben haben, die Grammatik verständlich zu machen, gilt wie überall: ohne Fleiß kein Preis!

- Nehmen Sie sich möglichst eine oder mehrere feste Zeiten innerhalb der Woche vor, in der Sie Vokabeln lernen, Aufgaben bearbeiten und üben, am besten zusammen mit einem Partner! Sie haben wenig Zeit zum Lernen? Seien Sie kreativ! Führen Sie beispielsweise (trotz der ausführlichen Vokabelverzeichnisse in unserem Buch) eine Vokabelkartei oder ein kleines Vokabelheft, das Sie überall hin mitnehmen können! Verzichten Sie im Warteraum beim Arzt auf die langweilige Lektüre uralter Zeitschriften und nehmen Sie sich stattdessen in kleinen Portionen (optimal 7) neue Vokabeln vor!

- Bemühen Sie sich, möglichst viel selbst zu sprechen! Lesen Sie die Lektionstexte mehrmals laut vor und lassen Sie die Aussprache von Ihrem Kroatischlehrer kontrollieren!

- Nutzen Sie außerdem jede Gelegenheit, Kroatisch zu hören! Auch wenn Sie nicht gleich nach Kroatien fahren, gibt es dafür genug Möglichkeiten, zum Beispiel mit der beiliegenden CD. Konversationstexte und Diktate befinden sich auf der CD und sind im Buch an der betreffenden Stelle mit dem neben stehenden Symbol gekennzeichnet. Auch Radiosendungen – Radio Zagreb können Sie mit einem Weltempfänger problemlos empfangen - oder im Internet ausgestrahlte Radio- und Fernsehprogramme kroatischer Rundfunkanstalten (z.B. www.hrt.hr) können Ihnen beim Verbessern der eigenen Aussprache behilflich sein.

- Lesen Sie in wohldosierten Portionen kroatische Texte (beispielsweise in Zeitungen, Zeitschriften oder auf entsprechenden Internetseiten, etwa www.vecernji.hr)!

Der große Umfang der Konversationstexte machte es erforderlich, die CD als Sammlung von mp3-Dateien zu konzipieren. Sie sollte auf jedem neueren CD- bzw. DVD-Player und natürlich auf jedem Computer abspielbar sein. Sie erhalten mit dem Kauf dieses Buchs samt CD die Erlaubnis, zur ausschließlich privaten Verwendung die CD auf andere Datenträger (USB-Sticks, Flash-Cards u.a.) zu kopieren oder sich aus Teilen der CD eine Audio-CD zu brennen.

Wenn Sie dieses Buch erfolgreich durchgearbeitet haben, haben Sie einen großen Schritt nach vorne getan. Sie sollten erweiterte Lese-, Schreib- und Sprechfertigkeiten erworben haben, wie sie etwa in den Kompetenzstufen B1 und B2 des europäischen Referenzrahmens beschrieben werden.

1. Tražimo Denisa! – Suchen wir Denis!

Tražimo Denisa! – Konversation

Monika, Klaus i Denis bili su na lijepom izletu na Kornatima. Na kraju izleta Monika i Klaus nalaze se opet u luci u Biogradu, ali Denis je nestao.

Monika:	Što misliš, Klause? Gdje ćemo naći Denisa?
Klaus:	Ne znam točno, ali mislim da ga je najbolje tražiti u blizini luke. Idi desno do trga kralja Tomislava a ja idem ravno do trga Svete Stošije gdje se nalazi crkva. Vidimo se opet za 20 minuta.
Monika:	U redu. Nadajmo se da se nije ništa dogodilo.

Kroatisch	Deutsch
nestati, nestanem	verschwinden
blizina	Nähe
trg	Platz, Marktplatz
kralj	König
sveti /-a/-o	heilig
za (zeitl)	in

Biograd: Trg kralja Tomislava

20 minuta kasnije

Monika:	Nisam ga našla. A ti?
Klaus:	Ni ja ga nisam našao. Ali sreo sam jednu ženu. Ona mi je rekla da na plaži neka djeca igraju nogomet. Kao što znaš Denis se vrlo zanima za nogomet. Idemo tamo lijevo. Na kraju Zadarske ulice se nalazi plaža. Možda je Denis tamo.
Monika:	Možda. Ali nisam baš sigurna.

Monika i Klaus su krenuli lijevo. Kad su stigli na plažu, Monika je skoro izgubila nadu.

Kroatisch	Deutsch
ni	auch nicht, nicht einmal
igrati (se)	spielen
nogomet	Fußball
zanimati (se)	(sich) interessieren
krenuti (se) (pf), krenem	bewegen, sich in Bewegung setzen, aufbrechen
stići (pf), stignem (ppf stigao /-gla)	ankommen, erreichen
izgubiti (pf)	verlieren
nada	Hoffnung

Monika: Klause, vidi! Djeca! Kako se ona igraju i viču! Ali Denis nije ni tu.

Klaus: Samo malo! Ovdje, u mom novčaniku imam jednu sliku našeg sina. Pitajmo djecu jesu li vidjela Denisa! ... Halo! Djeco! ... Trebamo vašu pomoć! Pogledajte ovu sliku! Ovo je naš sin Denis. Je li ga netko od vas vidio?

Djeca prekidaju igru i gledaju sliku. Tiho je na nekoliko sekundi. Onda djeca odmahuju glavom i nastavljaju igru. Samo jedan mali dječak stoji i promatra sliku.

Dječak: Ja sam vidio vašeg sina!

Monika: Zaista? Gdje?

Dječak: U luci.

Monika: Ali Denis nije u luci.

Dječak: Naravno sada nije. Nekoliko muškaraca je povelo Denisa.

Klaus: Jesi li siguran? Je li to istina?

Dječak: Zacijelo! Ali ako meni ne vjerujete...

Monika: U redu, u redu! Molim te, reci mi gdje se sada nalazi Denis!

Dječak: Ne znam. Oni muškarci su poveli Denisa i otišli autom.

Klaus: A ti ne znaš kamo.

Dječak: Tako je.

Klaus: Jesi li upamtio registraciju auta?

Dječak: Nisam.

Klaus: A možeš li opisati te muškarce ili auto?

Dječak: Mogu! Auto je bio velik. Njegova boja je bila crvena.

Klaus: U redu. Ne znam da li si nam puno pomogao. Ipak hvala ti na informacijama! Čekaj! Ovdje imaš 5 kuna za sladoled ili nešto drugo.

Dječak: Hvala!

Klaus: U redu.

Kroatisch	Deutsch
vikati, vičem (ipf)	schreien
mom, Kurzform von mojem	(in) meinem / meiner
novčanik	Geldbörse
netko (Gen nekoga)	(irgend)jemand
prekidati	unterbrechen, abbrechen
igra	Spiel
odmahivati, odmahujem	abwinken
~ glavom	den Kopf schütteln
nastavljati (ipf)	fortsetzen, weitermachen
dječak	Junge
promatrati (ipf)	betrachten, beobachten
muškarac	Mann
povesti, povedem	mitnehmen (einer Person)
istina	Wahrheit
vjerovati (u), vjerujem	glauben (an), vertrauen
otići (pf), odem/otiđem	weggehen, abfahren
upamtiti	sich merken
registracija	Registrierung, (Kfz) Zulassung
registracija auta	Nummernschild
opisati, opišem	beschreiben
boja	Farbe
primati	empfangen, entgegennehmen
brinuti (se), brinem	(sich) sorgen, kümmern
sve više	immer mehr

Mali dječak prima novac i vraća se drugoj djeci. Monika i Klaus se brinu sve više ...

Monika:	Što misliš, Klause? Da li je netko oteo Denisa?
Klaus:	Ma ne! Možda su ga ljudi prebacili kolima kući.
Monika:	Možda imaš pravo. To možemo odmah provjeriti. Nazovi Juru i pitaj da li je Denis kod kuće!
Klaus:	Dobra ideja! Ovdje imam njegov broj telefona. Čekaj! ... Halo, Jure? ... Vi niste Jure? Koga ja tražim? Naravno Juru! ... U redu, čekam ... Jure! Konačno! Ovdje Klaus. Molim govorite malo glasnije! Slabo Vas čujem ... Je li Denis u apartmanu, u autokampu ili kod Vas? ... Nije! Tražimo ga već više od jednog sata, a on je otišao sa nekim ljudima autom ... Ne znamo točno s kim ... Da, ostaje nam samo jedna mogućnost: Idemo na policiju ... Što? Hoćete li doći? Ah, Jure, to je super! Gdje? ... Da, znamo gdje je autobusni kolodvor. Možemo se tamo sresti. Za 15 minuta. Dobro. Vidimo se kasnije!

Točno u 19:30 sreću se Monika, Klaus i Jure na autobusnom kolodvoru u Biogradu. Moniki je malo lakše, jer se nada da im Jure može pomoći.

Monika:	Hvala bogu! Vi ste ovdje, Jure! Vi nam možete pomoći?
Jure:	Naravno! Prvo idemo na policiju. Ja znam službenike i oni će nam svakako pomoći. Osim toga donio sam Vaše isprave tako da policija može dobiti sve informacije koje treba.
Klaus:	Odlično! Zaboravio sam Vam to reći.
Jure:	Nema problema! Hajdemo! Moramo ići na drugi kat ove zgrade. Ja ću razgovarati sa službenicima.

Na policijskoj upravi. Jure razgovara sa službenicima, pokazuje isprave i slike, službenici dugo telefoniraju. Monika i Klaus slušaju i pokušavaju sve razumjeti. Konačno se Jure okreće svojim gostima i smješka.

Monika:	Jure, što je sada?
Jure:	Budite bez brige! Jeste li možda sve razumjeli?

Kroatisch	Deutsch
oteti, otmem	wegnehmen, entführen
prebaciti	hinüberwerfen, überführen
kola (n, Pl)	Wagen
prebaciti kolima (+ Dat)	mit dem Wagen nach ... bringen
provjeriti	überprüfen
nazvati, nazovem	nennen, anrufen
koga?	wen?
glasan /-sna/-o	laut, deutlich
slab /-a/-o	schwach, hier: schlecht
neki /-e/-a	irgendwelche
mogućnost (f)	Möglichkeit
policija	Polizei
autobusni /-a/-o	Autobus~
kolodvor	Bahnhof
sretati (se) (ipf), srećem	(sich) treffen
im (Dat Pl)	ihnen
bog (Pl bogovi)	Gott
hvala bogu!	Gott sei Dank!
službenik	hier: Beamter
osim (+ Gen)	außer
osim toga	außerdem
tako da	so dass
kat	Stock(werk)
zgrada	Gebäude, Bauwerk
razgovarati	sprechen, sich unterhalten
policijski /-a/-o	Polizei~
pokazivati (ipf), pokazujem	zeigen
pokušavati (ipf)	versuchen
razumjeti, razumijem	verstehen
okretati (se) (ipf), okrećem	(sich) umdrehen, zuwenden
svoj /-a/-e	sein
smješkati se	lächeln, schmunzeln

		Kroatisch	Deutsch
Klaus:	Nismo, skratite nam muke i recite što ste saznali!	skratiti	(ver)kürzen
		saznati (pf)	erfahren
Jure:	U redu! Prvo: Nitko nije oteo Denisa.	nitko	niemand
Klaus:	Ali ... ?	relativan /-vna/-o	relativ
Jure:	Drugo: Denis je relativno dobro.	bolnica	Krankenhaus
Klaus:	Ali ... ?	ortopedski /-a/-o	orthopädisch
Jure:	Treće: On se malo povrijedio i nalazi se u bolnici.	policajac	Polizist
		uprava	Verwaltung
Monika:	Hajdemo u bolnicu! ... U kojoj se bolnici nalazi naš sin?	sumnja	Zweifel
		što prije	so früh wie möglich
Jure:	Ovdje, u Biogradu ima jedna ortopedska bolnica, manje od dva kilometra odavde. Tamo je Vaš sin.	kretati (ipf), krećem	losgehen, aufbrechen
Klaus:	Čekajte! Je li policija sigurna da je Denis tamo?		
Jure:	Jest! Policajci su telefonirali sa upravom bolnice. Tamo se nalazi Denis, bez svake sumnje.		
Klaus:	Kakva dobra vijest! Hvala lijepa, Jure!		
Jure:	Nema na čemu! Požurimo sada ili večeras nećete vidjeti Denisa.		
Monika:	Požurimo, jer ga želim što prije vidjeti!		

Monika, Klaus i Jure kreću u bolnicu.

Grammatik und Übungen

Reći, rečem, reci(te) – nichts als Lautveränderungen

Im aktuellen Lektionstext fordert Klaus Jure mit den Worten

„... recite što ste saznali!"

auf, zu sagen, was er in Erfahrung gebracht hat. Wir gehen hier nur ganz kurz auf die verschiedenen, schwer durchschaubaren Lautveränderungen ein.
Der Infinitiv des Verbs reći (und einer ganzen Reihe weiterer Verben) endete früher auf –kti an Stelle von -ći. Reći hieß früher also rekti. Der alte Stamm rek- taucht aber noch indirekt in verschiedenen Formen auf. Durch Lautveränderung wird beispielsweise im Präsens aus dem k mit nachfolgendem e ein č (wir gehen an späterer Stelle darauf nochmals unter dem Stichwort *erste Palatalisation* ein). Im Imperativ (recite!) wird nach den Regeln der zweiten Palatalisation, die Sie schon aus dem ersten Band kennen, aus dem k im Stamm ein c, da der Vokal i folgt (vgl. Rijeka – u Rijeci). Diese Information sollte uns für den Anfang genügen.

Das Perfekt

Bereits im ersten Band haben wir mit dem Perfekt Bekanntschaft gemacht. An dieser Stelle erfolgt eine vertiefende Besprechung, wobei wir zum einen auf die Bildung des Partizip Perfekt, zum anderen auf den Verbaspekt eingehen. Wir wissen über die Bildung des Perfekts bisher folgendes:

Perfekt ⟶ **Präsens von biti + Partizip Perfekt**

Das Partizip Perfekt hat die **Endungen**

Singular	**-o** (m)	**-la** (f)	**-lo** (n)
Plural	**-li** (m)	**-le** (f)	**-la** (n)

Bei den Verben, deren Infinitiv auf **–ti** endet, werden die in der Tabelle aufgelisteten Endungen an den Präsensstamm angehängt. Vor der ersten Übung geben wir Ihnen zwei Beispiele aus dem Konversationstext.

Monika, Klaus i Denis **bili su** ...
... ali Denis **je nestao**.

Übung 1.1

Übersetzen Sie die folgenden Sätze!

1. Jasmina hat Eis gekauft. - ....
2. Jure und Danica sind in Turanj geblieben. - ....
....
3. Das Kind ist nicht im Meer geschwommen. - ....
4. Wann bist du in Zagreb gewesen? - ....
5. Die Verkäuferinnen sind sehr nett gewesen. - ....
....
6. Dieser Ausflug war sehr schön. - ....
7. Marko hat langsam gesprochen. - ....
8. Wann haben die Frauen Radio gehört? - ....
....

Bei Verben, deren Infinitiv vor der Endung -ti ein –s- enthält, wird dieses häufig bei der Bildung des Partizip Perfekt gestrichen. Dazu zwei Beispiele:

sre**sti**, sretnem   Partizip Perfekt: sre**o** / sre**la** / sre**lo** ...
je**sti**, jedem   Partizip Perfekt: je**o** / je**la** / je**lo** ...

Tražimo Denisa! – Suchen wir Denis!

Jetzt lernen wir weitere Formen des Partizip Perfekt. Wir haben dieses Kapitel in drei Abschnitte unterteilt.

In die **erste Gruppe** von Verben gehören das uns bestens bekannte **ići** und alle Verben, die sich aus diesem Verb ableiten wie z. B. doći oder ući. Wir streichen bei diesen Verben die Infinitivendung –ći, ersetzen diese durch den Konsonanten –š– und verwenden dann die gleichen Endungen wie bereits gelernt. Beim Maskulinum Singular wird an Stelle der Endung –o die Endung -ao verwendet (wir kennen diese Endung schon von Adjektiven wie topao/topla/toplo). Die folgende Tabelle soll am Beispiel der Verben ići und doći den Sachverhalt verdeutlichen. Der Vollständigkeit halber haben wir auch die Pluralformen aufgelistet.

Infinitiv	Perfektstamm	Partizipformen (Sg)	Partizipformen (Pl)
i**ći**	i**š**-	i**š**ao / i**š**la / i**š**lo	i**š**li / i**š**le / i**š**la
do**ći**	do**š**-	do**š**ao / do**š**la / do**š**lo	do**š**li / do**š**le / do**š**la

Nach dem gleichen Schema werden die Formen des Partizip Perfekt bei folgenden Verben gebildet, die allesamt auf Zusammensetzungen mit dem Verb ići beruhen.

Kroatisch	*Deutsch*	*Kroatisch*	*Deutsch*
otići	weggehen, fortfahren	**izaći / izići**	herausgehen
proći	vorübergehen, durch~	**ući**	hereingehen, hinein~
naći	finden	**poći**	losgehen, abfahren

Die obige Aufstellung ist nicht vollständig, genügt aber vorläufig. Üben Sie die neuen Formen!

Übung 1.2

Übersetzen Sie die folgenden Sätze!

1. Monika und Klaus sind in die Bank hineingegangen. - ....
   ....

2. Marija hat Geld gefunden. - ....

3. Der Bus ist um 9:00 abgefahren. - ....

4. Nada und Vesna sind nicht gekommen. - ....

5. Das Kind ist aus dem Zimmer herausgegangen. - ....
   ....

Das war doch gar nicht so schwer. Eine wichtige Information zu den genannten Verben müssen wir aber noch verarbeiten. Alle von ići abgeleitete Verben haben perfektiven Aspekt, daher haben wir sie auch konsequenterweise für die Bildung des Perfekts verwendet. Sie alle besitzen demnach ein Verb mit imperfektivem Aspekt als „Partner". Als Beispiele dienen hier die Verbpaare doći/dolaziti, naći/nalaziti oder ući/ulaziti. Wir machen uns dies noch an zwei Sätzen klar.

Tamo dolazi autobus.	-	Dort kommt der Bus. (Präsens)
Jučer je došao autobus.	-	Gestern ist der Bus gekommen. (Perfekt)

Wir gehen in einer späteren Übung nochmals auf den Verbaspekt ein.

Die Verben in unserer **zweiten Gruppe** enden im Infinitiv ebenfalls auf **-ći**. Diese Verben endeten früher einmal auf -ti wie andere Verben, jedoch fand im Laufe der Zeit eine Lautveränderung statt. Beispielsweise wurde, wie schon zuvor erwähnt, aus re**kti** das Verb re**ći** (sagen), aus mo**gti** wurde mo**ći** (können). Im Partizip Perfekt (und zum Teil auch im Präsens) taucht der alte Stamm wieder auf. Die Endungen entsprechen zum Glück exakt denen der ersten Gruppe.

Infinitiv	Perfektstamm	Partizipformen (Sg)	Partizipformen (Pl)
re**ći**	rek-	rek**ao** / rek**la** / rek**lo**	rek**li** / rek**le** / rek**la**
mo**ći**	mog-	mog**ao** / mog**la** / mog**lo**	mog**li** / mog**le** / mog**la**

Wir listen einige Verben auf, deren Partizip Perfekt nach obigem Muster gebildet wird. Da hilft nichts: Wir müssen zum Infinitiv sowohl die erste Person Präsens als auch das Partizip Perfekt lernen.

Infinitiv	1. Pers. Präsens	Partizipform (m, Sg)	Deutsch
leći	legnem	legao	sich hinlegen
stići	stignem	stigao	ankommen
dići	dignem	digao	(hoch)heben
pomoći	pomognem	pomogao	helfen
obući	obučem	obukao	anziehen
vući	vučem	vukao	ziehen, schleppen

Machen Sie auch zu diesen Verben zwei kleine Übungen!

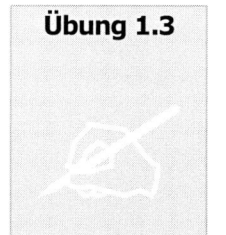

Übung 1.3

Übersetzen Sie die folgenden Sätze!

1. Die Touristen sind in Senj angekommen. - ....

2. Ljilja hat ein T-Shirt angezogen. - ....

3. Das Boot hat den Anker um 16:00 Uhr gelichtet (=hochgehoben). - ....
....

4. Das Kind hat sich auf die Luftmatratze gelegt. - ....
....

5. Die Frau konnte Klaus nicht helfen. - ....

Übung 1.4

Setzen Sie den Satz 1 der Übung 1.3 in den Singular und die Sätze 3, 4 und 5 in den Plural!

Die **dritte Gruppe** von Verben endet im Infinitiv auf –jeti. Wichtige Beispiele sind živjeti (leben), vidjeti (sehen) und htjeti (wollen). Im Konversationstext fragt Klaus mit

„Je li ga netko od vas **vidio?**",

ob jemand Denis gesehen hat. Wir merken uns, dass in der maskulinen Form Singular (und nur in dieser!) an Stelle des –je- ein –i- tritt. Also sieht die Übersicht über diese Verbgruppe so aus:

Infinitiv	Partizipformen (Sg)	Partizipformen (Pl)
živjeti	živ**io** / živje**la** / živje**lo**	živje**li** / živje**le** / živje**la**
vidjeti	vid**io** / vidje**la** / vidje**lo**	vidje**li** / vidje**le** / vidje**la**
htjeti	ht**io** / htje**la** / htje**lo**	htje**li** / htje**le** / htje**la**

Jetzt haben wir das Perfekt perfekt im Griff – beinahe. Bei **reflexiven Verben** wie nadati se (hoffen), vratiti se (zurückkommen) oder tuširati se (sich duschen) müssen wir zunächst auf die **Stellung des Reflexivpronomens** innerhalb eines Satzes achten: Grundsätzlich steht es hinter den unbetonten Formen von biti. Dazu zwei kleine Sätze:

        Ja sam se nadao ...   -   Ich habe gehofft ...
bzw.   Nadao sam se ...

Bei Entscheidungsfragen steht das Reflexivpronomen direkt hinter dem Fragepartikel li.

        Jesi li se tuširao?   -   Hast du dich geduscht?
        Jesu li se vratili u 8 sati?   -   Sind sie um 8 Uhr zurückgekommen?

Es folgt eine letzte Kleinigkeit: In der dritten Person Singular fehlt bei reflexiven Verben die entsprechende Form (je) des Hilfsverbs biti. Also merken wir uns:

KROATISCH LERNEN? NEMA PROBLEMA! BAND 2

	ja sam se vratio	ti si se vratio
aber:	on se vratio	ona se vratila

Beachten Sie, dass bei der Verneinung das Hilfsverb biti nicht verschwinden kann, auch nicht in der dritten Person (Beispiele: nisam se vratio, nije se vratio)!

Bevor wir eine umfassende Übung zum Perfekt machen, sollten Sie selbst zum Sprechen kommen.

Übung 1.5

Nehmen Sie sich einige Minuten Zeit und notieren Sie sich auf einem Stichwortzettel, was Sie oder jemand aus Ihrer Familie/Ihrem Bekanntenkreis gestern oder am Wochenende gemacht haben. Auf dem Zettel sollten wirklich nur Stichworte stehen. Tragen Sie Ihre Erlebnisse anschließend auf Kroatisch in wenigstens 5 Sätzen möglichst frei vor!

In der folgenden Aufgabe geht es nur um die richtigen Perfektformen.

Übung 1.6

Ergänzen Sie die passende Form des Perfekts und erforderlichenfalls auch die passende Form von biti! Das zu verwendende Verb steht in der Klammer.

Beispiel : Jure .... (doći) autom.
Jure **je došao** autom.

1. Jučer smo .... (raditi) cijeli dan.
2. Danica .... (živjeti) u Rijeci.
3. Turisti .... (vratiti se) u 20 sati.
4. Neno .... (tuširati se) poslije sporta.
5. Jasmina i Monika .... (leći) na krevet.
6. Denis .... (htjeti) ići na izlet.
7. Djeca nisu .... (reći) gdje ....(vidjeti) Denisa.
8. Marina .... (izaći) iz banke.
9. Zašto .... Klaus i Monika .... (biti) na plaži?

Der Verbaspekt

Bereits im ersten Band haben wir perfektive/imperfektive Verbpaare aufgelistet. Werfen Sie erforderlichenfalls dort noch einmal einen Blick auf die Seite 73 ff! Wir listen hier nur einige wenige Verbpaare, vorwiegend neue aus der aktuellen Lektion, auf.

Tražimo Denisa! – Suchen wir Denis!

Beispiel Nr.	Perfektives Verb	Imperfektives Verb	Bedeutung
1	nestati, nestanem	nestajati, nestajem	verschwinden
2	naći, nađem	nalaziti	finden
3	krenuti, krenem	kretati, krećem	losgehen
4	stići, stignem	stizati, stižem	ankommen
5	viknuti, viknem	vikati, vičem	schreien
6	nastaviti	nastavljati	fortsetzen
7	vratiti se	vraćati se	zurückkehren
8	otići, otiđem / odem	odlaziti	weggehen
9	ostati, ostanem	ostajati, ostajem	(ver)bleiben
10	sresti (se), stretnem	sretati (se), srećem	(sich) treffen
11	doći, dođem	dolaziti	kommen
12	pomoći, pomognem	pomagati, pomažem	helfen
13	objasniti	objašnjavati	erklären

Bei einigen dieser Verbpaare sehen wir relativ leicht, welches das perfektive und welches das imperfektive Verb ist, auch dann, wenn das Verbpaar nicht so schön in einer Tabelle aufgelistet ist.

> Bei den von ići abgeleiteten Verben enden die imperfektiven Verben auf –laziti (Beispiele 2, 8 und 11) und gehören zur i-Konjugation, während die perfektiven zur e-Konjugation gehören.

> Häufig entsteht aus dem perfektiven Verb das zugehörige imperfektive durch Erweiterung um eine oder sogar zwei Silben (Beispiele 1, 9 und 13). Für Freunde der Grammatik: Eine solche, im Wortinneren eingefügte Silbe nennt man Suffix.

Ein Tipp: Achten Sie in Zukunft beim Lernen neuer Verben auf den Verbaspekt! Lernen Sie mit einem neuen Verb gleich den Aspektpartner mit!

Zum Glück gibt es eine Reihe von Verben, wie etwa biti, živjeti oder nadati se, die sowohl perfektiven als auch imperfektiven Aspekt besitzen. Gleiches gilt für Verben auf -irati, die sich von Fremdwörtern ableiten lassen, beispielsweise telefonirati oder organizirati.

Die folgende Übersicht informiert Sie nochmals in Kürze über die Verwendung perfektiver und imperfektiver Verben. Denken Sie aber daran, dass dieses Schema als Orientierungshilfe gedacht ist und nicht als starre, unumstößliche Regel!

Perfektives Verb ⟶ Perfekt, Futur, Imperativ, mit Modalverb

Imperfektives Verb ⟶ Präsens

In Nebensätzen können auch perfektive Verben im Präsens verwendet werden. Wenn eine Handlung in der Vergangenheit andauert, kann unter Umständen das imperfektive Verb besser als das perfektive passen. Wir werden uns mit diesen Problemen später noch einmal auseinandersetzen.

Sie können nichts mit dem Begriff Modalverben anfangen? Dies sind Verben, die die Art und Weise (den Modus) beschreiben, wie ein anderes Verb auszuführen ist, beispielsweise sollen, müssen, dürfen, mögen, können usw. Ein kleines Beispiel:

	Klaus želi doći u 20 sati.	-	Klaus möchte um 20 Uhr kommen.
Aber:	Klaus dolazi u 20 sati.	-	Klaus kommt (gerade) um 20 Uhr.

Doch nun endlich zu einer passenden Übung!

Übung 1.7

Übersetzen Sie die folgenden Sätze! Achten Sie besonders auf die richtige Verwendung des perfektiven bzw. imperfektiven Verbs!

1. Der Lehrer erklärt den Kindern, warum der Autobus spät angekommen ist. - ....
....
2. Die Touristen kommen ins Apartment zurück. - ....
3. Der Gast zahlt dem Kellner die Rechnung. - ....
4. Die Polizei wird den Touristen helfen. - ....
5. Ein kleiner Junge hat Monika geholfen. - ....
6. Komm ins Zimmer herein! - ....
7. Josip bleibt lange in der Post. - ....
8. Die Kinder haben geschrieen. - ....
9. Warum ist deine Tochter verschwunden? - ....
10. Wer ist zum Strand aufgebrochen? - ....
11. Warum drehst du dich nicht um, wenn ich dich rufe? - ....
....

Übung 1.8

Setzen Sie die Sätze 1, 2, 3, 5, 6, 8, 9 und 11 vom Singular in den Plural bzw. umgekehrt!

Sie kennen bereits das Verb *žuriti (se)* – (sich) beeilen – aus dem ersten Band? Im aktuellen Lektionstext hat Jure seine Gäste aber mit **požurimo** aufgefordert, sich zu beeilen. Offenbar ist *požuriti* das perfektive, *žuriti* das imperfektive Verb. Es kommt gar nicht so selten vor, dass ein Verb durch eine vorangestellte Silbe (Präfix) einen perfektiven Aspekt erhält. Zur Verdeutlichung haben wir einige häufig vorkommende Verbpaare dieser Art notiert.

Perfektives Verb	Bedeutung	Imperfektives Verb	Bedeutung
popiti, popijem	(aus)trinken	piti, pijem	trinken
pogledati	(an)schauen	gledati	schauen
popušiti	(zu Ende) rauchen	pušiti	rauchen
zakasniti	sich verspäten	kasniti	sich verspäten
izgubiti	verlieren	gubiti	verlieren
napisati, napišem	aufschreiben, fertig schreiben	pisati, pišem	schreiben

Das letzte Beispiel der Tabelle zeigt, dass durch das Präfix nicht nur ein perfektiver Aspekt entsteht, sondern zugleich eine (graduelle) Änderung in der Bedeutung des Worts eintreten kann.

Übrigens: Sogar im Deutschen ist es möglich, dass ein Verb durch ein Präfix außer einer Änderung der Bedeutung einen perfektiven Aspekt erhält. Aus dem Verb *finden* entsteht das eindeutig perfektive Verb *erfinden*. Man sagt:

Thomas Edison erfand die Glühbirne. (abgeschlossene Handlung in der Vergangenheit)

Will man das Wort erfinden im Präsens verwenden, so muss man den imperfektiven Aspekt erzwingen, beispielsweise durch Ergänzung eines geeigneten, die Gegenwart beschreibenden Worts:

Er erfindet *gerade* die Glühbirne. (nicht abgeschlossene Handlung)

Mit der nächsten Übung beenden Sie Ihren mühsamen Weg durch den Dschungel der perfektiven und imperfektiven Verben.

Übung 1.9

Überlegen Sie zunächst, was der Satz auf Deutsch bedeuten soll! Ergänzen Sie dann den unvollständigen Satz! Wählen Sie dabei jeweils ein passendes in der obigen Tabelle stehendes Verb mit der passenden Form aus!

1. Mario nije došao na vrijeme. On je ....

2. Monika i Klaus .... televiziju.

3. Nada želi .... samo čašu crnog vina.

4. Marko je .... jednu cigaretu.

5. Prodavačica je ………………………………………………. turistu koliko koštaju cipele.

6. Monika je ……………………………………………… svoj novčanik.

Die „doppelte" Verneinung

Im Konversationstext sagt Monika:

„… Nadajmo se da se nije ništa dogodilo!" - „Hoffen wir, dass nichts passiert ist!"

Im Gegensatz zum Deutschen genügt im Kroatischen die Vokabel ništa alleine nicht, um eine Aussage zu verneinen. Auch das zugehörige Verb muss in die verneinende Form gebracht werden. Das Verdoppeln der Verneinung bedeutet also im Kroatischen nach wie vor eine Verneinung, während sich im Deutschen dem Sinne nach eine Bejahung der Aussage ergeben würde.

Auch bei Verwendung von ni, der Verneinung der Konjunktion i (und, auch), muss zusätzlich das Verb verneint werden. Daher sagt Klaus im Gespräch mit Monika:

Ni ja ga nisam našao.   - Ich habe ihn auch nicht gefunden.

Wir merken uns die doppelte Verneinung anhand dreier Beispiele.

On nije ništa radio. - Er hat nichts gemacht.

Ni Danica ne spava dugo. - Auch Danica schläft nicht lange.

Nikad to nisam rekao. - Ich habe das niemals gesagt.

Übrigens: In anderen Fremdsprachen, etwa im Französischen, gibt es diese doppelte Verneinung ebenfalls: Rien ne va plus! - Nichts geht mehr!

Deklination der Fragewörter tko und što

Wie im Deutschen gibt es auch im Kroatischen Fragewörter, die nicht deklinierbar sind, wie beispielsweise kamo (wohin), gdje (wo), odakle (woher), zašto (weshalb) oder kad(a) (wann). Die Fragewörter tko (wer) und što (was) sind dagegen sogenannte substantivische Fragepronomina und können dekliniert werden, im Deutschen ebenso wie im Kroatischen.

Bevor wir Sie wieder einmal auffordern, eine Tabelle mit zahlreichen Formen zu lernen, geben wir Ihnen zwei Beispiele aus der aktuellen Lektion. Zunächst stellt Klaus am Telefon die rhetorische Frage:
„Koga ja tražim?"   - „Wen ich suche?"

Koga ist hier die Akkusativform von tko, der Genitiv (koga) hat übrigens wie bei den maskulinen Substantiven die gleiche Form wie der Akkusativ.

Wenig später taucht die Form s kim (mit wem), also der Instrumental von tko, auf. Doch nun zu unserer Tabelle! Die deutsche Übersetzung muss ggf. dem Sinn des Fragesatzes angepasst werden.

	Kroatisch	*Deutsch*	**Kroatisch**	*Deutsch*
Nom	tko	wer	što	was
Gen	koga	wessen	čega	wessen/was
Dat	komu	wem	čemu	wem
Akk	koga	wen	što	was
Lok	(o) komu	(über) wen	(o) čemu	(über) was
Instr	(s) kim(e)	(mit) wem	(s) čim(e)	(mit) was, womit

Übung 1.10

Übersetzen Sie die folgenden Fragen! Notieren Sie außerdem auf Kroatisch eine passende Antwort!

1. Was haben Sie in der Tasche? - ....
   ....

2. Wen suchen Monika und Klaus? - ....
   ....

3. Mit wem waren Sie im Kino? - ....
   ....

4. Womit beschäftigen Sie sich nach der Arbeit? - ....

Kroatisch	**Deutsch**
baviti se	sich beschäftigen

   ....

5. Was gibt es nicht auf dem Tisch? - ....
   ....

6. Wem haben Sie eine Ansichtskarte geschrieben? - ....
   ....

7. Über wen haben Sie gestern gesprochen? - ....
   ....

8. Womit telefonieren die Kinder? - ....

9. Womit fährt Ihr Freund in den Urlaub? - ....

....

10. Womit schreiben Sie? - ....

Wir merken uns an dieser Stelle, dass ebenso wie tko Zusammensetzungen dieses Worts dekliniert werden, beispielsweise **netko** (jemand; vergleichen Sie mit dem Lektionstext!), **nitko** (niemand) oder **itko** (irgendjemand, wer auch immer).
Wie što werden die Wörter **išta** (irgendetwas, was auch immer) und **ništa** (nichts) dekliniert. Übrigens: Diese Pronomina nennt man auch Indefinitpronomina (unbestimmte Pronomina). Da bietet sich doch eine kleine Aufgabe für Sie an!

Übung 1.11

Füllen Sie die folgende Tabelle mit den Formen von itko, netko, nitko sowie išta und ništa aus!

Nom	itko	netko	nitko	išta	ništa
Gen	ikoga			ičega	
Dat					ničemu
Akk			nikoga	išta	
Lok		(o) nekomu	ni o komu		ni o čemu
Instr			ni s kim(e)		ni s čim(e)

Die grau unterlegten Tabelleninhalte müssen wir noch kommentieren. Eine Präposition wie in unserer Tabelle o bzw. s zerlegt die Pronomina mit der Vorsilbe (dem Präfix) ni- (nitko, ništa) derart, dass das Präfix ni- vor die Präposition platziert wird. In der Übung 4.5 (erster Test) werden Sie noch einmal damit konfrontiert.

Nekoliko + Genitiv + Verb

Was diese Überschrift soll? Analysieren wir einmal den folgenden Satz aus der Konversation!

Nekoliko muškaraca je povelo Denisa. - Einige Männer haben Denis mitgenommen.

Der Genitiv nach nekoliko (Teilungsgenitiv für unbestimmte Mengenangaben) sollte Sie nicht überraschen. Aber wie ist das mit der Verbform? Im Unterschied zum Deutschen steht nekoliko im Singular und ist eine neutrale Form. Da sich sowohl das Hilfsverb biti als auch das Partizip Perfekt nach dem Subjekt des Satzes (hier: nekoliko) richten muss, wird folgendes Schema verständlich.

Nekoliko als Subjekt eines Satzes:

nekoliko + Genitiv ... + Verb (in der 3. Pers. Sg, n)

In gleicher Weise wird auch das Fragewort koliko (wie viel) sowie weitere adverbiale Bestimmungen wie toliko (so viele), puno oder malo behandelt, wenn sie Subjekt eines Satzes sind. Wir sollten eine kleine Aufgabe zu diesem Thema bearbeiten!

Übung 1.12

Übersetzen Sie die folgenden Sätze! Vorsicht! Lassen Sie sich nicht beim letzten Satz aufs Glatteis führen!

1. Einige Touristen haben ein Boot. - ....

2. Wenige Häuser sind alt. - ....

3. Viele Kinder haben Fußball gespielt. - ....

4. Wie viele Touristen essen im Restaurant? - ....
....

5. Wie viele freie Zimmer gibt es im Hotel? - ....
....

6. Wie viele Minuten brauchen Sie zum Bahnhof? - ....
....

Živio oder živjela oder živjeli? Das Partizip Perfekt in neuer Bedeutung (Optativ)

Das Partizip Perfekt kann im Kroatischen auch verwendet werden, um einen Wunsch auszudrücken. Diese Verbform nennt man auch Optativ (lateinisch: optare = wünschen). Dann steht diese aber isoliert, d.h. ohne eine Form des Hilfsverbs biti. Einem einzelnen Mann wünscht man daher mit **živio**, dass er (möglichst gut und lang) leben möge, zu einer Frau sagt man **živjela**, und zu mehreren Personen sagt man **živjele** (reine Frauengruppe) bzw. **živjeli**. Sicherlich kennen Sie diese Formen von živjeti bereits als Trinkspruch, der am ehesten dem deutschen Prost entspricht.
Ein zweites Beispiel: Zu Beginn des ersten Bands wurde die Familie Berger mit **dobro došli** willkommen geheißen. Wir merken uns:

Partizip Perfekt ⟶ **Ausdruck eines Wunschs - Optativ**
(ohne Hilfsverb)
živio / živjela !   **živjeli / živjele !**

Bei der folgenden Übung müssen Sie das Passende auswählen. Um es Ihnen nicht zu leicht zu machen, kommt nicht nur das Partizip Perfekt in unserem Angebot vor.

Übung 1.13

Ergänzen Sie eine jeweils passende Formulierung! Sie haben folgende Auswahl: nema problema – živio – živjeli – nema na čemu – odlično – dobro došli – dobro došle – nema veze - ne mari ništa – hajde – oprostite.

1. U konobi sjedi obitelj Berger i pije. Klaus diže čašu i kaže: ....!
2. Vaš prijatelj dolazi prekasno. Vi kažete: ....!
3. Vi želite ići na izlet. Vaš sin nije gotov. Vi kažete: ....!
4. Konobar je zaboravio Vaše pivo. On kaže: ....!
5. Vaše prijateljice ulaze u Vašu kuću. Vi kažete: ....!
6. Vi trebate pomoć u autokampu. Jure kaže: ....!
7. Vi kažete: Hvala lijepa, Danice! Ona odgovara: ....!

Unsere nächste Übung soll Sie wieder mehr zum eigenen Sprechen animieren.

Übung 1.14

Lesen Sie nochmals aufmerksam den Konversationstext der Lektion! Beantworten Sie danach die folgenden Fragen mündlich, natürlich auf Kroatisch!

1. Zašto se Monika i Klaus nalaze u Biogradu?
2. Gdje traže Monika i Klaus Denisa prije nego što krenu na plažu?
3. Kako je Klaus došao na ideju tražiti Denisa na plaži?
4. Kako se osjeća Monika, kad su stigli na plažu?
5. S kim razgovaraju Monika i Klaus na plaži?
6. Koliko djece zna nešto o Denisu?
7. Što zna mali dječak o ljudima, koji su poveli Denisa?
8. Što može dječak opisati?
9. Što radi Klaus kad pretpostavlja da je Denis već kod kuće?
10. O čemu razgovaraju Klaus i Jure?
11. Gdje se sreću Monika, Klaus i Jure? U koliko sati?
12. Koliko dugo traje vožnja od Turnja do Biograda?
13. Gdje se nalazi policijska uprava?
14. Koje informacije daju službenici Juri?
15. Je li bolnica daleko od policijske zgrade?
16. Što mislite: Što se dogodilo Denisu?

Kroatisch	Deutsch
osjećati se	sich fühlen
pretpostavljati	vermuten

Nach dieser anstrengenden Übung gönnen wir Ihnen eine kurze (!) Erholungsphase. Erinnern Sie sich noch an folgendes Sprichwort (erster Band, dritte Lektion)?

Bez muke nema nauke.   -   Ohne Fleiß kein Preis.

Diesmal taucht das Wort muka (Leid, Qual, Mühe) in einer anderen Redewendung auf.

Sprichwort

skratiti nekom muke -

jemandem die Qualen verkürzen, jemanden nicht länger auf die Folter spannen

---

Die Präposition za in unterschiedlicher Bedeutung

Bisher hatten wir die Präposition *za* in der Bedeutung von *für* kennen gelernt; beispielsweise:

Ovdje imaš 5 kuna **za** sladoled ...   -   Hier hast du 5 Kuna für Eis ...
U banci je šalter **za** turiste.   -   In der Bank ist ein Schalter für Touristen.

In der neuen Lektion wurde die Präposition za jedoch auch zeitlich verwendet:

Vidimo se opet **za** 20 minuta.   -   Wir sehen uns wieder in 20 Minuten.

Die Präposition **za** bedeutet

für   oder auch   **in (nach)**

(za turista – für den Tourist)   (za 20 minuta – in 20 Minuten)

Üben Sie noch ein wenig freies Sprechen! Machen Sie die folgende Übung am besten mit einem Partner, der über vergleichbare Fertigkeiten im Kroatischen verfügt!

Übung 1.15

Rollenspiel: Spielen Sie die Szene auf der Polizeiwache nach! Übernehmen Sie zunächst die Rolle von Jure, Ihr Partner spielt einen Polizeibeamten. Im Gespräch enthalten sein sollen Begrüßung, Frage nach dem Grund des Besuchs, Schilderung des Problems durch Jure, Mitteilung des Beamten, wo sich Denis befindet, Dank und Verabschiedung. Wechseln Sie anschließend die Rollen!

In der letzten Übung dieser Lektion tauchen einige Grammatikinhalte in bunt gemischter Form nochmals auf. Versuchen Sie, die Aufgabe durch Verstehen des Zusammenhangs und nicht allein durch Analyse der grammatikalischen Formen zu lösen!

Übung 1.16 Ergänzen Sie den folgenden Lückentext! Zur Verfügung stehen Ihnen folgende Wörter:
čemu - stigla – razgovarati – podigla - leži – Autobusom – ne – popila – slobodnog – piti – ugodan – vino – izašao – trajala – Njemačkoj – Čime – šesnaest – uđe – nismo - spavali – konobar – susjeda – vidio – razgovaraju – pričali

Opet u Turanj

Ana se jako raduje. Prije pet sati je ……………… u Turanj i ……………… svoj šator na lijepom mjestu u sjeni. Sada ……………… na zračnom madracu i ……………… treba više ništa raditi. Za vrijeme vožnje ……………… je puno vode, a večeras želi ići u konobu ……………… odlično crno ……………… Njezin prijatelj Mirko radi tamo kao ……………… On nije ……………… Anu dva mjeseca, jer ona živi u ……………… Kad Ana ……………… u konobu, Mirko se raduje što je opet vidi. Večeras nije konoba puna, tako da Mirko ima dovoljno ……………… vremena. Poslije dugog pozdravljanja Ana i Mirko ……………… . „Koliko dugo je ……………… vožnja do Turnja?" – „Dugo, oko ……………… sati." – ……………… si se vozila?" – „……………… Bio je klimatiziran i vrlo ……………… Ali ni ja ni drugi ljudi ……………… dobro ……………… . Na sreću imala sam ljubaznog ………………" – „O ……………… ste ………………?" – „O zanimanju i odmoru. Nažalost je ………………iz autobusa već u Rijeci." – „U redu. Ti si ovdje, to je najvažnije. Počnimo ……………… o nama!"

Kroatisch	Deutsch
za vrijeme (+ Gen)	während
klimatiziran /-a/-o	klimatisiert
pričati	erzählen, plaudern
zanimanje	Beruf, Interesse
početi (pf), počnem	anfangen, beginnen

Wiederholung (1)

Sind Sie noch sicher im Gebrauch des Hilfsverbs biti? Informieren Sie sich erforderlichenfalls über die betonten und unbetonten Formen im Präsens, die verneinenden Formen, den Imperativ sowie die Fragestellung! Bearbeiten Sie dann die folgende Aufgabe!

KROATISCH LERNEN? NEMA PROBLEMA! BAND 2

W 1.1

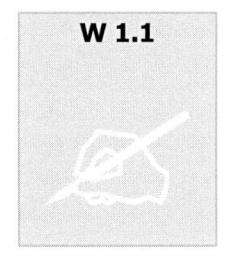

Übersetzen Sie die folgenden Sätze ins Kroatische!

1. Franjo und Goran sind zufrieden. - ....
2. Seid ihr aus Sarajevo? - ....
3. Bin ich hier in Zagreb? - ....
4. Denis, dein Hemd ist nass! - ....
5. Ist der Kellner nett? - ....
6. Seid ohne Sorge! - ....
7. Warum bist du nicht im Zelt? - ....
8. Ist das Boot nicht schön? - ....
9. Geht es uns gut? - ....

Vokabelliste zur 1. Lektion

Kroatisch	Deutsch
autobusni /-a/-o	Autobus~
blizina	Nähe
bog (Pl bogovi)	Gott
boja	Farbe
bolnica	Krankenhaus
brinuti (se), brinem	(sich) sorgen, kümmern
dječak	Junge
glasan /-sna/-o	laut, deutlich
hvala bogu!	Gott sei Dank!
igrati (se)	spielen
istina	Wahrheit
itko	irgend jemand
izgubiti (pf)	verlieren
kat	Stock(werk)
klimatiziran /-a/-o	klimatisiert
koga?	Wen?
kola (n, Pl)	Wagen
kolodvor	Bahnhof
kralj	König
krenuti (se) (pf), krenem	bewegen, sich in Bewegung setzen, aufbrechen
kretati (se) (ipf), krećem	
mogućnost (f)	Möglichkeit
muškarac	Mann
nada	Hoffnung
nastavljati (ipf)	fortsetzen, weitermachen
nazvati, nazovem	nennen, anrufen
neki /-e/-a	irgendwelche
nestati, nestanem	verschwinden
netko (Gen nekoga)	(irgend)jemand
ni	auch nicht, nicht einmal
nikad(a)	nie, niemals
nitko	niemand
nogomet	Fußball
novčanik	Geldbörse
odmahivati, odmahujem ~ glavom	abwinken / den Kopf schütteln

Tražimo Denisa! – Suchen wir Denis!

Kroatisch	Deutsch
okretati (se) (ipf), okrećem	(sich) umdrehen, zuwenden
opisati, opišem	beschreiben
ortopedski /-a/-o	orthopädisch
osjećati se	sich fühlen
oteti (pf), otmem otimati (ipf)	wegnehmen, entführen
otići (pf), otiđem / odem	weggehen, abfahren
početi (pf), počnem	anfangen, beginnen
pokazivati (ipf), pokazujem	zeigen
pokušavati (ipf)	versuchen
policajac	Polizist
policija	Polizei
policijski /-a/-o	Polizei~
prebaciti	hinüberwerfen, überführen
prebaciti kolima (+ Dat)	mit dem Wagen nach ... bringen
prekidati	unterbrechen, abbrechen
pretpostavljati	vermuten
pričati	erzählen, plaudern
primati	empfangen, entgegennehmen
promatrati	betrachten
provjeriti	überprüfen
pustiti	(zu)lassen
razgovarati (ipf) razgovoriti (pf)	sprechen, sich unterhalten
razumjeti, razumijem	verstehen
registracija	Registrierung
registracija auta	Nummernschild
relativan /-vna/-o	relativ
saznati (pf)	erfahren
skratiti	(ver)kürzen
slab /-a/-o	schwach, hier: schlecht
smješkati se	lächeln, schmunzeln
sretan /-tna/-o	glücklich
sretati (se) (ipf), srećem	(sich) treffen
stići (pf), stignem (ppf stigao /-gla) stizati (ipf), stižem	ankommen, erreichen
sumnja	Zweifel
sve više	immer mehr
sveti /-a/-o	heilig
svoj /-a/-e	sein (eigener)
trg	Platz, Marktplatz
upamtiti	sich merken
vikati, vičem (ipf)	schreien
vjerovati (u) vjerujem	glauben (an), vertrauen
za vrijeme (+ Gen)	während
zanimanje	Beruf, Interesse
zanimati (se)	(sich) interessieren
zgrada	Gebäude, Bauwerk

2. U bolnici – Im Krankenhaus

U bolnici – Konversation

Monika, Klaus i Jure su stigli pred bolnicu. Jure ne vidi mogućnost parkiranja ispred bolnice.

Jure: Ovdje ne smijem parkirati. Trebam tražiti parkiralište. A Vi uđite unutra a ja ću se odmah vratiti i čekati Vas na ulazu.

Klaus: U redu. Monika, hajdemo!

Monika i Klaus stižu na prijemni šalter.

Službenica: Dobra večer! Izvolite?

Monika: Htjeli smo pitati da li je naš sin u ovoj bolnici. Izvolite naše isprave!

Službenica: Obitelj Berger, ... dobro! Policija je već nazvala i najavila Vas.

Monika: Kad možemo vidjeti Denisa?

Službenica: Samo malo! Najbolje sjednite tamo u čekaonici! Liječnik će doći za nekoliko minuta. Molim Vas ispunite ovaj formular! Budite bez brige, to je čista formalnost.

Monika i Klaus sjede na klupi u čekaonici, ispunjavaju formular i nisu baš oduševljeni zbog te formalnosti. Konačno ulazi liječnik.

Liječnik: Dobra večer! Vi ste gospođa i gospodin Berger?

Klaus: Jesmo. Kako je naš sin?

Liječnik: Nije loše. Rekao je da je pao u luci i da ga bole glava i rame. Trebali smo mu snimiti rame zbog točne dijagnoze. Prije pola sata smo završili rendgenske snimke.

Monika: I kakva je dijagnoza?

Liječnik: Dobra. Nije ništa slomljeno. Dobio je injekciju protiv infekcije i jednu tabletu protiv glavobolje.

Monika: Hvala lijepa! Sada nam je mnogo lakše. Možemo li vidjeti Denisa?

Liječnik: Naravno! Pođite sa mnom! Povest ću Vas Vašem sinu.

Kroatisch	Deutsch
pred (+ Akk/Lok)	vor
parkiranje	Parken
smjeti, smijem	dürfen
parkirati	parken
parkiralište	Parkplatz
unutra	hinein
ulaz	Eingang, Einfahrt
prijemni /-a/-o	Empfangs~
najaviti (pf)	anmelden, ankündigen
sjesti, sjednem (pf)	sich hinsetzen, Platz nehmen
čekaonica	Wartezimmer, Warteraum
liječnik	Arzt
formular	Formular
formalnost (f)	Formalität
klupa	Bank
ispuniti (pf) ispunjavati (ipf)	ausfüllen
oduševiti (se)	(sich) begeistern
oduševljen /-a/-o	begeistert
gospođa	Frau
gospodin	Herr
pasti (pf), padnem	fallen, stürzen
boljeti, bolim	schmerzen
ga (Akk von on)	ihn
glava	Kopf
rame	Schulter
snimiti	(Bilder, Töne) aufnehmen
dijagnoza	Diagnose
završiti (pf)	beenden, vollenden
rendgenski /-a/-o	Röntgen~
snimak	Aufnahme
slomiti	brechen
slomljen /-a/-o	gebrochen
injekcija	Injektion, Spritze
infekcija	Infektion
tableta	Tablette
glavobolja	Kopfschmerz(en)

Liječnik vodi Moniku i Klausa kroz pola bolnice. Konačno su došli do jedne male sobe gdje je Denis sjedio na krevetu. Kad je Denis ugledao svoje roditelje sišao je sa kreveta i zagrlio majku. Njegova radost bila je ogromna pa je od sreće rekao:

Kroatisch	Deutsch
poći, pođem	losgehen
~sa (+ Instr)	(jemandem) folgen
sa mnom	mit mir
povesti, povedem	mitführen
~ (+ Akk + Dat)	jdn. zu jdm. bringen
kroz (+Akk)	(hin)durch
roditelji (Pl, m)	Eltern
sići (pf), siđem	absteigen, hier: herunterspringen
grliti (ipf)	umarmen, um den
zagrliti (pf)	Hals fallen
radost (f)	Freude
ogroman /-mna	riesig, riesengroß
pa	und dann
doktor	Doktor
paziti (na + Akk)	aufpassen, achten (auf)
njega (Akk von on)	ihn
mirovati, mirujem	(aus)ruhen
stanje	Zustand
pogoršati (se) (pf)	(sich)
pogoršavati (ipf)	verschlechtern
recept	Rezept
ljekarna	Apotheke
povesti, povezem	mitnehmen (mit dem Auto)
im (Dat von oni)	ihnen
zahvaliti (pf) (na + Lok)	danken (für)
~ se	sich bedanken
dovesti, dovedem	hinbringen, hinfahren
ostaviti (pf)	(ab)lassen,
ostavljati (ipf)	zurücklassen, hier: hinterlassen
ime	Name, Vorname
adresa	Adresse
mu (Dat von on)	ihm
iznenaditi	überraschen
~ se	überrascht sein
jezik	Zunge, Sprache

Denis: Mama, tata, hvala bogu što ste ovdje!

Monika: Kako se radujemo što smo te našli! Imaš li još glavobolju?

Denis: Malo, ali to nije važno. Možemo li sada izići iz bolnice? Ne želim duže ostati ovdje.

Klaus: Ne znamo. Trebamo pitati liječnika. Doktore! Možemo li povesti Denisa kući?

Liječnik: Hmm, ... Vašem sinu je bolje, ali morate dobro paziti na njega. Nekoliko dana mora mirovati. Vratite se odmah, ako mu se stanje pogorša!

Klaus: Naravno! Hvala lijepa!

Liječnik: Čekajte! Izvolite recept! Najbolje idite sutra što ranije u ljekarnu i kupite ove tablete protiv glavobolje i ovu kremu za rame.

Klaus: Dobro. Moramo Vas još nešto pitati: U Biogradu smo čuli da su neki muškarci povezli našeg sina. Znate li tko je to bio? Želimo im se zahvaliti na pomoći.

Liječnik: Nažalost znam samo da su ti ljudi doveli vašeg sina i otišli i nisu ostavili svoje ime i adresu.

Monika: Šteta! Onda se možemo samo Vama zahvaliti.

Liječnik: Nema na čemu! Čekajte!

Liječnik se okreće Denisu i smješka mu se.

Liječnik: Und du - muscht jetzt besser uffpasse!

Monika, Klaus i Denis su se iznenadili kad su čuli kako liječnik govori njemački jezik.

Klaus: Vi znate govoriti njemački!

Liječnik:	Naravno! Denis mi je pričao da ste vi iz Heidelberga. Studirao sam tamo dva semestra i naučio njemački jezik – i dijalekt koji se govori u Heidelbergu.
Monika:	Kakva slučajnost! Gdje ste stanovali?
Liječnik:	U starom dijelu grada. Moja soba je bila vrlo mala, ali ipak sam se tamo osjećao vrlo dobro. Neću nikad zaboraviti taj ugodan boravak u Heidelbergu.
Monika:	A mi nećemo zaboraviti ljubaznog liječnika iz Biograda.
Liječnik:	Hvala Vam! Oprostite što sada odlazim. Moram se brinuti o drugim pacijentima. Još nešto: Kad prođete kraj prijema, ne zaboravite uzeti potvrdu o boravku u našoj klinici i – naravno – račun.
Klaus:	Nema problema! Želimo Vam sve najbolje. Doviđenja!
Liječnik:	Želim Vam još lijep boravak u Hrvatskoj! Doviđenja!

Kroatisch	Deutsch
studirati	studieren
semestar	Semester
(na)učiti (pf/ipf)	lernen
dijalekt	Dialekt
slučaj	Fall, Zufall
slučajnost (f)	Zufälligkeit
stanovati, stanujem	wohnen
dio, Gen dijela	Teil
boravak	Aufenthalt
pacijent	Patient
proći, prođem (pf) ~ kraj (+ Gen)	vorbeigehen, ~ an
prijem	Empfang
potvrda	Bescheinigung
klinika	Klinik
primijetiti (pf) primjećivati (ipf), primjećujem	bemerken, anmerken
odjeća	Kleidung
na sebi	bei sich
košulja	Hemd
kut	Ecke, Winkel
prljav /-a/-o	schmutzig
sjetiti (se)	(sich) erinnern
svejedno	gleich(gültig), egal
prati, perem (ipf) oprati, operem (pf)	waschen, (Geschirr) spülen
obaviti	erledigen
jak /-a/-o jako (Adverb)	stark, kräftig, heftig sehr

Liječnik je izašao iz sobe. Monika je pogledala Denisa i primijetila da na sebi nema svoju odjeću.

Monika:	Denise, kakvu ti to odjeću nosiš!
Denis:	Ljudi u bolnici su mi dali ovu veliku košulju.
Monika:	A gdje je tvoja odjeća?
Denis:	Tamo, iza ormara, u kutu.
Monika:	Kako su prljave i mokre tvoje hlače i tvoja majica!
Klaus:	Denise, jesi li pao u vodu?
Denis:	Možda, ne znam točno. Ne mogu se sjetiti što se dogodilo u luci.
Klaus:	U redu. To je sada svejedno.
Monika:	Imaš pravo. Sigurno možemo to oprati kod Danice. Hajdemo sada u apartman!

Monika i Klaus su obavili sve formalnosti u bolnici i vratili se sa Denisom u Turanj. Monika nije dobro spavala jer se brinula o Denisu. Slijedećeg jutra je rano ustala i otišla u ljekarnu.

Ljekarnica:	Dobro jutro! Izvolite?

Monika:	Dobro jutro! Izvolite recept. Moj sin je pao u luci.
Ljekarnica:	Je li se jako povrijedio?
Monika:	Nisam sigurna. Moramo pričekati nekoliko dana i vidjeti da li mu se stanje stabilizira.
Ljekarnica:	U redu. Uzmite jednu tabletu dva puta dnevno prije jela, a kremu dva do tri puta dnevno.
Monika:	Hvala! Doviđenja!
Ljekarnica:	Molim lijepo, i Vašem sinu želim brz oporavak!

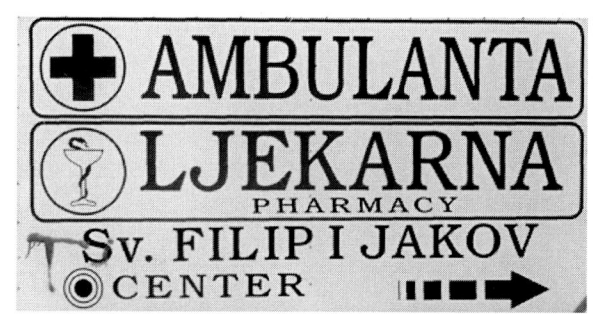

Kroatisch	Deutsch
pričekati (pf) pričekivati (ipf), pričekujem	abwarten, sich gedulden
stabilizirati	stabilisieren
dva (tri) puta	zwei (drei) Mal
oporavak	Besserung

Grammatik und Übungen

Die i – Deklination

Es gibt eine ganze Reihe von Substantiven, die auf einen Konsonanten enden, aber feminin sind. Einige stellen abstrakte Begriffe dar und enden auf –est oder -ost wie beispielsweise **vijest** (Nachricht) oder das gleich zu Lektionsbeginn auftauchende **mogućnost** (Möglichkeit). Aber auch andere, recht häufig benutzte Substantive wie obitelj (Familie), noć (Nacht), pomoć (Hilfe), misao (Gedanke), večer (Abend), riječ (Wort) und nicht zuletzt ljubav (Liebe) gehören in diese Gruppe von Substantiven. Man hat die entsprechende Deklination i-Deklination genannt, weil hierbei die Endung –i überwiegt. Am besten schauen wir uns einige Substantive in einer ersten Tabelle an.

	Die i-Deklination im Singular				
Nom	misao	ljubav	noć	vijest	mogućnost
Gen	misl**i**	ljubav**i**	noć**i**	vijest**i**	mogućnost**i**
Dat	misl**i**	ljubav**i**	noć**i**	vijest**i**	mogućnost**i**
Akk	misao	ljubav	noć	vijest	mogućnost
Vok	misl**i**	ljubav**i**	noć**i**	vijest**i**	mogućnost**i**
Lok	misl**i**	ljubav**i**	noć**i**	vijest**i**	mogućnost**i**
Instr	mi**šlju**	ljuba**vlju**	noć**u**	vije**šću**	mogućno**šću**

Wie Sie sofort erkennen, macht uns nur der Instrumental Schwierigkeiten. Zuweilen findet man jedoch auch im Instrumental die Endung –i. Doch zunächst merken wir uns die folgende Übersicht.

i- Deklination (Sg): Feminina auf Konsonant

Nom = Akk **Gen = Dat = Vok = Lok** (auf –i)

Im Prinzip endet der **Instrumental auf –ju**.

Sie werden jetzt gegen die letzte Regel über den Instrumental protestieren, denn es sieht so aus, als würden nur die beiden ersten Substantive (misao und ljubav) der Tabelle dieser Regel halbwegs folgen und im Instrumental auf –ju enden. Das ist jedoch nicht ganz so, denn in den anderen Fällen haben wir es wieder einmal mit einer Lautveränderung zu tun. Wir widmen diesem nicht gerade einfachen Thema ein eigenes Kapitel.

Jotierung – schon wieder eine Lautveränderung

Das j bewirkt häufig eine Veränderung der vorausgehenden Konsonanten. Diese sogenannte Jotierung tritt nicht nur im Instrumental der i-Deklination auf, sondern beispielsweise auch bei der Steigerung der Adjektive und bei manchen Verben der e-Konjugation. So wird aus brz (schnell) im Komparativ brži (statt brziji). Hier verschwindet also zunächst das in der Mitte stehende i und danach verschmelzen z und j zum neuen Konsonanten ž. Noch ein wenig extremer ist das Beispiel visok (hoch), bei dem unter Streichung einer ganzen Silbe durch Jotierung viši wird. Der Infinitiv des Verbs plakati (weinen) wird im Präsens zu plačem (entstanden aus plakjem). Erschrecken Sie nicht über den Umfang der folgenden Tabelle! Wenn Sie die Beispiele genauer betrachten, werden Sie feststellen, dass Sie sich an vieles davon automatisch gewöhnt haben, aber jetzt unter einem anderen Blickwinkel betrachten.

Konsonant + j	werden zu	Beispiele	
d + j	đ	mlad ⟶	mlađi
g + j	ž	pomagati ⟶	pomažem
h + j	š	suh ⟶	suši
k + j	č	skakati ⟶	skačem
s + j	š	pisati ⟶	pišem
t + j	ć	kratak ⟶	kraći
z + j	ž	brz ⟶	brži

Die Konsonanten l und n erfahren, rein orthographisch gesehen, keine Veränderungen. Aus dalek (weit) wird, wieder unter Auslassung einer Silbe, im Komparativ einfach dalji, aus tanak (dünn) entsteht tanji. Wir müssen allerdings anmerken, dass im Kroatischen lj und nj als eigene Laute gelten und insofern auch hier eine Lautveränderung stattfindet.

Beim Instrumental der i-Deklination kommt es häufig zu den folgenden Lautveränderungen, die auf die oben stehende Tabelle zurückzuführen sind.

Konsonantengruppe + j	werden zu	Beispiele	
st + j	šć	vijest	⟶ viješću
sl + j	šlj	misao	⟶ mišlju

Als aufmerksamer Leser haben Sie sicher bemerkt, dass wir die Bildung des Instrumental bei ljubav (ljubavlju) noch nicht vollständig erklärt haben. Zwischen das v in ljubav und der Endung –ju muss nämlich ein l eingeschoben werden. Es folgt unsere letzte Tabelle zur Jotierung, die Auskunft darüber gibt, in welchen Fällen ein Konsonant vom nachfolgenden j durch ein l getrennt werden muss.

Konsonant + j	werden zu	Beispiele	
b + j	blj	dubok (tief)	⟶ dublji
m + j	mlj	zanimati	⟶ zanimljiv
p + j	plj	skup	⟶ skuplji
v + j	vlj	ljubav	⟶ ljubavlju

Können Sie sich diese Konsonanten gut merken? Wenn nicht, vielleicht hilft Ihnen unser Merkspruch.

Mama (und) **P**apa **b**leiben **v**ital (und)	lange	jung

Kommen wir zurück zur i-Deklination! Der Plural macht uns weniger Schwierigkeiten, wie die folgende Übersicht zeigt.

Nom	misli	noći	vijesti	mogućnosti
Gen	misli	noći	vijesti	mogućnosti
Dat	mislima	noćima	vijestima	mogućnostima
Akk	misli	noći	vijesti	mogućnosti
Vok	misli	noći	vijesti	mogućnosti
Lok	mislima	noćima	vijestima	mogućnostima
Instr	mislima	noćima	vijestima	mogućnostima

Übrigens: Das maskuline Substantiv *sat* (Stunde, Uhr; siehe Band 1) und einige wenige andere maskuline (*mjesec*, *par*, *ljudi*) haben im Genitiv Plural ebenfalls die Endung -i. Daher auch die Frage: Koliko je **sati**?

Im **Plural der i-Deklination** gilt:

Nom = Gen = Akk = Vok (auf –i)

Dat = Lok = Instr (auf -ima)

Wie Sie sehen, enden die Feminina der i-Deklination im Dativ, Lokativ und Instrumental Plural wie die maskulinen oder neutralen Substantive. Jetzt können wir uns endlich an die erste Übung machen!

Übung 2.1

Tragen Sie in die folgende Tabelle die Substantive im gleichen Fall ein! Notieren Sie auch, um welchen Fall es sich jeweils handelt! Es gibt zum Teil mehrere Möglichkeiten. Versuchen Sie, alle aufzufinden! Ein klein wenig haben wir Ihnen durch unsere Vorarbeit geholfen.

gegebene Form	*Fall*	entsprechende Form mit		
		noć	ljubav	radost
ženi	Dat Sg, Lok Sg		ljubavi	
prijatelje	Akk Pl			radosti
stolu				
plažama				
autobusom				
konobara				
morem				
kampova				

Gibt es noch etwas zu beachten? Ja, denn in Verbindung mit Adjektiven müssen sich diese wie gewohnt nach dem Substantiv richten, insbesondere also die femininen Formen annehmen. Zur Sicherheit geben wir Ihnen Beispiele.

Kakva dobra vijest!	-	Was für eine gute Nachricht!
Vidim dobru mogućnost ...	-	Ich sehe eine gute Möglichkeit ...
To su opasne misli.	-	Das sind gefährliche Gedanken.

Vergewissern Sie sich, dass Sie in obigen Beispielsätzen jeweils den genauen Fall bestimmen konnten! Mit diesen Informationen sind Sie für die nächste Aufgabe gerüstet.

Übung 2.2

Übersetzen Sie die folgenden Sätze ins Kroatische!

1. Vesna ist ohne ein Wort abgefahren. - ....
2. Zvonko hat sein Boot mit Liebe gebaut. - ....
   ....
3. Danica hat vom Morgen bis zum Abend gearbeitet. - ....
   ....
4. Mit solchen Gedanken bist du nicht glücklich. - ....
   ....
5. Neno wünscht den Gästen viel Freude. - ....
   ....
6. Das sind schlechte Nachrichten. - ....
7. Was sich der Mensch in der Jugend wünscht, das erlangt er im Alter - ....
   ....

Kroatisch	Deutsch
mladost (f)	Jugend
starost (f)	Alter
zadobiti, zadobijem	erreichen, erlangen

Jetzt konzentrieren wir uns auf eine mündliche Partnerübung.

Übung 2.3

Deklinations-Pingpong

Beginnen Sie mit dem Nominativ eines Substantivs der i-Deklination! Ihr Partner macht weiter mit dem Genitiv, Sie mit dem Dativ usw. Variation: Es werden immer zwei Fälle aufgezählt, bevor der Partner übernimmt.

Bearbeiten Sie die nächste Aufgabe, in der es um die Jotierung bei der Steigerung der Adjektive geht!

Übung 2.4

Ergänzen Sie die passende Form des Komparativs oder des Superlativs!

1. Jasmina je .... (mlad) od Denisa.
2. Moje vino je .... (suh) nego tvoje.
3. Luka je mlad. On je .... (mlad) gost u autokampu.
4. Daniel pliva .... (brz) od Denisa.
5. Skuša je .... (skup) nego Bečki odrezak.
6. Moje jelo je .... (ljut) nego tvoje.
7. Otok Pag je .... (dug) nego otok Rab.
8. To je .... (skup) piće u ovom restoranu.

Die Deklination der Personalpronomina

Die kroatischen Personalpronomina (ja, ti, ...) können wie die deutschen (ich, du, ...) dekliniert werden. Bereits im ersten Band haben Sie einige Beispiele kennen gelernt. Der Konversationstext ist voll von Formen dieser Pronomina, etwa:

Policija je ... **Vas** najavila.   - Die Polizei hat ... **Sie** angemeldet.
Rekao je da ... **ga** boli glava.   - Er hat gesagt, dass ... **ihn** der Kopf schmerzt.
Pođite sa **mnom**!   - Folgen Sie **mir**!

Sicher haben Sie längst erkannt, um welche Fälle es sich bei den vorgestellten Beispielen handelt. Richtig, zweimal kommt der Akkusativ (zunächst im Plural, dann im Singular) und zuletzt der Instrumental vor. Unsere erste Tabelle enthält alle Formen im Singular.

Die Deklination der Personalpronomina im Singular					
Nom	ja	ti	on	ona	ono
Gen	mene / me	tebe / te	njega / ga	nje / je	njega / ga
Dat	meni / mi	tebi / ti	njemu / mu	njoj / joj	njemu / mu
Akk	mene / me	tebe / te	njega / ga	nju / ju / je	njega / ga
Vok		ti			
Lok	(o) meni	(o) tebi	(o) njemu	(o) njoj	(o) njemu
Instr	(sa) mnom	(sa) tobom	(sa) njim	(sa) njom	(sa) njim

Einige dieser Formen haben Sie schon im ersten Band gelernt, andere werden Sie sich einprägen müssen. Vielleicht hilft es Ihnen, wenn Sie sich folgendes klar machen: In der ersten und zweiten Person sind die Endungen bis auf den Akkusativ exakt die gleichen wie bei der Deklination weiblicher Substantive auf –a (z.B. žena). In der dritten Person sind bis auf den Nominativ die maskulinen und neutralen Formen identisch; die Endungen entsprechen denen der Fragepronomina tko und što, welche wir in der ersten Lektion gelernt haben. Die Endungen der dritten Person Femininum lassen sich von den Endungen entsprechender Adjektive ableiten.

Warum aber stehen in einigen Feldern unserer Tabelle mehrere Formen? Selbstverständlich können wir zwischen Ihnen nicht frei wählen, denn es handelt sich hierbei um betonte (z.B. mene) und unbetonte (z.B. me) Formen - ähnliches kennen wir vom Hilfsverb biti. Betonte Formen werden verwendet, wenn der Betreffende besonders hervorgehoben werden soll.

   Vidim njega.   - Ich sehe ihn (aber nicht seinen Freund).

Ansonsten merken wir uns für die Verwendung dieser Formen:

  betonte Formen ⟶ am Satzanfang, nach Präpositionen

  unbetonte Formen ⟶ nie am Satzanfang

Jetzt schauen wir uns noch den Akkusativ in der dritten Person Femininum genauer an. Hier sind sogar drei Formen im Angebot (nju / ju / je). Soll die unbetonte Form verwendet werden, so gibt man normalerweise je den Vorzug vor ju, es sei denn, es entsteht dadurch eine Häufung der Silbe –je-, z.B. in Verbindung mit der dritten Person Präsens des Hilfsverbs biti. Ein Beispiel sagt mehr als weitere Erläuterungen.

   Vidio sam **je**. - Ich habe sie gesehen.
   Mi smo **je** vidjeli. - Wir haben sie gesehen.
aber: Neno **ju** je vidio. - Neno hat sie gesehen.

Die obigen Sätze sind außerden Beispiele für die Satzstellung der unbetonten Personalpronomina. Wir geben Ihnen auch dazu einige weitere Beispiele.

  Ja sam mu donio knjigu. - Ich habe ihm das Buch gegeben.
  Vi ćete me posjetiti. - Ihr werdet mich besuchen.
  Jesi li mu donio knjigu? - Hast du ihm das Buch gegeben?
  Gost ga je popio. - Der Gast hat es (z.B. das Bier) ausgetrunken.
  Trebamo mu se zahvaliti. - Wir müssen uns bei ihm bedanken.

Beachten Sie, dass sich in den beiden letzten Beispielsätzen die Stellung des Personalpronomens von der im Deutschen unterscheidet. Wir müssen uns also merken:

      das Personalpronomen steht

  vor je (3. Pers. Sg. von biti) hinter Hilfsverben und li
  und se (Reflexivpronomen)

Das war ein hartes Stück Arbeit! Überprüfen wir mit den folgenden Übungen, ob sie erfolgreich war! Zunächst sollten Sie sich die vielen Formen rein mechanisch einprägen, am besten in Partnerarbeit, zur Not aber auch alleine (sich selber laut vorsprechen).

Übung 2.5

Deklinations-Pingpong

Üben Sie wie gewohnt zusammen mit einem Partner die Deklination der Personalpronomina! Machen Sie dies so lange, bis Sie die Formen „vorwärts wie rückwärts" sicher beherrschen!

Jetzt sind Sie für die folgende Aufgabe gerüstet.

Übung 2.6

Übersetzen Sie die folgenden Sätze ins Kroatische!

1. Familie Berger geht mit ihm ins Restaurant. - ....
   ....
2. Wir treffen sie im zweiten Stock. - ....
3. Ich werde ihn gerne besuchen. - ....
4. Wann wirst du mir dieses Buch zurückgeben? - ....
   ....
5. Er hat es schon auf der Straße gehört. - ....
   ....
6. Ich habe dir alles erzählt. - ....
7. Ohne dich möchte ich nicht leben. - ....
8. Für mich ist das nicht wichtig. - ....
9. Wir sprechen nicht über dich, sondern über ihn. - ....
   ....
10. Gib ihr dieses Handtuch! - ....
11. Warum siehst du nicht mit mir diesen Film an? - ....
    ....

Sie ahnen schon, was jetzt auf Sie zukommt? Richtig, wir müssen noch die Deklination der Personalpronomina im Plural besprechen. Zum Glück gibt es hier nicht so viele Formen zu lernen wie im Singular. Also gehen wir mit Elan an die nächste Tabelle!

Die Deklination der Personalpronomina im Plural					
Nom	mi	vi	oni	one	ona
Gen	nas	vas	njih / ih		
Dat	nama / nam	vama / vam	njima / im		
Akk	nas	vas	njih / ih		
Vok		vi				
Lok	(o) nama	(o) vama	(o) njima		
Instr	(s) nama	(s) vama	(s) njima		

Wie Sie sehen, gibt es wie im Singular bei einigen Fällen betonte und unbetonte Formen. Schauen Sie noch einmal beim Singular nach, was wir über die Verwendung dieser beiden Formen gelernt haben! Beachten Sie auch, dass in vielen Fällen identische Formen auftreten!

Für die Fälle der Personalpronomina im Plural gilt:

Gen = Akk   **Dat = Lok = Instr**

(nas, vas, njih)   (nama, vama, njima)

Auch wenn es Ihnen leichter als im Singular erscheint, üben Sie auch diese Formen intensiv, zunächst wieder in Partnerarbeit oder im Selbstgespräch!

Übung 2.7

Deklinations-Pingpong

Deklinieren Sie in gewohnter Weise den Plural der Personalpronomina!

Übung 2.8

Übersetzen Sie die folgenden Sätze ins Kroatische!

1. Der Arzt gibt uns ein Rezept. - ....

2. Gestern haben wir euch gesehen. - ....

3. Wir wünschen euch schnelle Besserung. - ....

4. Niemand hat über sie gesprochen. - ....

5. Das können Sie mit uns nicht machen. - ....

6. Ich bitte Sie, bringen Sie uns die Speisekarte! - ....

....

7. Der Kellner bringt ihnen die Getränke. - ....

8. Wir können mit ihnen besser arbeiten. - ....

9. Wir freuen uns mit Ihnen. - ....

10. Wir haben lange nichts über euch gehört. - ....

11. Ohne sie möchten wir nicht abfahren. - ....

12. Haben wir sie in Zagreb getroffen? - ....

....

Fast haben wir es geschafft. Was müssen wir beachten, wenn in einem Satz zwei Personalpronomina aufeinander folgen? Im Unterschied zum Deutschen steht im Kroatischen generell der **Dativ vor** dem **Akkusativ**; beispielsweise:

    Ja sam ti ga predstavio.   - Ich habe ihn dir vorgestellt.
    Kad dobijete knjige, dajte nam ih!   - Wenn ihr die Bücher bekommt, gebt sie uns!

Der possessive Dativ

Der Dativ des Personalpronomens wird gar nicht so selten anstelle eines „richtigen" Possessivpronomens benutzt, um ein Besitzverhältnis auszudrücken. Dazu drei kleine Beispiele:

Verwendung des Possessivpronomens	Verwendung des Dativs	Übersetzung
To je moj prijatelj.	To mi je prijatelj.	Das ist mein Freund.
Gdje je tvoja knjiga?	Gdje ti je knjiga?	Wo ist dein Buch?
To je Vaš problem.	To Vam je problem.	Das ist Ihr Problem.

Im Deutschen sind ähnliche grammatikalische Konstruktionen weitgehend verschwunden. Vorwiegend in der Schriftsprache kann man noch Formulierungen wie „Sie sind mir ein guter Freund" finden.

Bei der folgenden Übung sind Kreativität und natürlich die Kenntnis der grammatikalischen Formen gefordert.

Übung 2.9

Bilden Sie aus den gegebenen Wörtern sinnvolle Sätze! Sie können, falls Ihnen das sinnvoll erscheint, den Satz um zusätzliche eigene Wörter erweitern. Im ersten Satz sind die Wörter in der passenden Form angegeben, in den folgenden Sätzen müssen Sie die richtigen grammatikalischen Formen in Ihren Satz einbauen. Es gibt evtl. mehrere Möglichkeiten.

1. bolnice, uprava, im, dala, je, račun - ....
   ....
2. razgovarati, mi, vi, o - ....
3. biti, ja, vratiti, on, knjiga - ....
4. davati, liječnik, ona, injekcija - ....
5. to, vi, za, biti, opasan - ....
6. ti, ja, sa, kino, u, ići - ....
7. problem, mi, biti, velik, to - ....
8. liječnik, pričati, biti, oni, boravak, u, o, Heidelberg - ....
   ....
9. brinuti se, ja, on, isto - ....

Što/sve + Komparativ eines Adverbs

Nach so vielen grammatikalischen Formen ist diese kleine Information pure Erholung. Im Lektionstext hat der Arzt Klaus aufgefordert, möglichst früh zur Apotheke zu gehen:

> Najbolje idite sutra **što ranije** u ljekarnu ...

In Verbindung mit einem Adverb im Komparativ bedeutet *što* also *möglichst*. Wir prägen uns solche Formulierungen durch zwei weitere Beispiele ein.

što + Adverb im Komparativ   =   möglichst ...

što duže -	möglichst lang
što bolje -	möglichst gut

Machen Sie auch dazu eine kleine Übung!

Übung 2.10

Übersetzen Sie die folgenden Sätze ins Kroatische!

1. Komm möglichst schnell zurück! - ....
2. Wir bleiben möglichst lange in Turanj. - ....
3. Denis möchte so kurz wie möglich im Krankenhaus bleiben. - ....
   ....
4. Goran möchte sein Boot möglichst teuer verkaufen. - ....
   ....
5. Jasmina möchte möglichst gut Tennis spielen. - ....
   ....
6. Ljilja versucht jetzt, so hoch wie möglich zu springen. - ....
   ....
7. Mario hat versucht, möglichst tief zu tauchen. - ....
   ....

Kroatisch	Deutsch
roniti	tauchen

In analoger Weise wird das Adverb sve in Verbindung mit dem Komparativ verwendet. Schon in der ersten Lektion sorgten sich Monika und Klaus bei ihrer Suche immer mehr (sve više). Wir merken uns also auch noch:

sve + Adverb im Komparativ = immer ...

sve više - immer mehr
sve bolje - immer besser

Nach so vielen schriftlichen Aufgaben wird es Zeit, dass Sie selbst zum Sprechen kommen.

Übung 2.11

Lesen Sie nochmals sorgfältig den Lektionstext oder lassen Sie ihn sich von der CD vorspielen! Beantworten Sie dann auf Kroatisch die folgenden Fragen! Versuchen Sie, möglichst frei und mit eigenen Worten zu sprechen!

1. Zašto Jure ne može dopratiti obitelj Berger u bolnicu?
2. Što su Monika i Klaus morali uraditi kad su stigli na prijem?

3. Što se dogodilo sa Denisom u luci?
4. Zašto su liječnici snimili njegovo rame?
5. Što je Denis dobio poslije dijagnoze?
6. Kako se osjećao Denis, kad je ugledao svoje roditelje?
7. Zašto se obitelj Berger ne može zahvaliti ljudima, koji su pomogli Denisu?
8. Otkud zna liječnik govoriti njemački jezik?
9. Kakvu odjeću nosi Denis u bolnici? Zašto?
10. Što treba obitelj Berger uzeti na prijemu bolnice?
11. Znate li kako je u Njemačkoj, kada se prvi put dođe u bolnicu?
12. Što se onda mora raditi?
13. Zašto Monika nije dobro spavala?
14. Što mora Monika kupiti u ljekarni?
15. Što mora obitelj Berger raditi sa Denisom nekoliko dana poslije njegovog boravka u bolnici?

Kroatisch	Deutsch
otkud(a)	woher

Es folgt eine kleine Atempause mit einem hübschen Spruch.

Sprichwort

**Mladost traje časak,
ljepota je cvijet,
al' ljubav je dragulj
što osvaja svijet.**

Kroatisch	Deutsch
časak	Augenblick
ljepota	Schönheit
cvijet	Blume
dragulj	Diamant
osvajati	erobern
svijet	Welt

Üben Sie gegen Ende der Lektion noch ein wenig freie Rede!

Übung 2.12

Spielen Sie mit einem Partner eine oder mehrere der folgenden Szenen nach! Jeder sollte mindestens drei Mal zusammenhängend reden.

Klaus spricht mit dem Arzt über den Zustand seines Sohnes.
Monika kauft in der Apotheke die benötigten Medikamente.
Denis will spielen gehen, Monika erklärt ihm, dass er noch Ruhe braucht.

In diesem Abschnitt geben wir Ihnen noch einige zur Lektion passende Informationen. Beim Ausfüllen von Formularen ist in Kroatien darauf zu achten, dass der Vorname **ime** und der Nachname **prezime** heißt, auch wenn im Kroatischen die Vorsilbe pre- häufig im Sinne von vor (aber auch im Sinne von über) verwendet wird.
Ebenso wie in Deutschland braucht man auch in Kroatien für alles Mögliche (Krankenhaus, Versicherung, Einschreiben usw.) eine Bescheinigung bzw. ein Attest. Dies heißt im Kroatischen **potvrda**. Das entsprechende Verb heißt **potvrditi** (pf) bzw. **potvrđivati** (potvrđujem, ipf).
Wir haben das Krankenhaus mit ortopedska bolnica bezeichnet; man liest zum Teil auch die Bezeichnung ortopedska **klinika**. Auf seiner Webseite stellt sich das Krankenhaus in Biograd mit **specijalna bolnica za ortopediju** (Spezialkrankenhaus für Orthopädie) vor.
Das vom deutschen Physiker Conrad Röntgen abgeleitete kroatische **rendgen** findet man in fast gleicher Häufigkeit in der Schreibweise **rentgen**.
In Kroatien sagt und schreibt man anstelle von erster Hilfe auch **hitna pomoć** (wörtlich: dringende Hilfe).

KROATISCH LERNEN? NEMA PROBLEMA! BAND 2

Wiederholung (2)

Dieses Mal geht es um die Konjugation der Verben der a-, e- und i-Konjugation. Machen wir uns also gleich an die Arbeit! Außerdem wiederholen wir einige wichtige Vokabeln.

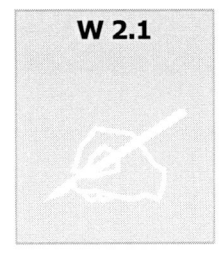

W 2.1

Übersetzen Sie die folgenden Sätze ins Kroatische!

1. Wir sorgen uns um unser Geld. - ....
2. Magst du heute noch dieses Buch lesen? - ....
3. Ich höre alles, was du sagst. - ....
4. Jure und Danica haben viel Arbeit. - ....
5. Möchtest du mich begleiten? - ....
6. Bringen Sie mir ein Glas Wein! - ....
7. Deine Freundin sieht sehr gut aus. - ....
8. Gib mir den Teller! - ....
9. Marko kauft ein T-Shirt. - ....
10. Trink das Bier aus! - ....
11. Schau das schöne Bild an! - ....
12. Verkaufen Sie dieses Haus? - ....
13. Ich möchte nichts mehr hören. - ....
14. Darf ich ins Kino gehen? - ....

Vokabelliste zur 2. Lektion

Kroatisch	Deutsch
adresa	Adresse
boljeti, bolim	schmerzen
boravak	Aufenthalt
časak	Augenblick
čekaonica	Wartezimmer, Warteraum
cvijet	Blume
dijagnoza	Diagnose
dio, Gen dijela	Teil
doktor	Doktor
dovesti, dovedem	hinfahren, hinbringen
dragulj	Diamant
dubok /-a/-o	tief
dva (tri) puta	zwei (drei) Mal
formalnost (f)	Formalität
formular	Formular
ga (Akk von on)	ihn
glava	Kopf
glavobolja	Kopfschmerzen
gospođa	Frau
gospodin	Herr
grliti (ipf) zagrliti (pf)	umarmen, um den Hals fallen
hitan /-tna/-o	eilig, dringend
hitna pomoć	erste Hilfe
im (Dat von oni)	ihnen
ime	Name, Vorname
infekcija	Infektion
injekcija	Injektion, Spritze
ispuniti (pf) ispunjavati (ipf)	ausfüllen
iznenaditi ~ se	überraschen überrascht sein
jezik	Zunge, Sprache
klinika	Klinik
klupa	Bank
košulja	Hemd
kroz (+Akk)	(hin)durch
kut	Ecke, Winkel
liječnik	Arzt
ljekarna	Apotheke
ljepota	Schönheit
ljubav (f), ljubavi	Liebe
ljutiti se (na +Akk)	sich ärgern (über)
mirovati, mirujem	(aus)ruhen
misao (f), misli	Gedanke
mladost (f)	Jugend
mu (Dat von on)	ihm
na sebi	bei sich
najaviti (pf)	anmelden, ankündigen
njega (Akk von on)	ihn
obaviti	erledigen
odjeća	Kleidung
oduševiti (se)	(sich) begeistern
oduševljen /-a/-o	begeistert
ogroman /-mna/-o	riesig, riesengroß
oporavak	Besserung
ortopedija	Orthopädie
ostaviti (pf) ostavljati (ipf)	(ab)lassen, zurücklassen, hier: hinterlassen
osvajati	erobern
pa	und dann
pacijent	Patient
parkiralište	Parkplatz
parkiranje	Parken
parkirati	parken
pasti (pf), padnem	fallen, stürzen
paziti (na + Akk)	aufpassen, achten (auf)
poći, pođem ~ sa (+ Instr)	losgehen (jemandem) folgen
podsjetiti (se)	(sich) erinnern
pogoršati (se) (pf) pogoršavati (ipf)	(sich) verschlechtern
posjetiti	besuchen, besichtigen
potvrda	Bescheinigung
potvrditi (pf) potvrđivati (ipf), potvrđujem	bescheinigen, bestätigen, bejahen
povesti, povedem ~ (+ Akk + Dat)	mitführen jdn. zu jdm. bringen
povesti, povezem povezao /-zla/-o	mitnehmen (mit dem Auto)
prati, perem (ipf) oprati, operem (pf)	waschen, (Geschirr) spülen
pred (+Akk/Instr)	vor

prezime	Nachname
pričekati (pf) pričekivati (ipf), pričekujem	abwarten, sich gedulden
prijem	Empfang
prijemni /-a/-o	Empfangs~
primijetiti (pf) primjećivati (ipf), primjećujem	bemerken, anmerken
prljav /-a/-o	schmutzig
proći, prođem (pf) ~ kraj (+ Gen)	vorbeigehen, ~ an
radost (f)	Freude
rame	Schulter
recepcija	Rezeption
recept	Rezept
rentgenski /-a/-o	Röntgen~
riječ (f), riječi	Wort
roditelji (Pl, m)	Eltern
sa mnom	mit mir
semestar	Semester
sići (pf), siđem silaziti (ipf)	absteigen, hier: herunterspringen
sjesti, sjednem (pf)	sich hinsetzen, Platz nehmen
slomiti	brechen
slomljen /-a/-o	gebrochen
slučaj	Fall, Zufall
slučajnost (f)	Zufälligkeit
smjeti, smijem	dürfen
snimak	Aufnahme
snimiti	(Bilder, Töne) aufnehmen
specijalan /-lna/-o	speziell, Spezial~
stabilizirati	stabilisieren
stanje	Zustand
stanovati, stanujem	wohnen
starost (f)	Alter
studirati	studieren
svejedno	gleich(gültig), egal
svijet	Welt
tableta	Tablette
ulaz	Eingang, Einfahrt
unutra	hinein
zadobiti, zadobijem	erreichen, erlangen
zahvaliti (pf) (na + Lok)	danken (für)
~ se	sich bedanken
završiti	beenden, vollenden

3. Teniski turnir – Tennisturnier

Teniski turnir – Konversation

Denis leži u krevetu zato što mu je liječnik preporučio mirovanje zbog povrede. Jasmina je za razliku od njega vrlo aktivna i pojavljuje se kao i svakog jutra za vrijeme doručka na balkonu.

Jasmina:	Dobro jutro!
Monika:	Dobro jutro! Kako si?
Jasmina:	Tako-tako.
Monika:	To ne zvuči baš dobro. Što je s tobom?
Jasmina:	Ti znaš da Gerhard i Brigitte slijedećeg vikenda idu u Split i da će tamo posjetiti svoje prijatelje.
Monika:	Aha, sada vidim u čemu je problem: Daniel! On isto ide sa njima, zar ne?
Jasmina:	Hm, da. On mora ići sa svojim roditeljima a ja moram ostati ovdje.
Monika:	Znaš li čime se ovdje možeš baviti?
Jasmina:	Znam samo da ne želim cijeli dan ležati na plaži.
Monika:	Ni ne trebaš. Gledaj! Na plaži Filipjakov mladi igraju odbojku na pijesku.
Jasmina:	Za to nemam volje. Oni su svi veći i stariji od mene.
Monika:	U redu. Ali u Turnju se nalazi jedan mali stadion. Tamo sam vidjela mladiće i djevojke kako igraju košarku.
Jasmina:	Zatim igraju nogomet ili ...
Monika:	... a to nije za tebe!
Jasmina:	Točno!

Klaus dolazi na balkon. Čuo je zadnje rečenice.

Klaus:	Dobro jutro, čuo sam da imaš jedan mali problem, Jasmina.
Monika:	Da, plaši se da će joj za vikend biti

Kroatisch	Deutsch
mirovanje	(Aus)Ruhen
povreda	Verletzung
razlika	Unterschied
za ~u od	im Unterschied zu
aktivan /-vna	aktiv
pojavljivati se pojavljujem	erscheinen, auftauchen
zvučati, zvučim	klingen, tönen
vikend	Wochenende
baviti se	sich beschäftigen
mladi	hier: junge Leute
odbojka	Volleyball
pijesak	Sand
odbojka na pijesku	Beachball
volja	Wille, Lust
mladić	junger Mann
djevojka	Mädchen
košarka	Basketball
zatim	danach, hinterher
zadnji /-a/-e	der /die/das letzte
rečenica	Satz
plašiti	ängstigen, erschrecken
~ se	sich ängstigen, Angst haben
dosadan /-dna/-o	langweilig

	dosadno.
Klaus:	Imam nekoliko ideja. Nedaleko odavde nalazi se Vransko jezero. Priroda je tamo vrlo lijepa i može se odlično loviti ribu.

Jasmina se zaprepastila.

Jasmina:	Loviti ribu? Ne, ni u kom slučaju! To je tako dosadno. Jadne ribe!
Klaus:	U redu, to je bila samo šala! Nećemo ići na pecanje. Ali možda imam jedan drugi zanimljiviji prijedlog.
Jasmina:	Baš me zanima kakav?
Klaus:	Pročitao sam u Biogradu na nekoliko velikih plakata da se za vikend u blizini održava teniski turnir.
Jasmina:	To zvuči super! Imam sa sobom sve stvari za tenis: teniski reket, loptice, tenisice i sportsku odjeću ...
Klaus:	Polako! Ako stvarno želiš sudjelovati na turniru, moraš se još danas prijaviti, najkasnije do 18:00 sati.
Jasmina:	Nema problema! Krenimo tamo!
Klaus:	Dobro, povest ću te poslije u Biograd u teniski klub. Sada želimo na miru doručkovati i uživati u divnom pogledu sa balkona.
Monika:	Tako, tako, uživati u divnom pogledu na more ili u promatranju ljepotica na plaži?
Klaus:	I u jednom i u drugom!

Poslije doručka su Klaus i Jasmina otišli u Biograd da se prijave za turnir. Monika nije morala dugo čekati da se vrate.

Monika:	Išlo je brzo. Vratili ste se za jedan sat! Je li bilo gužve?
Klaus:	Nije bilo gužve i sve je išlo brzo i bez problema. Jasmina se morala upisati u listu za prijavu za teniski turnir i morali smo platiti troškove za prijavu.
Jasmina:	Platili smo 150 kuna. To nije bilo skupo.

Kroatisch	Deutsch
nedaleko	nicht weit
jezero	See
loviti	jagen, fangen
loviti ribu	angeln
zaprepastiti	erschrecken, bestürzen
~ se	bestürzt sein
jadan /-dna/-o	arm, erbärmlich
šala	Scherz, Spaß
pecanje	Angeln
ići na pecanje	angeln gehen
pročitati	(vor)lesen
plakat	Plakat
održavati (ipf)	(er)halten, aufrecht erhalten
~ se	sich behaupten, hier: stattfinden
teniski /-a/-o	Tennis~
turnir	Turnier
stvar (f)	Sache, Ding
reket	Schläger, Racket
lopta	Ball
loptica	Bällchen; hier: Tennisball
tenisice (f,Pl)	Tennisschuhe
stvaran /-rna /-o	wirklich, tatsächlich
sudjelovati, sudjelujem	teilnehmen, mitwirken
doručkovati, doručkujem	frühstücken
klub	Club
sa (+Gen)	von
promatranje	Betrachtung
ljepotica	Schönheit (Person)
gužva	Getümmel hier: Schwierigkeiten
upisati (se), upišem	(sich) einschreiben, eintragen
lista	Liste
prijava	Anmeldung
trošak (Sg) troškovi (Pl)	Ausgabe Kosten, Gebühren
jeftin /-a/-o	billig

Klaus: Nije baš ni jeftino.

Monika: Taj novac ćemo uzeti iz naše blagajne za odmor. Znate li da li se na taj turnir prijavilo puno dobrih tenisačica?

Klaus: Ne mogu procijeniti kakav je ždrijeb, ali mislim da je konkurencija jaka zato što prvo i drugo mjesto dobiva veliki pokal, divne medalje i još neke stvari.

Monika: Nije loše! Kada počinje turnir?

Jasmina: Sutra, već u 8:30.

Klaus: Oh, onda moraš mnogo ranije ustati nego što si navikla.

Jasmina: Svakako, ali to će već nekako ići ...

Slijedećeg dana je Jasmina sa svojim „trenerom" Klausom na teniskom turniru dok je Monika morala ostati kod kuće sa svojim pacijentom Denisom.

Denis: Mama, meni je već mnogo bolje. Želim se igrati sa ostalim dječacima na plaži!

Monika: Trenutno je to dosta riskantno. Pričekajmo još do sutra!

Denis: Šteta! Tako se dosađujem.

Monika: Imam jednu ideju. U autokampu je Arnold sa svojim karavanom koji je odlično sređen. Pitajmo ga da li možeš kod njega gledati televiziju!

Denis: Mama, to je super! Danas poslije podne je direktan prijenos svjetskog prvenstva u nogometu. Prenosi se utakmica Njemačka protiv Italije.

Monika: Hajdemo! Pokušajmo naći Arnolda!

Navečer: Njemačka je ponovo izgubila od Italije. Već je skoro 19:00 sati kad se Jasmina i Klaus vraćaju sa turnira. Jasmina je vrlo uzbuđena.

Jasmina: Mama, Denise, ja sam u polufinalu!

Monika: Izvrsno, kako si to uspjela?

Klaus: U prvom i drugom kolu je imala loše protivnice i zato je glatko pobijedila bez izgubljenog seta. Ali ...

Kroatisch	Deutsch
blagajna	Kasse
tenisačica	Tennisspielerin
procijeniti	beurteilen, abschätzen
ždrijeb	Los, Auslosung
konkurencija	Konkurrenz
dobivati (ipf)	erhalten, gewinnen
medalja	Medaille
naviknuti (se) naviknem	(sich) gewöhnen
nekako	irgendwie
trener	Trainer
ostali /-a/-o	der /die/das übrige
riskantan / -tna/-o	riskant
dosađivati (se) dosađujem (ipf)	(sich) langweilen
srediti	ordnen, einräumen
sređen /-a/-o	hier: ausgestattet
podne	Mittag
direktan /-tna	direkt
prijenos	(TV-, Radio-) Übertragung
svjetski /-a/-o	Welt~
prvenstvo	Vorrang, Vorrecht Meisterschaft
prenositi	übertragen
utakmica	Wettkampf
pokušati	versuchen
ponovo	erneut, abermals
uzbuditi (se)	(sich) aufregen
uzbuđen /-a/-o	aufgeregt
finale	Finale, Endspiel
polufinale	Halbfinale
uspjeti, uspijem	Erfolg haben, gelingen
kolo	Rad, Kreis, Sport: Runde
protivnica	Gegnerin
gladak /glatka/-o	glatt
pobijediti	siegen

Jasmina:	Onda sam morala igrati protiv jedne jake protivnice. Bilo je vruće i bila sam tako umorna. Na sreću je bila moja protivnica isto umorna i ja sam pobijedila s rezultatom 6:4 i 7:6.
Monika:	Odlično! Ali kao što vidim, povrijedila si koljeno.
Klaus:	Ma ne, pokliznula se, pala na koljeno i raskrvarila ga. Do sutra će sve to zaboraviti.
Monika:	Ok, ali večeras joj je potreban mir. Jasmina, ti smiješ odlučiti kamo ćemo ići na večeru i smiješ naručiti što želiš.
Jasmina:	Idemo u naš omiljeni restoran i ja želim jesti nešto sa puno tjestenine.

Slijedećeg dana je Klaus opet sa Jasminom već od 8:30 na teniskom turniru. Podne je. Monika i Denis leže u sjeni ispod drveća i čekaju Jasminu i Klausa. Onda im prilazi Danica.

Danica:	Bok, kako ste?
Monika:	Dobro, Denisa više ne boli glava. Nadamo se da će se Jasmina i Klaus uskoro vratiti sa turnira.
Danica:	Pogledajte, Klaus dolazi! Ali je sam.
Monika:	Klause, je li se nešto dogodilo? Gdje je naša kćerka?
Klaus:	Ona je još u Biogradu. Nažalost je izgubila u polufinalu. Njezina protivnica je imala bolji servis i bolju kondiciju, i tako je osvojila najvažnije poene.
Monika:	Šteta. Je li Jasmina vrlo razočarana zbog toga? Zašto ona nije došla s tobom?
Klaus:	Ona je ostala još malo na teniskom turniru jer želi vidjeti finalni susret. Osim toga je poslije utakmice još dodjela nagrada pobjednicama. Otići ću kasnije po nju. Naravno da je razočarana, ali zbog toga neće propasti svijet. Mislim da nije strašno što je izgubila jednu utakmicu jer je igrala jako dobro i osim toga stekla je nove prijateljice.
Danica:	Barem je osvojila treće mjesto. Imam jedan prijedlog: Slavimo njezin uspjeh večeras na plaži. Imam svježe ribe za

Kroatisch	Deutsch
izgubljen /-a	verloren
set	Satz (im Tennis)
rezultat	Resultat
koljeno	Knie
pokliznuti se, pokliznem	ausrutschen
raskrvariti	zu bluten beginnen
potreban /-bna/-o	nötig, erforderlich
odlučiti	entscheiden
večera	Abendessen
omiljeti (pf), omilim	gefallen, beliebt werden
omiljen /-a	beliebt, Lieblings~
prilaziti (ipf)	herantreten, hinzutreten
uskoro	bald
sam /-a/-o	allein, einsam, selbst
servis	Service, hier: Aufschlag
kondicija	Kondition
osvojiti (pf)	erobern, gewinnen
poen	Punkt (Sport)
razočariti (pf)	enttäuschen
razočaran /-a/-o	enttäuscht
zbog toga	deswegen
finalni /-a/-o	Final~
susret	Begegnung
dodjela	Vergabe, Zuteilung
nagrada	Belohnung, Preis
pobjednica	Siegerin
propasti (pf), propadnem	untergehen, scheitern
strašan /-šna	schrecklich
steći, steknem	erwerben, (Freunde) gewinnen
bar(em)	immerhin, wenigstens
slaviti	feiern
uspjeh	Erfolg
svjež /-a/-e	frisch

	roštilj.	**Kroatisch**	**Deutsch**
Monika:	Mi ćemo se pobrinuti za piće i ostala jela odnosno priloge uz ribu. To će Jasminu sigurno obradovati.	roštilj	Grill, Rost
		pobrinuti se (pf), pobrinem	sorgen, sich kümmern
		odnosno	beziehungsweise
Klaus:	Možda će se do tada Gerhard i Brigitte vratiti iz Splita i možemo onda svi zajedno slaviti.	obradovati, obradujem (pf)	(er)freuen
		tada	dann (zeitl), damals
Monika:	Sigurna sam da Daniel zna najbolje utješiti Jasminu.	utješiti	trösten

Grammatik und Übungen

Die Deklination der Adjektive (Singular und Plural)

Wir haben uns bereits im ersten Band um dieses Thema gekümmert. Dennoch sind wir überzeugt, dass an dieser Stelle eine Wiederholung und Ergänzung vorteilhaft ist. Leider stimmen, wie wir schon wissen, die Endungen der Adjektive nicht immer mit denen der Substantive überein, vor allem nicht bei den maskulinen und neutralen Formen. Zunächst wiederholen wir die Formen im Singular, ergänzt durch passende Substantive.

Fall	*Maskulinum*		*Femininum*	*Neutrum*
	belebt	unbelebt		
Nom	**dobar** trener	**nov** stol	**čista** soba	**lijepo** more
Gen	**dobrog** trenera	**novog** stola	**čiste** sobe	**lijepog** mora
Dat	**dobrom** treneru	**novom** stolu	**čistoj** sobi	**lijepom** moru
Akk	**dobrog** trenera	**nov** stol	**čistu** sobu	**lijepo** more
Lok	(o) **dobrom** treneru	(na) **novom** stolu	(u) **čistoj** sobi	(na) **lijepom** moru
Instr	**dobrim** trenerom	**novim** stolom	**čistom** sobom	**lijepim** morem

Alles klar? Dann können Sie sich an die erste Übung machen!

Übung 3.1

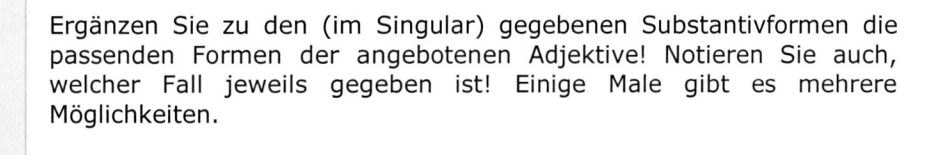

Ergänzen Sie zu den (im Singular) gegebenen Substantivformen die passenden Formen der angebotenen Adjektive! Notieren Sie auch, welcher Fall jeweils gegeben ist! Einige Male gibt es mehrere Möglichkeiten.

zu verwendendes Adjektiv (im Nom)	an das Substantiv angepasste Adjektiv	Fall (Sg)
velik	.... **velikog** .... apartmana	Gen
potreban	.... novcem	
divan	.... sobi	
zanimljiv	.... izletu	
jak	.... protivnice	
odličan	.... kondicijom	
star	.... piva	
prvi	.... injekciju	
hitan	.... pomoću	
točan	.... dijagnozi	
čist	.... vodom	
mali	.... sumnja	
dobar	.... prijatelja	
oštar	.... kamenju	
loš	.... vremena	
vruć	.... piće	
nov	.... liječniku	

Sicher haben Sie sich bei den Adjektiven loš und vruć wieder an eine alte Regel über die Lautveränderung erinnert, nach welcher in den maskulinen und neutralen Formen aus dem Vokal -o- ein -e- wird, wenn ein sogenannter palataler Konsonant vorausgeht.

Merkspruch: ž, š, j, đ und c - erzwingen stets das e

Und nun machen wir uns mit dem Plural vertraut. Im aktuellen Lektionstext konnten wir beispielsweise folgende Sätze beziehungsweise Satzteile lesen:

Čuo je **zadnje** rečenice. — Er hat die letzten Sätze gehört.
Pročitao sam ... na nekoliko **velikih** plakata ... — Ich habe auf einigen großen Plakaten ...
... se igrati sa **ostalim** dječacima ... — ... mit den übrigen Jungen spielen ...

Haben Sie erkannt, dass es sich bei den Fällen der fett gekennzeichneten Adjektive um den Akkusativ, Genitiv beziehungsweise Instrumental handelt? Sehr gut! Dann lernen Sie jetzt sämtliche Formen der Adjektive im Plural anhand der folgenden Tabelle!

Fall	Maskulinum	Femininum	Neutrum
Nom	dobri treneri	čiste sobe	lijepa mora
Gen	dobrih trenera	čistih soba	lijepih mora
Dat	dobrim trenerima	čistim sobama	lijepim morima
Akk	dobre trenere	čiste sobe	lijepa mora
Lok	(o) dobrim trenerima	(u) čistim sobama	(na) lijepim morima
Instr	dobrim trenerima	čistim sobama	lijepim morima

Beachten Sie, dass sehr viele Fälle identische Formen besitzen! Daher sollte es nicht schwer fallen, sich diese zu merken.

Für die **Deklination der Adjektive im Plural** gilt:

Nominativ- und Akkusativendung wie beim Substantiv

Gen auf –ih   Dat = Lok = Instr (auf –im)

Übung 3.2

Ergänzen Sie zu den (jetzt im Plural) gegebenen Substantivformen die passenden Formen der angebotenen Adjektive! Notieren Sie auch, welcher Fall jeweils gegeben ist! Diesmal gibt es oft mehrere Möglichkeiten.

zu verwendendes Adjektiv (im Nom)	an das Substantiv angepasste Adjektiv	Fall (Pl)
velik	.... **velikih** .... apartmana	Gen
divan	.... sobama	
zanimljiv	.... izlete	
jak	.... protivnice	
odličan	.... jelima	
star	.... prijatelji	
prvi	.... susjedima	
loš	.... vijesti	
vruć	.... pića	
nov	.... liječnika	

Wenn Sie mit der letzten Aufgabe gut zurecht gekommen sind, suchen Sie sich einen Partner für die nächste mündliche Übung!

Übung 3.3

Deklinations-Pingpong

Führen Sie mit einer Adjektiv-Substantiv-Kombination ihrer Wahl und einem Trainingspartner abwechselnd die Deklination der Singular- und Pluralformen durch! Beispiel: mali stol, malog stola, ... mali stolovi, ... malim stolovima. Spielen Sie mindestens 5 Beispiele dieser Art durch! Achten Sie auch darauf, verschiedene Geschlechter zu verwenden!

In den folgenden Übungen kommen die Adjektive in bunt gemischter Form vor.

Übung 3.4

Ergänzen Sie zu den gegebenen Formen jeweils die entsprechenden Formen im Singular beziehungsweise Plural! Wir haben Ihnen die Arbeit durch zwei Beispiele wieder etwas erleichtert.

gegebene Form	gesuchte Form	gegebene Form	gesuchte Form
veliku ribu	**velike ribe**	u lijepom moru	
dobrih prijatelja	**dobrog prijatelja**	dobrim nožem	
na lijepim plažama		u ugodnim šatorima	
nove kampove		odličnim servisom	
na malom otoku		zlovoljnog šefa	

Nach diesen mechanischen Vorübungen können Sie sich guten Mutes an die Bildung von ganzen Sätzen machen.

Übung 3.5

Übersetzen Sie die folgenden Sätze ins Kroatische!

1. Jasmina hat gegen gute Gegnerinnen gespielt. - ....

....

2. Monika und Jasmina wollen nicht die armen Fische angeln. - ....

....

3. Denis hat einen guten Arzt gehabt. - ....

4. Hier gibt es viele schöne Strände. - ....

5. Mario hat ausgezeichnete Ideen. - ....

6. Die Touristen schwimmen in sauberem Wasser. - ....

....

7. Nada geht mit den besten Freundinnen ins Kino. - ....

8. Im Fernsehen gibt es heute keine interessante Übertragung. - ....

....

9. Jasmina und Klaus sind am Sonntag auf dem Tennisturnier. - ....

....

10. Jasmina hat einen besseren Aufschlag als Denis. - ....

....

11. Denis liegt mit 5 anderen Patienten im Zimmer. - ....

....

12. Martina fährt mit einem kleinen Boot nach Dugi Otok. - ....

....

Die Deklination der Possessivpronomina im Singular

Wir haben bereits im ersten Band erwähnt, dass die Possessivpronomina (besitzanzeigenden Fürwörter) ebenso wie die Adjektive dekliniert werden; Beispiele finden wir im ersten Band und in den drei ersten Lektionen dieses zweiten Bands:

Trebamo **vašu** pomoć.	- Wir benötigen **eure** Hilfe.
Na sreću je bila **moja** protivnica ...	- Zum Glück war **meine** Gegnerin ...
Njegova boja je bila crvena.	- **Seine** Farbe war rot.

Zur Wiederholung der bekannten Possessivpronomina dient die folgende Tabelle.

moj	tvoj	njegov	njezin	njegov	naš	vaš/Vaš	njihov
mein	dein	sein	ihr	sein	unser	euer/Ihr	ihr

Sehen wir uns die Deklination im Singular an! Da tvoj, naš und vaš exakt die gleichen Endungen haben wie moj, und njezin sowie njihov ebenso wie njegov dekliniert werden, listen wir in der Tabelle nur die Formen von moj und njegov auf. Wir haben zur Verdeutlichung des Geschlechts passende Substantive ergänzt. Bei den männlichen Substantiven müssen wir im Akkusativ wieder zwischen belebt und unbelebt unterscheiden.

Nom	**moj** turist	**moja** soba	**moje** selo	**njegov** turist	**njegova** soba	**njegovo** selo
Gen	**mojeg** turista	**moje** sobe	**mojeg** sela	**njegovog** turistu	**njegove** sobe	**njegovog** sela
Dat	**mojem** turistu	**mojoj** sobi	**mojem** selu	**njegovom** turistu	**njegovoj** sobi	**njegovom** selu
Akk	**mojeg/moj** turista / stol	**moju** sobu	**moje** selo	**njegovog** turista **njegov** stol	**njegovu** sobu	**njegovo** selo
Lok	**mojem** turistu	**mojoj** sobi	**mojem** selu	**njegovom** turistu	**njegovoj** sobi	**njegovom** selu
Instr	**mojim** turistom	**mojom** sobom	**mojim** selom	**njegovim** turistom	**njegovom** sobom	**njegovim** selom

Wie Sie sehen, entsprechen die Endungen der Possessivpronomina genau denen der Adjektive. Wir müssen in den maskulinen und neutralen Formen allerdings wieder darauf achten, dass aus dem Vokal o ein e wird, falls j oder š vorausgehen.

Beachten Sie außerdem, dass vor allem im gesprochenen Kroatisch im Genitiv/Akkusativ (belebt) und Dativ/Lokativ der maskulinen und neutralen Pronomina Kurzformen üblich sind:

      mog anstelle von mojeg   **tvog** anstelle von tvojeg
      mom anstelle von mojem   **tvom** anstelle von tvojem

Und jetzt nehmen Sie mit Schwung die beiden zugehörigen Übungen in Angriff!

Übung 3.6

Ergänzen Sie in der Tabelle zum gegebenen Substantiv (im Singular) das Possessivpronomen im richtigen Fall und Geschlecht! Notieren Sie in der letzten Spalte, um welchen Fall es sich jeweils handelt! Wie so oft helfen wir Ihnen mit einigen Beispielen.

Possessivpronomen					*Substantiv*	*Fall*
moj	tvoj	njegov	njezin	naš	prijatelj	Nom
moje		njegove	njezine		žene	Gen
	tvoje		njezino		selo	Nom/Akk
					moru	
					prijatelja	
					autobusom	

					vodi	
					šeficom	
					kolodvora	
					radošću	

Übung 3.7

Ergänzen Sie die passende Form des Possessivpronomens!

1. Monika i Klaus se brinu. .... sin nije kod kuće.

2. Jasmina se brine. .... protivnica ima odličan servis.

3. Kad se Klaus vraća na plažu, Jasmina leži na .... ležaljci.

4. Monika kaže Jasmini: Nemoj piti .... limunadu!

5. Konobar pita gosta: Kad dolaze .... prijatelji?

6. Denis je zlovoljan. .... mačka leži na .... krevetu.

7. Prodavač kaže Klausu: Nisam nikad prodao .... sinu alkoholna pića.

8. Darko se ljuti. .... prijatelj Matko ide sa ....
........................prijateljicom Nadom u kino.

9. Zvonko je uzbuđen. .... susjed se vozi .... čamcem.

Kroatisch	Deutsch
ljutiti se (+ na + Akk)	sich ärgern (über), sauer sein (auf)

Uživati + u + Lokativ

Im Konversationstext kam das Verb uživati (genießen) vor. Während das Verb im Deutschen den Akkusativ nach sich zieht, wird im Kroatischen häufiger die Präposition u in Verbindung mit dem Lokativ verwendet. Im aktuellen Text lesen wir

    ... uživati u divnom pogledu ...   -   ... den herrlichen Blick genießen ...

Übrigens: Wenn wir im Deutschen das Verb uživati mit *sich erfreuen an* übersetzen, dann steht auch hier nicht der Akkusativ, sondern nach der Präposition *an* der Dativ (da es ja im Deutschen keinen Lokativ gibt).
Es gibt jedoch auch im Kroatischen Formulierungen, in denen uživati mit dem Akkusativ steht, beispielsweise *uživati kredit* (Ansehen genießen).

Das reflexive Possessivpronomen svoj

So etwas hat die deutsche Sprache nicht im Angebot, vielleicht fällt es deshalb manchen Lernenden so schwer. Im Kroatischen verwendet man dieses reflexive Possessivpronomen, wenn der Besitzende zugleich Subjekt des Satzes ist. Nach ein paar Beispielen werden Sie verstehen, worum es geht.

aber:	**Klaus** je našao **svojeg** sina.	- Klaus hat seinen Sohn gefunden.
	Njegov sin se zove Denis.	- Sein Sohn heißt Denis.
aber:	**Neno** sreće **svoju** prijateljicu.	- Neno trifft seine (eigene) Freundin.
	Njegova prijateljica je lijepa.	- Seine Freundin ist schön.
aber:	**Ja** vozim **svoj** auto.	- Ich fahre mein (eigenes) Auto.
	Ti smiješ voziti **moj** auto.	- Du darfst mein Auto fahren.

Wir merken uns also:

Das **reflexive Possessivpronomen** wird verwendet, wenn das **Subjekt des Satzes** zugleich der **Besitzende** ist.

Mi smo vidjeli **svoj** autokamp.

Eigentlich müssten wir für die Deklination keine neue Tabelle anlegen, denn die Formen entsprechen exakt denen von moj, tvoj, naš oder vaš. Aber – sicher ist sicher!

Übung 3.8

Ergänzen Sie die unvollständige Tabelle mit den Formen des reflexiven Possessivpronomens! Tragen Sie auch die passenden Formen der gegebenen Substantive ein!

Nom	**svoj** stol/prijatelj	**svoja** knjiga	**svoje** selo
Gen		**svoje** knjige	
Dat	**svojem** stolu		
Akk			**svoje** selo
Lok			
Instr			

Übrigens: Auch für das reflexive Possessivpronomen sind Kurzformen (**svog** anstelle von svojeg und **svom** anstelle von svojem) gebräuchlich. Tragen Sie auch diese in die oben stehende Tabelle ein!

Wir üben die Singularformen der Possessivpronomina zunächst mündlich.

Übung 3.9

Deklinations-Pingpong

Führen Sie mit einem Possessivpronomen ihrer Wahl und einem Trainingspartner abwechselnd die Deklination durch; z. B. naš prijatelj, našeg prijatelja, ... svoje more, svojeg mora, ... spielen Sie mindestens 5 Beispiele dieser Art durch!

Nun sollten Sie gerüstet sein für die nächste Übung, in der Ihnen die Possessivpronomina in „bunt gemischter" Form begegnen werden.

Übung 3.10

Übersetzen Sie ins Kroatische! Achten Sie besonders auf die richtige Wahl des Possessivpronomens!

1. Jure sitzt vor seinem Haus. - ....
2. Gestern habe ich deinen Freund gesehen. - ....
3. Unser Ausflug war schön. - ....
4. Wir möchten Ihr Auto kaufen. - ....
5. Die Polizei hat ihre Freundin nicht gefunden. - ....
6. Darko geht mit seiner Freundin ins Restaurant. - ....
7. Warum habt ihr euer Boot verkauft? - ....
8. In meinem Zimmer gibt es keinen Fernseher. - ....
9. Haben Sie mein Kind gesehen? - ....
10. Der Arzt muss sich um seine Patienten kümmern. - ....
11. Sie ist seine große Liebe. - ....
12. Dies ist unser Abend. - ....

Kaum haben Sie sich an das reflexive Possessivpronomen und seine Verwendung gewöhnt, kommt eine Einschränkung. Absolut strikt muss dieses nämlich nur benutzt werden, wenn das Subjekt des Satzes, auf das sich das Possessivpronomen bezieht, in der dritten Person steht. In der ersten und zweiten Person kann man auch die anderen Possessivpronomina verwenden, beispielsweise dann, wenn ein emotionaler Bezug ausgedrückt werden soll. So hat Klaus seine Frau am Ende des ersten Bands (Lektion 11), als Denis spurlos verschwunden war, mit dem Satz

    ... naći ćemo *našeg* sina   -   ... wir werden unseren Sohn finden

zu beruhigen versucht. Hier wäre die Verwendung des reflexiven Pronomens nicht angebracht. Anders verhält es sich in folgendem Satz aus der aktuellen Lektion.

    Imam sve svoje stvari za tenis ...   -   Ich habe alle meine Tennissachen ...

Offensichtlich besteht zwischen Jasmina und ihren Tennissachen kein vergleichbar enger emotionaler Bezug, so dass das reflexive Possessivpronomen *svoj* gewählt wurde.

Die Deklination der Possessivpronomina im Plural

Auch das noch, werden Sie jetzt denken. Aber machen Sie sich keine Sorge, wir können in diesem Fall alles, wirklich alles, von der Deklination der Adjektive übertragen. Und „wir" bedeutet diesmal, dass Sie sich die folgende Tabelle selbst zusammenstellen.

Übung 3.11

Füllen Sie die folgende Tabelle über den Plural der Possessivpronomina selbstständig aus! Wir haben der Einfachheit halber nur ein Pronomen (moj) ausgewählt.

Wir haben Ihnen die Arbeit übrigens etwas erleichtert und schon durch die Tabellenstruktur gleiche Formen für Maskulinum, Femininum und Neutrum gekennzeichnet.

	m	**f**	**n**
Nom	moji (prijatelji)	moje (plaže)	moja (sela)
Gen			
Dat			
Akk			
Lok			
Instr			

Natürlich steht es Ihnen frei, weitere entsprechende Tabellen mit den übrigen Possessivpronomina – auch mit dem reflexiven svoj - aufzustellen.

Die Präposition s(a) mit Genitiv

Bisher ist uns die Präposition sa in der Bedeutung von mit (als Begleitung, Zugabe u.ä.) begegnet. Ein Beispiel:

Turist jede palačinke sa čokoladom. - Der Tourist isst Palatschinken mit Schokolade.

In dieser Bedeutung wird nach der Präposition sa der Instrumental verwendet. Vielleicht haben Sie aber schon einmal auf Speisekarten die Formulierung **sa žara** (vom Rost, wörtlich: von der Glut) anstelle des auch üblichen **na žaru** gelesen. In der aktuellen Lektion taucht die Formulierung **sa balkona** (vom Balkon) auf. Wir merken uns:

sa + Instrumental hat die Bedeutung **mit**

sa + Genitiv hat die Bedeutung **von**

Es ist wieder an der Zeit, freies Sprechen zu üben. Wenigstens zwei der drei folgenden Übungsangebote sollten Sie nutzen!

Übung 3.12

Notieren Sie sich auf einem Blatt Papier einige Stichworte zu einem Sportereignis! Dabei kann es sich um Fußball, Handball, Basketball, Tennis oder sonst eine Sportart Ihrer Wahl handeln. Tragen Sie anschließend mit wenigstens fünf Sätzen frei vor, was sich auf Ihrem Stichwortzettel befindet! Teilen Sie zuvor, falls erforderlich, Ihrer Lerngruppe/Ihrem Partner unbekannte Vokabeln mit!

Übung 3.13

Unten stehend ist ein Bericht über einen bekannten kroatischen Tennisspieler und den Gewinn einer „Salatschüssel". Lesen Sie diesen aufmerksam durch; schlagen Sie erforderlichenfalls unbekannte Wörter nach! Machen Sie sich anschließend einen Stichwortzettel und tragen Sie dann ihrer Lerngruppe oder Ihrem Lernpartner einige Fakten in freier Rede vor!

Nikola „Niki" Pilić i Davis Cup

Nikola Pilic je jedan od najboljih i najuspješnijih hrvatskih tenisača. Rođen je 1939 u Splitu. Kao igrač hrvatske reprezentacije debitirao je 1961. godine u Splitu. U svojoj karijeri u Davis Cupu dobio je 38, a izgubio samo 24 utakmice. Četiri puta je kao trener osvojio pokal Davis Cupa, takozvanu popularnu „salataru".
Kao trener njemačke reprezentacije osvojio je tri puta salataru, prvi put 1988. u Švedskoj kada je Charlie Steeb pobijedio Wilandera i Boris Becker je bio bolji od Edberga. Godinu dana kasnije u reprizi Njemačka nadigrala je Švedsku 3:2 u Stuttgartu. Treći Davis Cup pokal dobio je 1993 u Düsseldorfu protiv Australije (4:1, sa Stichom, ali bez Beckera). Četvrtu salataru osvojio je sa hrvatskom ekipom 2005. (3: 2 od Slovačke).

Übung 3.14

Spielen Sie mit einem Partner eine Szene aus der aktuellen Lektion auf Kroatisch nach! Sie können dabei natürlich auch eigene Ideen einfließen lassen. Wir machen Ihnen dazu folgende Vorschläge: Monika unterhält sich mit Denis, dem es langweilig ist. Klaus schlägt Jasmina verschiedene Freizeitaktivitäten vor; Jasmina nimmt zu den Vorschlägen Stellung. Jasmina meldet sich bei der Turnierleitung an und fragt nach Details zum Turnier (Anmeldegebühr, Auslosung, Beginn, Ende des Turniers, Preise, Siegerehrung, etc.).

Brauchen Sie eine kleine Erholung? Wie Sie inzwischen wissen, haben wir dafür ein kleines Sprichwort parat. Natürlich besteht wieder ein Bezug zur aktuellen Grammatik.

Sprichwort

Svatko je kovač svoje sreće.

Kroatisch	Deutsch
svatko	jeder(mann)
kovač	Schmied

Zu guter Letzt müssen Sie noch unsere mündliche Übung zum Text der Lektion bewältigen.

Übung 3.15

Lesen Sie nochmals sorgfältig den Lektionstext oder lassen Sie ihn sich von der CD vorspielen! Beantworten Sie dann auf Kroatisch die folgenden Fragen! Versuchen Sie, möglichst frei und mit eigenen Worten zu sprechen!

1. Zašto se Jasmina ne osjeća dobro?
2. Kamo Gerhard ide sa svojom obitelji za vikend? Zašto?
3. Što preporučuje Monika Jasmini?
4. Što Klaus prvo prepuručuje?
5. Što Jasmina misli o ovoj ideji?
6. Što je Klaus vidio na nekoliko plakata?
7. Ima li Jasmina sa sobom sve stvari koje treba za tenis?
8. Zašto Klaus i Jasmina moraju biti u Biogradu prije 18:00?
9. Koliko kuna je Klaus platio za prijavu?
10. Što mislite: Zašto je turnir zanimljiv za Jasminu?
11. Zašto Monika ostaje u Turnju za vrijeme teniskog turnira?
12. Što radi Denis poslije podne?
13. Kako je Jasmina igrala u Biogradu? Je li ona imala uspjeha?
14. Što Jasmina želi jesti navečer?
15. Zašto je Jasmina izgubila u polufinalu?
16. Zašto se Klaus vraća bez Jasmine?
17. Što Danica i Monika žele spremati za večeru?

Kroatisch	Deutsch
spremati	(vor)bereiten, zubereiten

Wiederholung (3)

Am Ende dieser Lektion wiederholen wir den Lieblingsfall der Kroaten. Richtig, in den folgenden Übungen dreht sich alles um den Genitiv. Werfen Sie erforderlichenfalls einen Blick in den ersten Band unseres Lehrwerks!

W 3.1

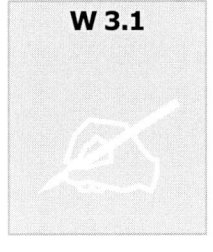

Übersetzen Sie die folgenden Sätze ins Kroatische!

1. Denis hatte gestern viel Glück. - ....
2. Die Speisekarte liegt unter dem Tisch. - ....
3. Für diese Arbeit brauchen wir zwei Stunden. - ....
   ....
4. Wie lange dauert die Fahrt von Turanj nach Biograd? - ....
   ....
5. Die Fahrt dauert 15 Minuten. - ....
6. Hier gibt es wenig gute Tennisspieler. - ....
7. Klaus kauft 5 Flaschen Wein. - ....
8. Jasmina war besser als ihre Gegnerinnen. - ....
   ....
9. Monika bestellt zwei Flaschen Mineralwasser. - ....
   ....
10. Mirko kauft 200 Gramm Salami. - ....
11. Wie viele Kilometer sind es von Zagreb nach Rijeka? - ....
    ....
12. Dafür gibt es keine Belohnung. - ....

Vokabelliste zur 3. Lektion

Kroatisch	Deutsch
bar(em)	wenigstens
baviti se	sich befassen mit
blagajna	Kasse
direktan /-tna/-o	direkt
djevojčica	Mädchen
dobivati (ipf)	erhalten, gewinnen
dodjela	Vergabe, Zuteilung
dok	während
doručkovati, doručkujem	frühstücken
dosadan /-dna/-dno	langweilig
dosađivati (se) (ipf), dosađujem	(sich) langweilen
finale	Finale, Endspiel
finalni /-a/-o	Final~
gladak /glatka/-o	glatt
gužva	Getümmel hier: Schwierigkeiten
ići na pecanje	angeln gehen
izgubljen /-a/-o	verloren
jadan /-dna/-o	arm, erbärmlich
jeftin /-a/-o	billig
k(a) (+ Dat)	zu, gegen, nach
klub	Club
koljeno	Knie
kolo	Rad, Kreis, Tennis: Runde
kondicija	Kondition
konkurencija	Konkurrenz
košarka	Basketball
kovač	Schmied
ljepotica	Schönheit (Person)
ljutiti se (na + Akk)	sich ärgern (über), sauer sein (auf)
lopta	Ball
loptica	Bällchen; hier: Tennisball
loviti	jagen, fangen
loviti ribu	angeln
meč	Match
medalja	Medaille
mirovanje	(Aus)Ruhen
mladić	junger Mann
nagrada	Belohnung, Preis
naviknuti (se) naviknem	(sich) gewöhnen
nedaleko	nicht weit, unweit
nekakvo	irgendwie
obradovati, obradujem	erfreuen
ocijeniti	beurteilen, abschätzen
odbojka	Volleyball
odbojka na pijesku	Beachball
odlučiti	entscheiden
odnosno	beziehungsweise
održavati (ipf)	(er)halten, aufrecht erhalten
~ se	sich behaupten, stattfinden
omiljen /-a/-o	beliebt, Lieblings~
omiljeti (pf), omilim	gefallen, beliebt werden
ostali /-a/-o	der /die/das übrige
osvojiti (pf)	erobern, gewinnen
pecanje	Angeln
pijesak	Sand
plakat	Plakat
plašiti	ängstigen, erschrecken
~ se	sich ängstigen, Angst haben
pobijediti	siegen
pobjednica	Siegerin
pobrinuti se, pobrinem	sorgen, sich kümmern
podne	Mittag
poduzeti, poduzmem	unternehmen
poena	Punkt (Sport)
pojavljivati se pojavljujem	erscheinen, auftauchen
pokliznuti, pokliznem	ausrutschen
pokušati	versuchen
polufinale	Halbfinale
ponovo	erneut, abermals
potreban /-bna/-o	nötig, erforderlich
povreda	Verletzung

prenositi	übertragen
prijava	Anmeldung
prijenos	(TV-, Radio-) Übertragung
prilaziti (ipf)	herantreten, hinzutreten
pročitati	(vor)lesen
promatranje	Betrachtung
propasti (pf), propadnem	untergehen, scheitern
protivnica	Gegnerin
prvenstvo	Vorrang, Vorrecht Sport: Meisterschaft
raskrvariti	blutig machen
razlika	Unterschied
razočaran /-rna/-o	enttäuscht
razočariti (pf)	enttäuschen
rečenica	Satz
reket	Schläger, Racket
rezultat	Resultat
riskantan /-tna/-o	riskant
roštilj	Grill, Rost
sa (+Gen)	von
šala	Scherz, Spaß
sam /-a/-o	allein, einsam
servis	Service, Sport: Aufschlag
slaviti	feiern
spremati	(vor)bereiten, zubereiten
sređen /-a/-o	geordnet, hier: ausgestattet
srediti	ordnen, einräumen
strašan /-šna/-o	schrecklich
stvar (f)	Sache, Ding
stvaran /-rna/-o	wirklich, tatsächlich
sudjelovati, sudjelujem	teilnehmen, mitwirken
susret	Begegnung
svatko	jeder(mann)
svjetski /-a/-o	Welt~
svjež /-a/-e	frisch
tada	dann (zeitl), damals
tenisač	Tennisspieler
tenisačica	Tennisspielerin
tenisice (f,Pl)	Tennisschuhe
teniski /-a/-o	Tennis~

trener	Trainer
trošak (Sg) troškovi (Pl)	Ausgabe Kosten, Gebühren
turnir	Turnier
upisati (se), upišem	(sich) einschreiben, eintragen
uskoro	bald
uspjeh	Erfolg
uspjeti, uspijem	Erfolg haben, gelingen
utakmica	Wettkampf
utješiti	trösten
uzbuđen /-a/-o	aufgeregt
uzbuditi (se)	(sich) aufregen
večera	Abendessen
vikend	Wochenende
volja	Wille, Lust
zadnji /-a/-e	der /die/das letzte
zaprepastiti	erschrecken, bestürzen
~ se	bestürzt sein
zatim	danach, hinterher
zbog toga	deswegen
zvučati, svučim	klingen, tönen
ždrijeb	Los, Auslosung

4. Prvi test – erster Test

Leser des ersten Bands wissen schon, was jetzt auf sie zukommt: Eine umfassende Lernerfolgskontrolle in Form zahlreicher Übungen mit wechselndem Schwierigkeitsgrad. Wir fangen mit Aufgaben zum Einsetzen an.

Übung 4.1

Füllen Sie die folgende Tabelle mit den richtigen Formen aus! Wir haben Ihnen wieder Beispiele gegeben.

gegebene Form	Fall	Genitiv Singular	Dativ Plural	Akkusativ Plural
odličnih pića	Gen Pl n			odlična pića
svoja sela	Nom Pl n / Akk Pl n	svojeg/svog sela		
lijepu plažu				
njezino jelo				
njihovi prijatelji				
tvoj posao				
razočaranoj ženi				
potrebnim novcem				
našom radošću				
u jeftinom hotelu				

Übung 4.2

Füllen Sie die Tabelle mit den richtigen Formen der perfektiven bzw. imperfektiven Verben aus!

imperfektives Verb		perfektives Verb	
Infinitiv	Form (Präsens)	Infinitiv	Form (Perfekt)
dolaziti	dolazim		**došao sam**
nalaziti	**nalazite**		vi ste našli
	mi se vraćamo		
	one gledaju		
			ti si popila
	gubimo		
	ona pomažu		
			stigli smo
			ostala je
			viknuli ste

Ist Ihnen diese Übung schwer gefallen? Dann schauen Sie sich noch einmal die Tabellen der perfektiven und imperfektiven Verben in der ersten Lektion an! In der nächsten Übung wenden Sie das Gelernte bei kleinen Sätzen an.

Übung 4.3

Übersetzen Sie in Kroatische!

1. Monika und Klaus suchen ihren Sohn in Biograd. - ....

....

2. Ein kleiner Junge erzählt, dass er ihren Sohn gesehen hat. - ....

3. Wie lange haben Sie Ihren Sohn gesucht? - ....

4. Auf dem Polizeirevier haben die Beamten lange telefoniert. - ....

5. Am Montag haben wir gute Nachrichten erhalten. - ....

6. Sie haben Denis in einem großen Krankenhaus gefunden. - ....

7. Ein netter Arzt hat Denis eine Spritze gegen gefährliche Infektionen gegeben. - ....

8. Monika und Klaus mussten ein Formular ausfüllen. Sie ärgerten sich wegen dieser Formalität. - ....

9. Danke sehr für diese ausgezeichneten Informationen! - ....

10. Ist die Familie Berger gut in Split angekommen? - ....

11. Klaus hat nicht mit Jasmina geangelt. - ....

12. Klaus hat Jasmina erklärt, wie sie am besten gegen ihre erste Gegnerin spielen soll. - ......

13. Jasmina hat gegen starke Tennisspielerinnen gespielt. - ....

14. Sind diese Fische frisch? - ....

15. Kommen Sie vor 18:00 zur Anmeldung! - ....

16. Kommt bis zum Abend zurück! - ....

17. Gewöhnlich steht Jasmina um 8:30 auf. - ....

18. Gestern ist sie schon um 7:00 aufgestanden. - ....

In der folgenden Übung geht es um Fragewörter. Seien Sie kreativ und lassen sich, wenn möglich, mehrere Fragen einfallen!

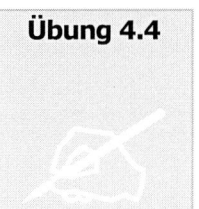

Übung 4.4

Nehmen Sie ein Blatt Papier zur Hand und stellen Sie zu den gegebenen Sätzen passende Fragen! Sie können die Aufgabe auch mündlich bearbeiten.

Beispiel: Jučer sam bio na plaži. – **Gdje si bio jučer? / Kada si bio na plaži? / Tko je bio na plaži? / Jesi li jučer bio na plaži?**

1. Obitelj Berger je bila na izletu na Kornatima.
2. Klaus je išao s Jasminom u Biograd.
3. Klaus i Monika traže Denisa.
4. Konobar neće Jasmini nikad dati vino.
5. Gerhard i Brigitte razgovaraju o malim problemima.
6. Jasmina je igrala novim reketom.
7. Navečer nema kruha.
8. Ivo jede velikom žlicom.
9. Ana i Dodo razgovaraju o svojem susjedu.

Wie Sie sicher bemerkt haben, ist die Deklination eines der Hauptthemen der ersten drei Lektionen. Also widmen wir uns mit den folgenden Übungen weiter diesem Thema.

Übung 4.5

Übersetzen Sie die folgenden Sätze ins Kroatische! Schauen Sie erforderlichenfalls noch einmal in der Tabelle auf Seite 17 nach, was wir über die Deklination der Pronomina festgehalten haben!

1. Branka hat nichts gesehen. - ....

2. Zvonko hat irgendjemandem sein Boot gezeigt, aber er weiß nicht mehr, wem. - ....

3. Wir haben niemandem unser Buch gegeben. - ....

4. Nada hat mit niemandem Deutsch gelernt. - ....

5. Haben Sie irgendetwas vergessen? - ....

6. Davor hat ein wenig Hilfe gebraucht. Deshalb hat er jemanden gesucht. - ....

Übung 4.6

Ersetzen Sie in den folgenden Sätzen die unterstrichenen Substantive durch die passenden Personalpronomina!

1. Nada je našla prijateljicu. - ....
2. Liječnik je dao pacijentu recept. - ....
3. Vesna ide s prijateljicom u kino. - ....
4. Kapetan vozi čamcem turiste na Kornate. - ....
5. Organizator turnira je dao Jasmini nagradu. - ....
6. Jure je pozdravio turiste. - ....
7. Za Danicu to nije problem. - ....
8. Liječnici ne razgovaraju o pacijentima. - ....
9. Ovdje nema ni šefa ni šefice. - ....
10. Jure ide s turistom na policiju. - ....

Übung 4.7

Ergänzen Sie die passende Form des in der Klammer stehenden Worts!

1. Klaus ne vidi .... (velik) .... (šansa) da Jasmina osvoji turnir.
2. Ona je .... (imati) .... (odličan) protivnice.
3. Ivan je .... (osvojiti) puno .... (velik turnir).
4. Jana nema .... (volja) ići s .... (svoj) ....
.... (prijatelj) na .... (pecanje).
5. Denis vidi puno .... (dijete) na .... (pješčana plaža).
6. Monika .... (on) .... (preporučivati) nekoliko ....
.... (stvar), ali Denis to ne .... (željeti) uraditi.
7. Zato mora gledati .... (televizija) zbog .... (svoj) ....

.... (povreda).

8. Kad se Klaus .... (vratiti) sa .... (turnir), nije ....
(imati) .... (dobar) .... (vijest), jer je Jasmina ....
(izgubiti) u .... (polufinale).

9. Gerhard je .... (pogledati) .... (prvenstvo)
i .... (uzbuditi se). Nijemci su .... (izgubiti) od
.... (Talijani).

10. Denis se od ……….............................. (radost) nije
………….............................. (moći) smiriti.

Kroatisch	Deutsch
šansa	Chance
smiriti (se)	(sich) beruhigen

Übung 4.8

Diktat

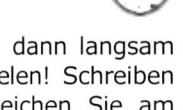

Lassen Sie sich den folgenden Text einmal komplett und dann langsam mehrmals Satz für Satz vorlesen oder von der CD abspielen! Schreiben Sie den Text auf ein separates Blatt Papier und vergleichen Sie am Schluss mit dem Originaltext hier im Buch!

Klaus i Monika su našli Denisa u bolnici. On se malo povrijedio, ali se htio što brže vratiti u apartman. Na sreću ništa nije bilo slomljeno. Liječnik je rekao da treba mirovati dok mu se stanje ne stabilizira. U ljekarni je Monika dobila tablete protiv glavobolje. Denis ih treba uzimati dva puta dnevno. Trenutno se dosađuje na odmoru. Njegova sestra Jasmina sudjeljuje na zanimljivom teniskom turniru u blizini Biograda. Igrala je vrlo dobro i stigla u polufinale. Navečer želi obitelj Berger slaviti njezin uspjeh sa Danicom i Jurem. Jasmina se nada da se Daniel skoro vraća iz Splita zato što ne želi slaviti bez njega.

Übung 4.9

Übersetzen Sie mündlich den Text des Diktats 4.8!

Übung 4.10

Bildbeschreibung

Beschreiben Sie schriftlich, was Sie alles auf dem nachfolgenden Bildausschnitt der Tennisanlage in Biograd sehen können! Alternative: Fertigen Sie sich einen Stichwortzettel an und tragen Sie Ihrer Lerngruppe vor, was Sie auf dem Bild sehen!

Blizu Biograda: tenski klub „Maslina"

Vokabelliste zur 4. Lektion

Kroatisch	Deutsch
organizator	Organisator
šansa	Chance
smiriti (se) (pf)	(sich) beruhigen

5. Trebamo novu gumu – Wir brauchen einen neuen Reifen

Trebamo novu gumu – Konversation

Obitelj Berger sjedi kao i svakog jutra na balkonu. Netko kuca na vrata, Monika ustaje i gleda tko to kuca.

Kroatisch	Deutsch
guma	Gummi, Reifen
kucati	(an)klopfen
oštećen /-a/-o	beschädigt
takav /-kva/-o	solch ein(er)
desiti se	geschehen, sich ereignen
ispričati (pf)	erzählen, mitteilen
običan /-čna/-o	gewöhnlich, üblich
pokazati, pokažem	zeigen
ured	Amt, Büro
vulkanizer	Vulkaniseur
popraviti	verbessern, (aus)bessern
nabaviti	beschaffen
magistrala	Fernverkehrsstraße, Magistrale
prema (+Lok)	nach, in Richtung

Monika: Gerharde, to si ti! Dobro jutro! Hoćeš li doručkovati sa nama?

Gerhard: Bok! Dobra ideja! Rado! Ali nisam došao zbog toga.

Monika: Nego zbog čega?

Gerhard: Klaus mora pogledati svoj auto. Jedna guma je jako oštećena. Sa takvom gumom ne smijete ni u kom slučaju dalje voziti.

Monika: Što kažeš? Kako se to moglo desiti? Pođi sa mnom na balkon i ispričaj to Klausu!

Klaus: Već sam sve čuo. Moram odmah otići do auta i pogledati što je s njim.

Nekoliko minuta kasnije. Klaus promatra oštećenu gumu dok mu Danica prilazi.

Klaus: Dobro jutro, Danice! Znate li gdje je Jure?

Danica: Bok, Klause! U ovo vrijeme je Jure obično u uredu. Imate li neki problem?

Klaus: Da, jedna guma je oštećena.

Danica: Bez brige! Kažite Juri što se dogodilo! On sigurno zna gdje možete dobiti novu gumu.

U Jurinom uredu.

Jure: Bok, Klause, ja već znam što je Vaš problem. Gerhard mi je jučer pokazao oštećenu gumu na Vašem autu.

Klaus: Mogu li ovdje u Turnju dobiti novu gumu?

Jure: Ne, morate ići u Biograd. Tamo ima jedan dobar vulkanizer. Neka on popravi tu gumu ili ako je potrebno nabavi novu.

Klaus: Možete li mi objasniti put?

Jure: Nema problema! Vozite Jadranskom magistralom prema Biogradu! Na ulazu u Biograd vidjet ćete lijevo veliku benzinsku postaju.

Klaus:	Ja već znam tu benzinsku postaju. Gerhard je tamo dobio plin za svoj karavan.
Jure:	Točno! Odatle vozite desno prema centru grada i ... trenutak, moram razmisliti ..., na trećem križanju skrenite lijevo. Vozite oko sto metara i već ste na cilju.
Klaus:	Puno Vam hvala! Demontirat ću odmah gumu i krenut ću u Biograd.
Jure:	Imate li nekoga tko Vas može tamo povesti?
Klaus:	Pitat ću Gerharda, inače ...
Jure:	... mogu Vas i ja povesti.
Klaus:	U redu! Još jednom, hvala lijepa.

Gerhard je sa Klausom već na putu prema Biogradu. U prtljažniku je Klausova oštećena guma.

Klaus:	Tamo, na lijevoj strani je benzinska postaja. Kada se vratimo, možeš napuniti gorivo. Ali sada moraš skrenuti desno!
Gerhard:	Da, to već znam.
Klaus:	Pazi! Drži razmak! Tamo je semafor!
Gerhard:	Vidim crveno svjetlo! Bože, kako si danas nervozan!
Klaus:	Oprosti!

Klaus i Gerhard su našli radionicu.

Klaus:	Dobar dan! Možete li pogledati ovu gumu?
Mehaničar:	Dobar dan! Ah, ne izgleda dobro. Ne možemo je popraviti. Potrebna Vam je nova guma.
Klaus:	Da, to sam već i mislio. Možete li mi nabaviti odgovarajuću gumu?
Mehaničar:	Naravno! To je uobičajena veličina. Takve gume imamo u našem skladištu. Do kada trebate gumu?
Klaus:	Ako može odmah!

Kroatisch	Deutsch
postaja	Station, Haltestelle
benzinski /-a/-o	Benzin~
benzinska postaja	Tankstelle
plin	Gas
odatle	von da (aus)
razmisliti (pf)	nachdenken, überlegen
križanje	Kreuzung
skrenuti (pf), skrenem	ablenken, abbiegen
cilj	Ziel
demontirati	demontieren
prtljažnik	Kofferraum
strana	Seite
napuniti	(auf)füllen
gorivo	Kraftstoff
napuniti gorivo	tanken
držati, držim	halten
razmak	Abstand
semafor	Ampel
svjetlo	Licht
bože! (Vok)	Mein Gott!
radionica	Werkstatt
odgovarajući	passend
uobičajen /-a/-o	gewöhnlich, üblich

Mehaničar: Žao mi je, ali to neće ići. Sada je već 11:50. Imamo puno drugih naloga. Osim toga imamo odmah dnevni odmor do 14:00 sati. Najbolje, ostavite staru gumu ovdje i dođite opet oko 15:00 sati! Onda možete uzeti novu gumu.

Klaus: U redu. Vidimo se u 15:00 sati.

Klaus i Gerhard sjede opet u Gerhardovim kolima i razmišljaju što će sada raditi.

Klaus: Što da radimo tri sata? Idemo li natrag u autokamp?

Gerhard: Imam bolji prijedlog. Idemo ovdje u Biogradu nešto pojesti i provedimo još malo vremena u gradu.

Klaus: Slažem se, ali moram nazvati Moniku i reći joj da se nećemo vratiti do objeda. Vidiš li u blizini telefonsku govornicu?

Gerhard: Trenutak! Ne trebamo telefonsku govornicu. Imam Danielov mobitel. Možeš nazvati odavde Moniku! Kaži joj da javi i Brigitti da ćemo doći kasnije!

Kroatisch	Deutsch
veličina	Größe
skladište	Lager(raum)
nalog	Auftrag
ostaviti (pf)	(ab)lassen, zurücklassen
razmišljati (ipf)	überlegen
natrag	zurück
prijedlog	Vorschlag
pojesti (pf), pojedem	(auf)essen
provesti, provedem	verbringen
slagati (ipf) se, slažem se	übereinstimmen einverstanden sein
telefonska govornica	Telefonzelle
objedovati, objedujem	(zu Mittag) essen
mobitel	Handy
javiti	melden, mitteilen
promenada	Promenade
kafić	Kaffee

Gerhard i Klaus su objedovali u jednom lijepom restoranu na promenadi. Sada sjede u kafiću ispod palme ...

Gerhard: Kao što vidim, sada ti je bolje.

Klaus: Naravno, dobro smo se najeli, sada sjedimo ovdje i imamo divan pogled na otok Pašman. Promatramo život na plaži, trajekt ...

Kroatisch	Deutsch
palma	Palme
najesti se	sich satt essen
život	Leben

Gerhard: Ljubazne konobarice ...

Klaus: ... i puno ljudi u lučkoj kapetaniji. Znaš li što oni tu rade?

Gerhard: Naravno! Posjeduju čamce i moraju ih prijaviti u lučkoj kapetaniji. Izabrali su nezgodno vrijeme.

Klaus: Baš imaju peh.

Gerhard: Stvarno. Klause, sada je već 14:45 sati. Pođimo u radionicu uzeti gumu!

Gerhard i Klaus su se vratili u radionicu.

Mehaničar: Bok, uskoro ću biti gotov s gumom. Koji zračni pritisak treba biti u Vašoj gumi?

Klaus: Hmm, mislim 2,6 bara.

Mehaničar: Dobro ... sada sam gotov.

Klaus: Hvala. Koliko to košta?

Mehaničar: 320 kuna.

Klaus: Izvolite! Doviđenja!

Klaus je već vani sa svojom gumom i ulazi u Gerhardov auto, dok mehaničar još nešto pita Gerharda.

Mehaničar: Stanite! Pričekajte malo! Hoće li Vaš prijatelj sam montirati gumu na auto?

Gerhard: Naravno!

Mehaničar: On onda mora poslije 50 km vožnje provjeriti, da li je guma dobro namontirana. To neka ni u kom slučaju ne zaboravi.

Gerhard: U redu!

Mehaničar: Trebate li još nešto? Možda novi akumulator? Imamo upravo jedan na sniženju.

Gerhard: Ne, hvala!

Mehaničar: Možda jedan ispušni lonac? On je isto na sniženju.

Gerhard: Ne, ne, hvala! To je stvarno bilo sve! Doviđenja!

Kroatisch	Deutsch
konobarica	Kellnerin
posjedovati (ipf), posjedujem	besitzen
lučki /-a/-o	Hafen~
lučka kapetanija	Hafenamt
izabrati, izaberem	auswählen, aussuchen
nezgodan /-dna/-o	ungünstig, unpassend
peh	Pech
pritisak	Druck
stati, stanem	stehen bleiben, anhalten
montirati	montieren
namontirati	(an)montieren
akumulator	Akkumulator, (Auto)Batterie
upravo (zeitl)	gerade, soeben
sniženje	(Preis)Senkung, Minderung
na sniženju	hier: im (Sonder)Angebot
ispušni	Auspuff~
lonac	Topf

Grammatik und Übungen

Possessivadjektive (besitzanzeigende Adjektive)

Worum geht es in diesem Kapitel? Im Kroatischen kann man aus Substantiven Adjektive bilden, die den Besitz oder die Zugehörigkeit eines Objekts zu einer Person beschreiben. Im Deutschen verwendet man stattdessen oft den Genitiv. Wir notieren zu diesem Thema zunächst zwei Beispielsätze aus der aktuellen Lektion:

    U prtljažniku je **Klausova** ... guma.   - Im Kofferraum ist Klaus' ... Reifen.
    Imam **Danielov** mobitel.   - Ich habe Daniels Handy.

Wir sehen an diesen Beispielen, wie die Possessivadjektive von maskulinen Substantiven, die auf einen Konsonanten enden, gebildet werden. Man hängt an den Nominativ einfach die Silbe –ov an.

Possessivadjektive werden nicht nur von Eigennamen abgeleitet. Auch hierzu zwei Beispiele:

    Ovo je **bratov** apartman.   - Das hier ist das Apartment des Bruders.
    Tamo leži **učiteljeva** knjiga.   - Dort liegt das Buch des Lehrers.

Das letzte Beispiel zeigt wiederum den Einfluss der palatalen Konsonanten (ž, š, j, đ, c, č, ć), die hier anstelle der Endsilbe –ov die Silbe –ev erzwingen.

Wie aber sehen die Possessivadjektive bei weiblichen Substantiven (auf –a) oder auch männlichen Eigennamen, die auf einen Vokal (Ivo, Jure) enden, aus? Auch auf diese Frage hat unser Konversationstext eine Antwort. Dort lesen wir:

    u **Jurinom** uredu   - in Jures Büro

Hier wird also das Possessivadjektiv aus dem Nominativ gebildet, indem man anstelle des letzten Vokals (-a, -o oder –e) die Endsilbe –in verwendet. Zur Sicherheit geben wir Ihnen noch zwei Beispiele.

    Sestrin prijatelj je ljubazan.   - Der Freund der Schwester ist nett.
    Jasminin reket je nov.   - Jasminas Tennisschläger ist neu.

Endung des **Substantivs auf**	Endung des **Possessivadjektivs auf**
Konsonant	**-ov** bzw. **-ev**
Vokal	**-in** (unter Streichung des Vokals)

Jetzt ist es höchste Zeit für eine erste Übung.

Übung 5.1

Ergänzen Sie die passende Form des Possessivadjektivs! In der Klammer steht jeweils die entsprechende Person.

1. Danica je .... (Jure) žena.

2. Vidjeli smo .... (prijatelj) čamac.

3. Denis je .... (Monika) sin.

4. U autokampu se nalazi .... (Gerhard) karavan.

5. .... (Jasmina) protivnica je igrala vrlo dobro.

6. .... (Denis) stanje se stabiliziralo.

7. .... (Franjo) obitelj živi na Rabu.

8. Pogledali smo .... (Jure) novi televizor.

9. Jasmina je .... (Denis) sestra.

10. U luci se nalazi .... (Ivo) čamac.

Haben Sie alles problemlos bewältigt? Dann können wir gleich die Deklination der Possessivadjektive besprechen. Sie werden in der Regel wie Adjektive dekliniert. Alle Details über die Deklination im Singular entnehmen Sie der folgenden Tabelle.

	m (Sg)	*f (Sg)*	*n (Sg)*
Nom	Jurin	Jurina	Jurino
Gen	Jurinog	Jurine	Jurinog
Dat	Jurinom	Jurinoj	Jurinom
Akk	Jurinog / Jurin	Jurinu	Jurino
Lok	Jurinom	Jurinoj	Jurinom
Instr	Jurinim	Jurinom	Jurinim

Beachten Sie, dass auch hier wieder im Akkusativ unterschieden wird, ob das zugehörige Substantiv belebt (Jurinog) oder unbelebt (Jurin) ist. Also heißt es:

	Vidim Jurinog prijatelja.	- Ich sehe Jures Freund.
aber:	Vidim Jurin apartman.	- Ich sehe Jures Apartment.

Übung 5.2

Füllen Sie die folgende Tabelle mit den Pluralformen des Possessivadjektivs aus! Wieder einmal haben wir ein wenig Vorarbeit geleistet.

	m (Pl)	**f (Pl)**	**n (Pl)**
Nom	Jurini	Jurine	
Gen			
Dat	Jurinim		
Akk			
Lok			
Instr			

Jetzt wenden wir die neuen Formen anhand einiger Sätze an.

Übung 5.3

Übersetzen Sie die folgenden Sätze ins Kroatische!

1. Monika betrachtet Gerhards Caravan. - ....

2. Klaus' Bücher befinden sich auf dem Regal im Wohnzimmer. - ....
....

3. Ana geht mit Brankas Hund in die Stadt. - ....

4. Die Gäste dürfen mit Marijas Boot fahren. - ....
....

5. Auf Jures Campingplatz stehen viele Zelte. - ....
....

6. Wir dürfen nicht Antes Patienten sehen. - ....

7. Gerhard und Klaus bringen Klaus' kaputten Reifen nach Biograd. - ....
....

8. Der Kellner bringt Jasminas Lieblingsessen. - ....
....

9. Monika liest eine interessante Nachricht in Gerhards Zeitung. - ....
....

10. Mario ist mit Ivos Freundinnen ins Kino gegangen. - ....
....

Nachdem Sie sich an die Bildung der Possessivadjektive gewöhnt haben, müssen wir Ihnen leider sagen, dass es Abweichungen von der schönen einfachen Regel auf Seite 73 gibt. Nicht immer endet nämlich bei Männernamen auf –o (Ivo) das Possessivadjektiv auf –in (Ivin). Bei *Branko* wäre sonst beispielsweise eine Verwechslung mit *Branka* (*Brankin auto*) möglich. Auch andere Männernamen wie Zvonko, Matko oder Marko bilden das Possessivadjektiv auf –ov, also heißt es zum Beispiel:

    Vidio sam Markov (Zvonkov) auto. - Ich habe Markos (Zvonkos) Auto gesehen.

Da die Besprechung des Perfekts und des Verbaspekts schon eine Weile her ist, dient die nächste Übung zur Wiederholung dieses nicht ganz einfachen Kapitels.

Übung 5.4

Nehmen Sie sich ein Blatt Papier zur Hand und setzen Sie die Sätze 1 bis 9 der Übung 5.3 in die Vergangenheit! Zum Verb smjeti (dürfen) geben wir Ihnen eine kleine Hilfe: das Partizip Perfekt lautet smio / smjela / smjelo.

Eine kleine Ergänzung zum Ende dieser Einheit: Adjektive auf –ski oder –čki kennzeichnen ebenfalls die Zugehörigkeit. Einige Beispiele sind Ihnen sicher schon bekannt:

    Beč (Wien)   - Bečki odrezak (Wiener Schnitzel)
    Zagreb   - Zagrebačka pivovara (Zagreber Brauerei)
    grad   - gradski park
    turist   - turistički ured

Deklination von Eigennamen

Die Deklination männlicher Namen, die auf einen Konsonanten enden (z.B. Stjepan, Milan, Klaus), ist für uns einfach: Wir verwenden die gleichen Endungen wie bei „gewöhnlichen" maskulinen Substantiven. Daher kamen schon im ersten Band Klaus oder Gerhard in verschiedenen Fällen mit den entsprechenden Endungen vor. Im aktuellen Text lesen wir beispielsweise:

    pitat ću Gerharda ...   - ich werde Gerhard fragen ...
    Gerhard je sa Klausom ... na putu ...   - Gerhard ist mit Klaus auf dem Weg ...

Häufig enden kroatische Männernamen jedoch nicht auf einen Konsonanten, sondern auf –o (Ivo) oder –e (Jure, Ante). In den letzten Konversationstexten finden wir zu diesem Thema zum Beispiel folgende Sätze:

    nazovi Juru (Akk) ...!   - rufe Jure an ...!
    kažite Juri (Dat) ...!   - sagen Sie Jure ...!

Offensichtlich entsprechen diese Endungen denen der femininen Substantive auf –a. Nur der Vokativ bildet eine Ausnahme; er endet genau so wie der Nominativ. Nach dem gleichen Muster werden auch männliche Vornamen auf –a (Ivica) dekliniert. Studieren Sie zur

Sicherheit die folgende Tabelle, in der wir mit den verschiedensten kroatischen Namen operiert haben!

	Deklination männlicher Vornamen auf Konsonant, -o, -e bzw. -a			
Nom	Stjepan	Ivo	Jure	Ivica
Gen	Stjepana	Ive	Jure	Ivice
Dat	Stjepanu	Ivi	Juri	Ivici
Akk	Stjepana	Ivu	Juru	Ivicu
Vok	Stjepane	Ivo	Jure	Ivice
Lok	(o) Stjepanu	(o) Ivi	(o) Juri	Ivici
Instr	(sa) Stjepanom	(sa) Ivom	(sa) Jurom	(sa) Ivicom

Sie wissen schon: Im Kroatischen gibt es kaum eine Regel ohne Ausnahme. Wenn der männliche Name auf –o endet und sich direkt vor der Endsilbe zwei Konsonanten befinden (Matko, Mirko), so werden diese Namen (bis auf den Nominativ und den Vokativ) wie in der ersten Spalte obiger Tabelle (Stjepan) dekliniert. Also heißt es beispielsweise:

    Vidio sam Zvonka (Akk).   - Ich habe Zvonko gesehen.
    Prodajemo Mirku naš čamac.   - Wir verkaufen Mirko unser Boot.

Doch jetzt nichts wie ran an die zugehörigen Übungen!

Übung 5.5

Ergänzen Sie jeweils die richtige Form des in der Klammer stehenden Namens!

1. Gerhard stoji pokraj .... (Jure).

2. Turist pita .... (Karlo) gdje se nalazi dobra radionica.

3. Idem s .... (Milan) u centar grada.

4. Razgovarili smo o .... (Mile).

5. Jučer sam vidio .... (Stjepan) sa njegovim prijateljem .... (Ante).

6. Donesite .... (Ivica) još malo vina!

7. Danica zna bolje kuhati od .... (Matko).

8. Jesi li vidjela .... (Ivica), ... (Davor) ili .... (Jure)?

Übung 5.6

Partnerarbeit: Bearbeiten Sie nochmals – eventuell mündlich - die Übung 5.5! Lassen Sie sich jetzt aber von Ihrem Partner andere Namen als die eingetragenen vorgeben!

Wir haben noch kein einziges Wort über die Deklination weiblicher Namen verloren. Das ist auch (kaum) nötig, denn diese werden exakt so wie die „gewöhnlichen" Substantive mit der Endung –a dekliniert. Die nächste Übung sollte also für Sie nur Routine sein.

Übung 5.7

Füllen Sie die folgende Tabelle zur Deklination femininer Namen aus!

	Deklination weiblicher Vornamen auf -a	
Nom	Jasmina	Danica
Gen		
Dat		
Akk		
Vok		
Lok		
Instr		

Haben Sie beachtet, dass im Femininum der Vokativ auf –o/-a bzw. –e endet? Prima! Dann können Sie schon die nächste Aufgabe bewältigen.

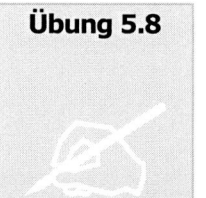

Übung 5.8

Ergänzen Sie jeweils die richtige Form des in der Klammer stehenden Namens!

1. Gerhard sjedi pokraj .... (Danica).

2. Turist pita .... (Marija) gdje se nalazi dobra radionica.

3. Idem s .... (Jasmina) u bolnicu.

4. Razgovarali smo o .... (Vesna).

5. Jučer sam vidio .... (Monika) sa njezinom prijateljicom .... (Ana).

6. Donesite .... (Jelena) još malo vode!

7. Danica zna bolje kuhati od .... (Ivana).

Der Imperativ für die dritte Person (Jussiv)

Im ersten Band hatten wir nur den Imperativ für die erste und zweite Person kennen gelernt. Im aktuellen Text wurde mehrfach eine Aufforderung an die dritte Person geäußert. Beispielsweise schlägt Jure vor:

    Neka on popravi tu gumu ...   - Er soll diesen Reifen ausbessern ...

Der Plural wird analog gebildet:

    Neka oni rade ...   - Sie sollen arbeiten ...

Wir merken uns den Imperativ in der dritten Person:

Neka + 3. Person Präsens

Neka ona pliva! - Sie soll schwimmen!

Neka ne radi! - Er/sie soll nicht arbeiten!

Bei reflexiven Verben steht das Reflexivpronomen direkt hinter neka:

    Neka se nada.   - Er soll hoffen.
    Neka se ne tuširaju.   - Sie sollen sich nicht duschen.

Auch wenn das nicht so schwer ist, kann eine kleine Übung nicht schaden.

Übung 5.9

Übersetzen Sie die folgenden Sätze ins Kroatische! Bei dieser Gelegenheit üben Sie auch einige der schon bekannten Imperativformen.

1. Gerhard soll nicht so schnell fahren ....

2. Schwimmt nicht zur Insel! ....

3. Sie sollen morgen früh aufstehen. ....

4. Trinken Sie dieses Glas aus! ....

5. Sie sollen sich freuen. ....

6. Du sollst nicht rauchen. ....

7. Wir sollen nicht zu viel essen. ....

8. Sie soll nicht bis 22 Uhr arbeiten. ....

Mit den folgenden Übungen werden Sie wieder zu eigenem Sprechen angeregt. Nutzen Sie diese Gelegenheiten intensiv!

Übung 5.10

Lesen Sie noch einmal aufmerksam den Lektionstext oder lassen Sie ihn sich vorlesen oder von der CD abspielen! Beantworten Sie dann die folgenden Fragen! Einige der Fragen sollten mit etwas mehr als nur einem kurzen Satz beantwortet werden.

1. Zašto je Gerhard došao već rano pred apartman obitelji Berger?
2. Gdje se Jure obično nalazi ujutro?
3. Što Jure preporučuje Klausu?
4. Možete li Vi objasniti put do vulkanizera?
5. Gdje se nalazi oštećena guma na putu do vulkanizera?
6. Po čemu Gerhard vidi da je Klaus nervozan?
7. Što je rekao mehaničar kada je vidio oštećenu gumu?
8. Kad mogu Klaus i Gerhard uzeti novu gumu?
9. Zašto Klaus želi nazvati Moniku?
10. Što rade Klaus i Gerhard na promenadi?
11. Što rade mnogobrojni turisti u lučkoj kapetaniji?
12. Što Klaus mora kontrolirati poslije 50 kilometara?
13. Koliko košta nova guma?
14. Što još nudi mehaničar Gerhardu?

Kroatisch	Deutsch
nakon (+Gen, zeitl)	nach
nakon što	nachdem
mnogobrojan /-jna	zahlreich
kontrolirati	kontrollieren
nuditi	anbieten

Übung 5.11

Spielen Sie eine (oder mehrere) Dialoge aus der aktuellen Lektion mit einem Partner nach! Lassen Sie dabei ruhig eigene Ideen einfließen! Wir schlagen Ihnen folgende Szenen vor: Klaus unterhält sich mit Jure, was am besten angesichts des kaputten Reifens zu tun ist. Klaus erklärt Monika, warum er nicht zum Mittagessen zurück in Turanj ist. Klaus und Gerhard unterhalten sich an der Promenade in Biograd. Gerhard spricht mit dem Vulkaniseur.

Übung 5.12

Bildbeschreibung

Beschreiben Sie, was Sie alles auf dem Bild auf Seite 71 sehen! Machen Sie sich einen Stichwortzettel und üben Sie einen Kurzvortrag in (weitgehend) freier Rede!

Zur Erholung haben wir wieder ein Sprichwort parat. Es eignet sich übrigens ganz gut als Anlass, die i-Deklination zu wiederholen.

Sprichwort

Oprez je majka mudrosti.

(Vorsicht ist die Mutter der Porzellankiste)

Kroatisch	Deutsch
oprez	Vorsicht
mudrost (f)	Weisheit

Eine wörtliche Übersetzung müssen wir Ihnen mit Sicherheit nicht mehr liefern.

Wiederholung (5)

Dieses Mal geht es in unserem Rückblick auf Inhalte des ersten Bands um Zahlwörter. Schlagen Sie erforderlichenfalls noch einmal nach, wann nach dem Zahlwort der Nominativ, wann der Genitiv Singular und in welchen Fällen der Genitiv Plural zu verwenden ist!

W 5.1

Übersetzen Sie jeweils ins Kroatische! Schreiben Sie dabei die Zahlwörter aus!

1. 8 Bücher - ....
2. drei Kellner - ....
3. 21 Tische - ....
4. 139 Boote - ....
5. 302 Krankenhäuser - ....
6. 15 gute Nachrichten - ....
7. 47 ausgezeichnete Tennisspielerinnen - ....
8. 600 schöne Campingplätze - ....
9. eine große Liebe - ....
10. 17 rote Rosen - ....
11. zwei gute Werkstätten - ....

W 5.2

Übersetzen Sie die folgenden Sätze ins Kroatische!

1. Haben Sie mehr als 200 Kuna? - ....
2. Denis hat 11 Delfine gezählt. - ....
3. Zum Glück braucht Klaus nur einen neuen Reifen. - ....
....
4. Wir möchten 400 Euro wechseln. - ....
5. Jure muss drei Stunden warten. - ....
6. Jasmina hat vier Gegnerinnen besiegt. - ....
....
7. In Biograd gibt es drei Tankstellen. - ....
8. Im Krankenhaus gibt es 161 Betten für die Patienten. - ....
....
9. Die Kornaten bestehen aus 147 kleinen und etwas größeren Inseln. - ....
....
....

Kroatisch	Deutsch
sastojati se, sastojim se	bestehen, zusammengesetzt sein aus

Vokabelliste zur 5. Lektion

Kroatisch	Deutsch
auspuh	Auspuff
akumulator	Akkumulator, (Auto)Batterie
benzinska postaja	Tankstelle
benzinski /-a/-o	Benzin~
bože! (Vok)	Mein Gott!
cilj	Ziel
demontirati	demontieren
desiti se	geschehen, sich ereignen
držati, držim	halten
gorivo	Kraftstoff
guma	Gummi, Reifen
informirati	informieren
ispričati (pf)	erzählen, mitteilen
ispušni /-a/-o	Auspuff~
izabrati, izaberem	auswählen, aussuchen
javiti	melden, mitteilen
konobarica	Kellnerin
kontrolirati	kontrollieren
križanje	Kreuzung
kucati	(an)klopfen
lonac	Topf
lučka kapetanija	Hafenamt
lučki /-a/-o	Hafen~
magistrala	Fernverkehrsstraße, Magistrale
mnogobrojan /-jna/-o	zahlreich
moment	Moment
montirati (ipf)	montieren
razmontirati (pf)	montieren
mudrost (f)	Weisheit

na sniženju	hier: im (Sonder)Angebot
nabaviti	beschaffen
najesti se najedem	sich satt essen
nakon (+Gen, zeitl)	nach
nakon što	nachdem
nalog	Auftrag
namontirati	anmontieren
napuniti	(auf)füllen
napuniti gorivo	tanken
natrag	zurück
nezgoda	Ungeschick, Panne, Pech
nezgodan /-dna/-o	ungünstig, unpassend
nuditi (ipf)	anbieten
objedovati, objedujem	(zu Mittag) essen
odatle	von da (aus)
oprez	Vorsicht
ostaviti (pf)	(ab)lassen, zurücklassen
oštećen /-a/-o	beschädigt
palma	Palme
peh	Pech
pivovara	Brauerei
plin	Gas
pokazati, pokažem	zeigen
popraviti (pf)/ popravljati (ipf)	verbessern, (aus)bessern
posjedovati (ipf), posjedujem	besitzen
postaja	Station, Haltestelle
prema (+Lok)	nach, in Richtung
prepoznati	erkennen
prijedlog	Vorschlag
pritisak	Druck
promenada	Promenade
provesti, provedem	verbringen
prtljažnik	Kofferraum
radionica	Werkstatt
razmak	Abstand
razmisliti (pf), razmišljati (ipf)	nachdenken, überlegen
sastojati se, sastojim se (+od +Gen)	bestehen, zusammengesetzt sein aus
semafor	Ampel
skladište	Lager(raum), Magazin
skrenuti (pf), skrenem	ablenken, abbiegen
slagati (ipf) se, slažem se	übereinstimmen, einverstanden sein
sniženje	(Preis)Senkung, Minderung
stati, stanem	stehen bleiben, anhalten
strana	Seite
svjetlo	Licht
takav /-kva/-o	solch ein(er)
telefonska govornica	Telefonzelle
uobičajen /-a/-o	gewöhnlich, üblich
upravo (zeitl)	gerade, soeben
ured	Amt, Büro
veličina	Größe
vulkanizer	Vulkaniseur
život	Leben

6. Jedrenje ili ronjenje? – Segeln oder Tauchen?

Jedrenje ili ronjenje? – Konversation

Monika i Klaus sjede na plaži i razgovaraju.

Monika: Zalazak sunca izgleda fantastično!

Klaus: Da, stvarno, ali gdje su naša djeca?

Monika: Denis je u luci i gleda vaterpolo utakmicu.

Klaus: Nadam se da će biti oprezan. Ne smije opet pasti u more! A što je sa Jasminom?

Monika: Ona je otišla sa Danielom u Filip Jakov.

Klaus: Hmm… , nadam se da se neće kasno vratiti.

Monika: Bez brige, njih dvoje mi je obećalo da će se vratiti do 23 sata. Ali još nešto drugo: Jasmina me je pitala da li smije ići roniti sa Danielom. Daniel bi tako rado htio roniti u Kornatima.

Klaus: Što? Roniti?

Monika: Ne znam da li je to opasno. Bilo bi dobro da se sutra o tome raspitamo.

Klaus: U redu, onda ćemo otići sutra u Filip Jakov u turističku agenciju i pitati kako to ovdje izgleda s ronjenjem.

Monika: Nisi li htio sutra igrati tenis sa Gerhardom?

Klaus: O Bože, umalo da to zaboravim. Da li bi ti mogla sama otići u turističku agenciju?

Monika: Nema problema!

Slijedećeg jutra, u turističkoj agenciji.

Monika: Dobro jutro.

Službenica: Dobro jutro. Mogu li Vam pomoći?

Monika: Naša 13-ogodišnja kćerka bi željela roniti sa svojim prijateljem.

Službenica: Ah, razumijem Vaš problem. Vjerojatno Vaša kćerka i njezin prijatelj nemaju dozvolu, ili?

Monika: Ne, nemaju.

Kroatisch	Deutsch
jedrenje	Segeln
ronjenje	Tauchen
jedriti	segeln
zalazak	Untergang, Niedergang
vaterpolo	Wasserball
oprezan /-zna/-o	vorsichtig
obećati (pf)	versprechen, versichern
raspitati se, (pf) (+o +Lok)	nachfragen, sich erkundigen (über)
turistički /-a/-o	Touristen~
agencija	Agentur
umalo	fast, beinahe

Kroatisch	Deutsch
13-ogodišnji /-a/-e	13-jährige(r)
vjerojatan /-a/-o	wahrscheinlich, vermutlich
dozvola	Erlaubnis, Genehmigung
ronilački /-a/-o	Tauch~
škola	Schule
tečaj	Kurs
profesionalan /-lna	professionell
ronilac, Gen ronioca	Taucher

Službenica:	Idite najbolje u Biograd! Tamo ima nekoliko ronilačkih škola. One nude razne tečajeve i organiziraju izlete sa profesionalnim roniocima.
Monika:	Hvala na informaciji. Doviđenja!

Poslije podne Monika razgovara sa svojom kćerkom o ronjenju.

Monika:	Ronjenje u Kornatima bi bilo sigurno interesantno. Ali prvo bi morala završiti jedan ronilački tečaj.
Jasmina:	Znam o čemu se radi. Tata i ti – vas dvoje to ne želite.
Monika:	To bi predugo trajalo. I bilo bi možda preskupo.
Jasmina:	Ah mama, ja sam se o tome toliko radovala!
Monika:	Ne budi tako zlovoljna! Imam jednu ideju. Ona će ti se zacijelo dopasti. Ti sigurno poznaješ Wolfganga?
Jasmina:	Onog ljubaznog tipa iz autokampa?
Monika:	Točno njega! On ima jednu jedrilicu. I njegova djeca, koja obično jedre sa njim, su otišla svom djedu i svojoj baki.
Jasmina:	Pa što to znači?
Monika:	Pitala sam ga prije nekoliko dana da li biste ti i Daniel mogli sa njim jedriti. On je rekao da bi uvijek mogao trebati dobru posadu.
Jasmina:	Mama, to bi bilo super!

Kroatisch	Deutsch
interesantan /-ntna	interessant
završiti (pf)	beenden, vollenden, absolvieren
toliko	so viel, so sehr
dopasti, dopadnem (pf) ~ se	zufallen, zuteil werden gefallen
tip	1. Typ 2. Tipp
jedrilica	Segelboot
djed	Großvater
baka	Großmutter
značiti	bedeuten
posada	Mannschaft, Crew
tema	Thema
spakirati (pf)	(zusammen) packen
međuvrijeme u međuvremenu	Zwischenzeit zwischendurch
plivanje	Schwimmen
maska	Maske
maska za ronjenje	Taucherbrille

Slijedećeg jutra. Doručak kod obitelji Berger. Priča se samo o jednoj temi.

Jasmina:	Tata, kakva je vremenska prognoza?
Klaus:	Odlična, kao i uvijek. Zašto pitaš?
Jasmina:	To ti točno znaš! Danas bismo rado jedrili sa Wolfgangom.
Klaus:	Vrijeme je lijepo i imate isto dovoljno vjetra za jedrenje.
Jasmina:	Super, ja sam već spakirala sve svoje stvari.
Monika:	Možda ćete u međuvremenu ići u uvalu na plivanje?
Jasmina:	Uzela sam svoj kupaći kostim.
Monika:	I svoju masku za ronjenje?

Jasmina: Oh, da, ona bi mi dobro došla.

Monika: I dihalicu?

Jasmina: Ona bi mi isto dobro došla.

Klaus: I peraje?

Jasmina: I njih bih trebala uzeti.

Monika: Ali pazite dobro, da vam se ništa ne dogodi!

Jasmina: Mama, nismo mala djeca!

Klaus: Ali niste ni odrasli.

Kroatisch	Deutsch
dihalica	Schnorchel
peraja (gumene) peraje	Flosse Schwimmflossen
odrasli (m, Pl)	Erwachsene
kabina	Kabine, Kajüte
upaliti	anzünden, hier: anschalten, starten
motor	Motor
spreman /-mna/-o	(einsatz)bereit
uže, Gen užeta	Leine, Seil

Jedan sat vremena kasnije je obitelj Berger sa Danielom u Jurinoj maloj luci. Samo je Denis radije otišao na plažu da bi se igrao sa drugom djecom. Wolfgang već čeka na svom čamcu ...

Monika: Kako dobro izgleda ovaj čamac! I ima još i kabinu.

Klaus: Da, da, ali sada bi Jasmina i Daniel trebali požuriti. Wolfgang je već upalio motor i čeka ih.

Jasmina: Bez brige, mi smo već spremni.

Klaus: Ja držim ovo uže dok vas dvoje ne uđete.

Kroatisch	Deutsch
dok ... ne	(zeitl.) bis
počinjati (ipf)	beginnen, anfangen

Jasmina: U redu, hvala!

Jasmina i Daniel skaču na čamac.

Monika: Lijepo se provedite!

Wolfgang: Hajdemo!

Konačno njih troje odlazi. Avantura počinje ...

Wolfgang čeka na svojem čamcu

Navečer. Jasmina priča roditeljima kakav je bio dan na Wolfgangovom čamcu.

Jasmina: Mama, tata, bilo je super. Vama bi se jedrenje sigurno isto dopalo.

Monika: Sad nam ispričaj što ste sve radili!

Kroatisch	Deutsch
avantura	Abenteuer
vez	Stickerei, Einband hier: Liegeplatz

Jasmina:	Prvo smo se vozili pomoćnim motorom od veza.
Klaus:	To smo već vidjeli, dalje!
Jasmina:	Onda je Wolfgang isključio motor i mi smo jedrili. Kasnije je vjetar bio jači i bilo je vrlo naporno. Morali smo često mijenjati mjesta. Čamac se iznenada nagnuo na vodu tako da je Daniel umalo upao u more.
Klaus:	Vi ste stvarno imali pravu avanturu. Je li vam Wolfgang objasnio što znače „Steuerbord" i „Backbord"?
Jasmina:	Naravno, i „klar zur Wende", i tako dalje.
Monika:	Onda sada stvarno znate jedriti.
Jasmina:	Ne mislim tako. Naučili smo nešto o jedrenju ali bez Wolfganga bismo skroz propali.
Klaus:	Što ste još radili?
Jasmina:	U podne smo bacili sidro u jednu malu uvalu. Wolfgang je skuhao špagete sa sosom od rajčice. Kasnije smo ronili i skupljali školjke.
Monika:	Jeste li našli makar jednu školjku bisernicu?
Jasmina:	Naravno da nismo.
Klaus:	Jeste li kasnije opet jedrili?
Jasmina:	Naravno. To se samo po sebi razumije. Jedrili smo dok vjetar kasnije oko 18 sati nije popustio.
Monika:	Da li bi još jednom htjela jedriti?

Kroatisch	Deutsch
pomoćni /-a/-o	Hilfs~
isključiti	ausschließen, ausschalten
naporan /-rna	anstrengend
nagnuti, nagnem (pf) (se)	(sich) neigen, schräg stellen
upasti, upadnem	(hinein)fallen

Kroatisch	Deutsch
skroz	durch(gängig)
baciti	werfen
skuhati (pf)	kochen
sos	Soße
skupljati (ipf)	sammeln
školjka	Muschel
rajčica	Tomate
makar	wenigstens
biser	Perle
školjka bisernica	Perlmuschel
po (+Lok) po sebi	an, auf, über von selbst
popustiti	nachlassen
blistati	strahlen
složiti (pf) ~ se	zusammensetzen übereinstimmen, einverstanden sein

Jasmina blista od sreće.

Jasmina: Mi smo Wolfganga već pitali. On bi nas opet rado poveo ako biste se vi složili.

Grammatik und Übungen

Die erste Palatalisation

Im ersten Band haben wir bereits die sehr häufig vorkommende zweite Palatalisierung kennen gelernt, die die Veränderung der sogenannten velaren Laute k, g und h beschreibt, wenn ihnen der Vokal i folgt (ban**k**a – u ban**c**i). Sie haben übrigens am Ende dieser Lektion in unserem Wiederholungsteil Gelegenheit, sich noch einmal damit zu beschäftigen.

Bei der ersten Palatalisierung geht es um die Veränderung der velaren Laute vor dem Vokal e. Wir merken uns folgendes Schema:

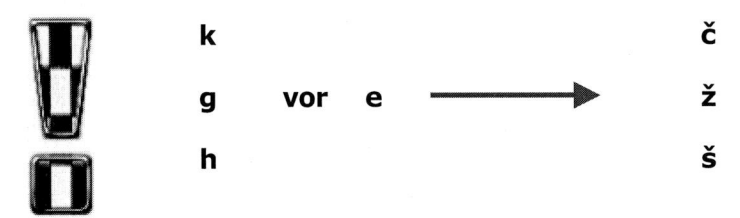

k		č
g	vor e ⟶	ž
h		š

In der fünften Lektion ruft Gerhard beispielsweise

      Bože!   - Mein Gott!

Hier musste im Vokativ von Bog (Gott) aus dem velaren Konsonant g der palatale Konsonant ž werden. Machen Sie dazu eine winzige Übung!

Übung 6.1

Geben Sie zu folgenden Substantiven den Vokativ an!

Kroatisch	Deutsch
duh	Geist
drug	Gefährte, Kumpel
vrag	Teufel

čovjek - ....   duh - ....

drug   - ....   vrag - ....

Beachten Sie, dass keine erste Palatalisation stattfindet

➢ bei femininen Substantiven (knjiga – Gen Sg und Akk Pl: knjige)

➢ beim Akkusativ Plural der maskulinen Substantive (radnik – radnike).

Jetzt werden Sie sagen: Die erste Palatalisation kommt ja fast gar nicht vor. Aber so ist es auch wieder nicht. Als wir uns in der zweiten Lektion mit der Jotierung beschäftigt haben, hat ein nachfolgendes -j in Verbindung mit dem Vokal e eine Palatalisierung des vorangehenden Konsonanten bewirkt. Wir geben Ihnen einige Beispiele:

    skakati   - skačem (statt skakjem)
    pomagati - pomažem
    moći   - ja mogu, aber: ti možeš
    dihati (disati) - dišem

Kroatisch	Deutsch
dihati, dišem	atmen

Der Aorist

Im Kroatischen kann die Vergangenheit außer durch das Perfekt auch noch durch eine Vergangenheitsform wiedergegeben werden, die man als Aorist bezeichnet. Da der Aorist ebenso wie das Perfekt in erster Linie Verwendung findet für Vorgänge, die eine in der Vergangenheit abgeschlossene Tätigkeit beschreiben, wird diese Verbform in der Regel von perfektiven Verben gebildet.
Der Aorist besitzt zweierlei Gruppen von Endungen, abhängig davon, wie der Infinitivstamm

endet. Zur Verdeutlichung folgt eine kleine Tabelle über den Infinitiv und die Art der Endung des Infinitivstamms.

Infinitiv	Stamm	Art der Endung
pogledati	pogleda-	vokalisch
krenuti	krenu-	vokalisch
ispuniti	ispuni-	vokalisch
pomoći	pomog-	konsonatisch
reći	rek-	konsonatisch
doći	dođ-	konsonatisch

Die drei letzten Beispiele müssen wir noch erläutern: Vielleicht erinnern Sie sich noch, dass wir in der ersten Lektion bei der Bildung des Perfekts festgestellt haben, dass Verben auf –ći früher ebenfalls auf –ti endeten, beispielsweise entstand reći aus rekti. Wie beim Perfekt tauchen auch im Aorist diese alten Stämme wieder auf. (In der zweiten und dritten Person Singular findet beim Verb reći außerdem die erste Palatalisierung statt: k vor e wird zu č. Daher lauten die zweite und dritte Person Singular des Aorists reče).

Nachdem die Art der Infinitivendung geklärt ist, können wir die Formen des Aorists anhand der folgenden Tabellen lernen. In jeder Tabelle haben wir zwei Verben als Beispiele aufgelistet.

Der Aorist der Verben mit vokalischem Stamm			
Infinitiv		pogledati	krenuti
1. Pers. Sg.	(ja)	pogledah	krenuh
2. Pers. Sg.	(ti)	pogleda	krenu
3. Pers. Sg.	(on, ona, ono)	pogleda	krenu
1. Pers. Pl.	(mi)	pogledasmo	kenusmo
2. Pers. Pl.	(vi)	pogledaste	krenuste
3. Pers. Pl.	(oni, one, ona)	pogledaše	krenuše

Der Aorist der Verben mit konsonantischem Stamm			
		otići	doći
1. Pers. Sg.	(ja)	odoh	dođoh
2. Pers. Sg.	(ti)	ode	dođe

3. Pers. Sg.	(on, ona, ono)	od**e**	dođ**e**
1. Pers. Pl.	(mi)	od**osmo**	dođ**osmo**
2. Pers. Pl.	(vi)	od**oste**	dođ**oste**
3. Pers. Pl.	(oni, one, ona)	od**oše**	dođ**oše**

Übung 6.2

Ergänzen Sie die folgende Tabelle mit den Formen des Aorists! Achten Sie bei reći (Stamm: rek-) auf eventuelle Palatalisierung!

		reći	vratiti
1. Pers. Sg.	(ja)	rekoh	
2. Pers. Sg.	(ti)		
3. Pers. Sg.	(on, ona, ono)		
1. Pers. Pl.	(mi)		
2. Pers. Pl.	(vi)		
3. Pers. Pl.	(oni, one, ona)		

Der Aorist ist eine Verbform, die Sie im gesprochenen Kroatisch kaum vorfinden werden. In der Literatur werden Sie den Aorist allerdings öfters antreffen, und daher sollten Sie zumindest in der Lage sein, diese Formen zu erkennen und sie der (vollendeten) Vergangenheit zuzuordnen. Daher haben wir für Sie die folgende Aufgabe vorgesehen.

Übung 6.3

Der folgende Text ist in der Vergangenheit geschrieben. Unterstreichen Sie im Text alle Aoristformen! Notieren Sie anschließend auf einem Blatt Papier die entsprechenden Sätze, wobei Sie alle Aoristformen durch die entsprechenden Formen des Perfekts ersetzen!

Jasmina uđe prekasno u restoran. Odmah ugleda svoju obitelj na terasi. Monika, Klaus i Denis već zauzeše mjesto. Klaus pita: „Gdje si bila?" Jasmina odgovori: „Na plaži sa Danielom; oprostite što kasnim". Monika reče: „U redu, ali požuri sada i naruči piće!". Jasmina naruči sok od rajčice, ali konobar reče da trenutno nema tog soka. Zato Jasmina naruči sok od jabuke. Malo kasnije konobar donese Jasmini piće. Svi dignuše zadovoljno čaše i rekoše: „Živjeli!"

Kroatisch	Deutsch
odgovoriti (pf)	antworten
kasniti (ipf)	zu spät kommen, sich verspäten

Übung 6.4

Übersetzen Sie mündlich den Text der Übung 6.3 ins Deutsche!

Der Aorist des Hilfsverbs biti

Im Unterschied zu anderen Verben werden die Aoristformen von biti auch in der lebendigen Sprache benötigt und häufig eingesetzt. Wir geben Ihnen wieder Beispiele aus dem aktuellen Lektionstext.

Bilo bi dobro da ... - Es wäre gut, wenn ...
Da li bi ti mogla sama otići ... ? - Könntest du alleine ... weggehen?

Bevor wir uns Gedanken über die grammatikalische Konstruktion dieser Sätze machen, lernen wir die Aoristformen von biti anhand der folgenden Tabelle.

Die Aoristformen des Hilfsverbs biti				
	Singular		**Plural**	
1. Pers.	(ja)	**bih**	(mi)	**bismo**
2. Pers.	(ti)	**bi**	(vi)	**biste**
3. Pers.	(on, ona, ono)	**bi**	(oni, one, ona)	**bi**

Sicher ist Ihnen aufgefallen, dass die Aoristformen von biti bis auf die dritte Person Plural die gleichen sind wie bei den Verben mit vokalischem Stamm. Da diese Formen so wichtig für das nächste Kapitel sind, müssen sie zunächst intensiv geübt werden.

Übung 6.5

Konjugations-Pingpong

Trainieren Sie die Aoristformen von biti wie gewohnt, wenn möglich mit einem Partner!

Der Konditional I

Dies ist eine Verbform, mit der ausgedrückt wird, dass eine Handlung möglich ist oder unter Erfüllung einer bestimmten Bedingung (lateinisch: conditio) ablaufen kann/könnte. Im Deutschen wird der Konditional oft mit „würden" übersetzt. Für diejenigen, die es genau wissen wollen: eigentlich wäre im Deutschen der Konjunktiv II korrekt, jedoch wird dieser immer seltener verwendet, da er häufig „geschwollen" klingt (er dachte, sie *flögen* nach New York). Genug der Vorrede! Es folgen Beispiele aus der aktuellen Lektion.

To bi predugo trajalo.   - Das würde zu lange dauern.
Bilo bi dobro ...   - Es wäre gut ...
Danas bismo rado jedrili ...   - Heute würden wir gerne segeln ...

Anhand dieser Beispiele haben Sie sicher erkannt, wie der Konditional gebildet wird.

Konditional I

Aorist von biti + **Partizip Perfekt**

on bi došao   -   er würde kommen

Ebenso wie beim Perfekt wird beim Konditional das Partizip mit seinen Endungen dem Subjekt des Satzes angepasst.

Subjekt	Aorist von biti	Partizip Perfekt
moja žen**a** (f)	bi	plival**a**
mi (m, Pl)	bismo	treba**li**
to (n)	bi	mogl**o**

Übung 6.6

Tragen Sie sämtliche Formen für den Konditional in die folgende Tabelle ein! Das Partizip soll dabei immer vom Verb plivati gebildet werden. Wo ein Strich steht (z.B. Neutrum der ersten und zweiten Person), haben Sie natürlich nichts zu tun.

		Aorist	Partizip Perfekt		
			m	f	n
1. Pers. Sg.	ja	bih	plivao		-
2. Pers. Sg.	ti			plivala	-
3. Pers. Sg.	on			-	-
	ona		-		-
	ono		-	-	
1. Pers. Pl.	mi				-
2. Pers. Pl.	vi				-

3. Pers. Pl.	oni			-	-
	one		-		-
	ona		-	-	

In der obigen Tabelle folgt das Partizip Perfekt dem Aorist von biti (einschließlich dem Personalpronomen). Das Partizip Perfekt kann jedoch auch vorangestellt werden; in diesem Fall benötigt man auch kein Personalpronomen – vergleichbar mit der Bildung des Perfekts. Die Aoristformen stehen also ebenso wie die Präsensformen von biti im Satz bevorzugt an zweiter Stelle. Sehen Sie sich die folgenden Beispiele noch einmal unter diesem Aspekt an!

ja bih došao   **- došao bih**

ona bi bila sretna   **- bila bi sretna**

mi bismo radili   **- radili bismo**

Die verneinenden Formen werden erwartungsgemäß gebildet, indem man das verneinende Wort ne vor die Aoristformen von biti setzt.

ja ne bih ušao

tajnica ne bi mogla

žene ne bi znale

Bevor wir uns weiter theoretisch mit dem Konditional auseinandersetzen, schieben wir einige kleine Sätze zur Übung ein.

Übung 6.7

Übersetzen Sie die folgenden Sätze ins Kroatische!

1. Ich würde gerne ins Restaurant gehen. - ....
2. Du würdest lieber zu Hause bleiben. - ....
3. Das würde ich nicht sagen. - ....
4. Morgen könnten wir Fußball spielen. - ....
5. Ihr würdet gerne Auto fahren. - ....
6. Die Touristen würden im Meer schwimmen. - ....
7. Das wäre eine ausgezeichnete Möglichkeit zum Tauchen. - ....

....

8. Der Vater hätte gerne mehr Zeit für seine Familie. - ....

....

9. Glaubst du auch, dass Segeln billiger wäre als Tauchen? - ....

....

Übung 6.8

Nehmen Sie sich ein Platt Papier zur Hand und setzen Sie die Sätze der Übung 6.7 (ausgenommen die Sätze 7 und 8) vom Singular in den Plural bzw. umgekehrt!

Müssen wie noch erwähnen, dass bei Entscheidungsfragen wie gewohnt der Fragepartikel li zum Einsatz kommt? Auch das kennen wir in ähnlicher Form bei der Bildung des Perfekts.

Biste li radili ...?

Bi li službenica pogledala ...?

Ne bi li ti rekao ...?

Fragesätze können auch, wie schon früher erwähnt, mit da li gebildet werden, wobei dann im restlichen Fragesatz keine Veränderung der Wortstellung erfolgt. Häufig wird dadurch auf höfliche Weise ein Wunsch zum Ausdruck gebracht. Dazu zwei Beispiele:

Da li biste Vi bili tako dobro ...?   - Wären Sie so gut ... ?
Da li bismo mogli ići na izlet?   - Könnten wir auf einen Ausflug gehen?

Natürlich folgt auch dazu eine kleine Aufgabe.

Übung 6.9

Formulieren Sie zu den gegebenen Sätzen entsprechende Fragen! Verwenden Sie dabei den Konditional!

Beispiel: To sam zaista zaboravio.   - **Bi li ti to zaista zaboravio?**
   - **Da li bi ti to zaista zaboravio?**

1. Pogledala sam taj čamac. - ....

2. Nismo ušli u restoran. - ....

3. To nije odlična ponuda. - ....

4. Jure rezervira lijepo mjesto u kampu. - ....

5. Možemo danas ostati kod kuće. - ....

6. Ronjenje je interesantno. - ....

7. Ivana radi kao konobarica. - ....

8. Rado plivam u moru. - ....

9. Jasmina i Denis mogu jedriti sa Wolfgangom. - ....

....

Bisher haben wir den Konditional in Sätzen verwendet, bei denen

> ein Wunsch oder eine Absicht

> die Möglichkeit einer Handlung (bei Erfüllung einer Bedingung)

ausgedrückt wird. Der Konditional kann außerdem noch verwendet werden

> bei irrealen Bedingungssätzen.

Was bedeutet das schon wieder? Wie sieht denn eine solche irreale Satzkonstruktion im Deutschen und im Kroatischen aus? Wir verdeutlichen den gar nicht so schwierigen Sachverhalt an zwei Beispielen.

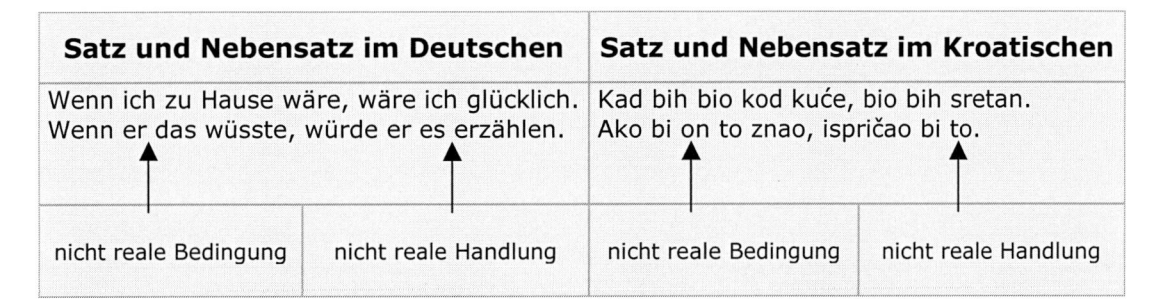

Satz und Nebensatz im Deutschen	Satz und Nebensatz im Kroatischen
Wenn ich zu Hause wäre, wäre ich glücklich. Wenn er das wüsste, würde er es erzählen.	Kad bih bio kod kuće, bio bih sretan. Ako bi on to znao, ispričao bi to.
nicht reale Bedingung / nicht reale Handlung	nicht reale Bedingung / nicht reale Handlung

Wie Sie sehen, sind in voranstehenden Sätzen weder die Bedingungen im Nebensatz Wirklichkeit (tatsächlich bin ich nicht zu Hause; er weiß in Wirklichkeit nichts), noch finden die Handlungen im Hauptsatz wirklich statt (ich bin nicht glücklich, er erzählt nichts). Alles klar? Noch nicht ganz. Sie haben sich bestimmt gefragt, warum im Kroatischen einmal die Konjunktion *kad(a)*, und beim anderen Mal *ako* in der Bedeutung von wenn verwendet wird. Die Konjunktion *kad(a)* beinhaltet eher einen zeitlichen Aspekt, während *ako* eher in der Bedeutung „für den Fall, dass" zur Anwendung kommt. Jetzt können wir Sie auf die nächste Übung loslassen!

Übung 6.10

Übersetzen Sie die folgenden Sätze ins Kroatische!

1. Wenn Jure Zeit hätte, würde er kommen. - ....

....

2. Wenn ich mehr lernen würde, wäre ich der beste Student. - ....

....

3. Wenn Zagreb nicht so weit entfernt wäre, würden wir heute dorthin fahren. - ....

....

4. Wenn du mehr arbeiten würdest, würde sich deine Mutter freuen. - ....

....

5. Wenn Marko einen Hund hätte, müsste er mit ihm spazieren gehen. - ....

....

6. Wenn Denis nicht verschwunden wäre, müssten ihn seine Eltern nicht suchen. - ....

....

7. Wenn ihr länger in der Sonne liegen würdet, würdet ihr einen Sonnenbrand bekommen. –

....

8. Die Studentinnen könnten besser lernen, wenn es leiser wäre. - ....

....

9. Wenn der Wind stärker wäre, könnten wir besser segeln. - ....

....

Haben Sie sich mit dieser Übung an den Konditional und die irrealen Konditionalsätze gewöhnt? Dann konfrontieren wir Sie noch mit einer Ausnahme! Anstelle der Konjunktionen *kad(a)* oder *ako* wird zur Einleitung des Nebensatzes zuweilen auch *da* verwendet. Dann wird allerdings das Verb in dem mit *da* eingeleiteten Nebensatz ins Präsens und lediglich das Verb im Hauptsatz in den Konditional gesetzt. Wir geben Ihnen zunächst ein Beispiel.

    Da imam više novca, radila bih   -   Wenn ich mehr Geld hätte, würde ich
    manje.   weniger arbeiten.

Wir merken uns also folgendes Schema. Anschließend haben Sie Gelegenheit, das Gelernte noch ein wenig zu üben.

Irreale Konditionalsätze		
	Nebensatz	**Hauptsatz**
mit ako / kad	Konditional	Konditional
mit da	Präsens	Konditional

Übung 6.11

Nehmen Sie sich ein Blatt Papier zur Hand und formulieren Sie die Sätze der Übung 6.10 (außer Satz 4) mit der Konjunktion *da* an Stelle von *ako* bzw. *kad*!

Nach dieser harten Grammatikarbeit gönnen wir Ihnen wieder eine kleine Atempause mit einem Spruch.

Sprichwort

Govor je čovjeku dat da bi mogao prikriti svoje misli.

Kroatisch	Deutsch
govor	Sprache
prikriti, prikrijem	verdecken, verschleiern

(Die Sprache ist dem Menschen gegeben, damit er seine Gedanken verschleiern/verbergen kann).

Finalsätze

Ihre Atempause war nur von kurzer Dauer. Als aufmerksamer Leser haben Sie bestimmt bemerkt, dass in der kroatischen Version des vorangehenden Spruchs im Nebensatz der Konditional steht, während die deutsche Übersetzung mit dem „gewöhnlichen" Präsens auskommt. Der Spruch ist ein Beispiel für einen Finalsatz. Solche Sätze erkennt man daran, dass mit ihnen der Sinn, Zweck oder das Ziel einer Handlung ausgedrückt werden soll. Die folgende schematische Übersicht zeigt, wie man im Deutschen und im Kroatischen einen Finalsatz bildet.

Der Finalsatz – Beschreibung des Zwecks oder Ziels einer Handlung	
im Kroatischen	**im Deutschen**
Nebensatz mit da + Konditional	➢ Nebensatz mit damit + Präsens ➢ Infinitiv mit um ... zu + Indikativ
Jasmina treba novac da bi mogla kupiti sladoled. On ide u dnevnu sobu da bi gledao televiziju.	Jasmina braucht Geld, damit sie Eis kaufen kann. Er geht ins Wohnzimmer, um fern zu sehen.

Wir wollen nicht verheimlichen, dass man im gesprochenen Kroatisch auch das Präsens an Stelle des Konditional verwenden kann. In der folgenden Übung sollten Sie dennoch – grammatikalisch korrekt - den Konditional verwenden.

Übung 6.12

Übersetzen Sie die folgenden Finalsätze ins Kroatische!

1. Ich gehe in die Schule, um Kroatisch zu lernen. - ....

2. Wir fahren nach Zadar, um Kleidung zu kaufen. - ....

3. Ihr geht in die Apotheke, um Tabletten zu kaufen. - ....

4. Der Vater liest seinen Kindern immer Geschichten vor, damit diese lieber ins Bett gehen. - ....

5. Du ziehst ein Hemd an, damit du keinen Sonnenbrand bekommst. - ....

6. Die Touristen fahren ans Meer, um sich zu erholen. - ....

Kroatisch	Deutsch
odmoriti se	sich erholen

7. Die Mutter kauft für ihren Sohn Tabletten, damit seine Kopfschmerzen so schnell wie möglich verschwinden. - ....

Nach so viel Grammatik sollten Sie wieder selber zum Sprechen kommen.

Übung 6.13

Rollenspiel: Spielen Sie (möglichst mit einem Partner) eine Szene der aktuellen Lektion nach! Gestalten Sie ihre Rolle kreativ und kleben Sie nicht am Text der Lektion! Wir machen Ihnen wieder Vorschläge: Jasmina unterhält sich mit Monika über ihren Wunsch zu tauchen. Monika unterhält sich mit Wolfgang auf dem Campingplatz über das Segeln und mögliche Gefahren. Wolfgang und Jasmina beratschlagen auf dem Segelboot, was sie zu Mittag essen und danach machen könnten. Jasmina erzählt ihren Eltern vom Segeltörn.

Übung 6.14

Bildbeschreibung

Studieren Sie das Bild auf Seite 86! Notieren Sie sich Stichworte auf einem Blatt Papier und tragen Sie dann in möglichst freier Rede vor, was Sie alles über das Bild aussagen können!

Der Dativ auf die Frage wohin

Haben Sie gleich bei der Überschrift innerlich protestiert? Haben Sie nicht im ersten Band gelernt, dass auf die Frage *wohin* im Kroatischen wie im Deutschen der Akkusativ steht? Keine Sorge, das war richtig und bleibt auch richtig. Also heißt es nach wie vor:
Idem u grad (Akk).   -   Ich gehe (fahre) in die Stadt (Akk).

Im Text der aktuellen Lektion finden wir aber folgende Stelle:

... djeca ... su otišla svom djedu i   -   ... die Kinder ... sind zu ihrem Großvater und
svojoj baki.   ihrer Großmutter abgefahren.

Hier folgt nach dem Perfekt des Verbs otići nicht der Akkusativ, sondern der Dativ. Betrachten wir die deutsche Übersetzung, sehen wir, dass auch hier (nach der Präposition zu) der Dativ steht. Wir merken uns, dass nach ići sowie weiteren Verben der Bewegung (doći, otići, ...) der Dativ steht, wenn sie im Sinne von *zu jemandem/etwas gehen/kommen* verwendet werden.

Verben der Fortbewegung + Dativ auf die Frage wohin

Idemo Juri.   -   Wir gehen zu Jure.

Došao sam Stjepanu.   -   Ich bin zu Stjepan gekommen.

Vratite se kući!   -   Geht zurück nach Hause!

Kollektive Zahlwörter

Bisher haben wir die Zahlwörter isoliert oder in Verbindung mit Substantiven kennen gelernt. Eine Gruppe mit einer bestimmten Anzahl von Personen oder Objekten kann auch durch kollektive Zahlwörter bezeichnet werden. Im Konversationstext lesen wir beispielsweise:

... dvoje mi je obećalo da ...   -   ... (die) zwei haben mir versichert, dass ...
Konačno njih troje odlazi.   -   Endlich fahren die drei ab.

Zunächst klären wir, wie diese kollektiven Zahlwörter im Nominativ aussehen. Wir müssen unterscheiden, ob eine Gruppe rein maskulinen Geschlechts oder eine gemischte Gruppe vorliegt. Es mag Ihnen ungerecht erscheinen, aber so ist es: Für eine Gruppe mit ausschließlich weiblicher Besetzung gibt es keine entsprechenden Zahlwörter.

Kollektive Zahlwörter		
	für rein männliche Gruppen	für gemischte Gruppen
Endung	-ica	-je bzw. -oro

Es erstaunt Sie sicherlich, dass ausgerechnet im Maskulinum die feminine Endung –ica verwendet wird. Die neutralen Endung –je bzw. –ero für gemischte Gruppen erscheinen da eher plausibel. Die nächste Tabelle zeigt, wie die kollektiven Zahlwörter aus den bisher bekannten Zahlwörtern entstehen.

Kollektive Zahlwörter bis fünf		
dvojica (obojica)	dvoje (oboje)	(die) zwei
trojica	troje	drei
četvorica	četvoro (četvero)	vier
petorica	petoro (petero)	fünf

Ab fünf ist die Bildung dieser Zahlwörter regelmäßig, also šestorica/šestoro, sedmorica ... Achten Sie bei der Bildung der kollektiven Zahlwörter (z.B. *sedmorica*) auf das bewegliche a! Wir ergänzen dieses Kapitel durch die Deklination der neuen Zahlwörter, auch wenn Sie diese nicht allzu häufig anwenden werden.

Deklination der kollektiven Zahlwörter		
Nom	dvojica (obojica)	dvoje (oboje)
Gen	dvojice	dvoga
Dat	dvojici	dvoma
Akk	dvojicu	dvoje
Lok	(o) dvojici	dvoma
Instr	dvojicom	dvoma

Wie Sie sicher erkannt haben, werden die maskulinen Zahlsubstantive wie Feminina auf –a (žena) dekliniert.
Treten die Zahlsubstantive als Subjekt eines Satzes auf, so steht bei den maskulinen Formen (dvojica, ...) das Verb erwartungsgemäß im Plural, während bei Verwendung der neutralen Formen das Verb im Singular steht.
Und zu guter Letzt: Wird das Zahlsubstantiv in Verbindung mit einem Personalpronomen (wir zwei, ihr drei, etc.) verwendet, so steht das Personalpronomen in der Regel im Genitiv Plural.
Wir merken uns in aller Kürze:

nas dvoje   wir zwei

vas trojica   ihr drei (nur Männer)

njih četvero   die(se) vier

Wenn die kollektiven Zahlwörter aufgrund ihrer Funktion im Satz im Dativ, Lokativ oder Instrumental stehen, so müssen auch die zugehörigen Personalpronomina im gleichen Fall verwendet werden (beispielsweise *njim(a) troma*).

Zur Anwendung des Gelernten bearbeiten wir noch eine kleine Übung.

Übung 6.15

Ergänzen Sie jeweils die richtige Form des kollektiven Zahlworts!

1. Klaus je našao svoju djecu. Njih .... (2) je bilo u slastičarni.
2. Gdje su Klaus i Gerhard? - .... sam vidio u konobi.
3. Na plaži se igraju djeca. Njih .... (4) je vrlo prljavo.
4. Monika i Klaus su u trgovini. Prodavačica prodaje njima .... lijepe stvari.
5. Obitelj Berger je u restoranu. Konobar donosi njima .... (4) pića na račun kuće.
6. Jure, Neno i Marko idu u Zagreb. Njih …………………………….. se jako raduju.
7. Jasmina i Daniel su jedrili. Za njih …………………… je to bilo prava avantura.

Gegen Ende der Lektion kommt noch einmal eine mündliche Übung auf Sie zu. Versuchen Sie, frei zu sprechen und die Fragen mit eigenen Worten zu beantworten!

Übung 6.16

Lesen Sie nochmals aufmerksam der Konversationstext durch! Beantworten Sie danach mündlich die folgenden Fragen!

1. Što Monika i Klaus rade na plaži?
2. O čemu razgovaraju?
3. Zašto se Monika i Klaus ne slažu sa Jasmininom željom?
4. Zašto su se oni za to odlučili?
5. Zašto Klaus ne može dopratiti Moniku u turističku agenciju?
6. Gdje se nalazi agencija?
7. Što preporučuje službenica u turističkoj agenciji?
8. Kako Jasmina reagira kad joj Monika kaže da ne smije ići na ronjenje?
9. Koji prijedlog ima Monika za Jasminu?
10. Zašto je Wolfgang sam u autokampu?
11. Što će Jasmina uzeti sa sobom na jedrenje?
12. Zašto Denis ne želi poći sa svojom sestrom?
13. Gdje se nalazi Wolfgangova jedrilica?
14. Kako Klaus pomaže Jasmini prije polaska?
15. Što Jasmina priča o izletu? Sastavite najmanje 4 rečenice!
16. Što mislite: Je li jedrenje opasno? A ronjenje?

Kroatisch	Deutsch
reagirati	reagieren
sastaviti	zusammenstellen, verfassen
najmanje	mindestens

Wir geben Ihnen einige Vokabelinformationen. Der Sonnenuntergang wurde mit *zalazak sunca* bezeichnet. Die entsprechenden Verben heißen *zaći* (pf) bzw. *zalaziti* (ipf).

Kroatisch	Deutsch
zaći, zađem (pf) zalaziti (ipf)	umgehen, (hinter etw.) gehen, untergehen
izlazak	Ausgang, Aufgang

Auf der anderen Seite heißt der Sonnenaufgang *izlazak sunca*. Die zugehörigen Verben (*izaći / izlaziti*) haben wir bereits beim Verbaspekt behandelt.
Dazu passen zwei Redewendungen, die es in vergleichbarer Form auch im Deutschen gibt.

Sprichwort

zaći daleko - zu weit gehen, über die Stränge schlagen

zaći u godine - in die Jahre kommen, alt werden

Als Jasmina von ihrem Segeltörn berichtet, erzählt sie unter anderem, dass Wolfgang Nudeln mit Soße gekocht hat. In kroatischen Speisekarten findet man die von uns verwendete Vokabel *sos*, aber auch *umak* (kein bewegliches a!) oder *saft*.

Wiederholung (6)

Wie schon angekündigt wiederholen wir in Form einiger Übungssätze die erste Palatalisation, bei der es um Veränderung der velaren Konsonanten g, k und h geht, falls diesen der Vokal i folgt. Diese werden dann nämlich zu z bzw. c bzw. s. Lesen Sie erforderlichenfalls noch einmal das entsprechende Kapitel im ersten Band (Seite 112) nach!

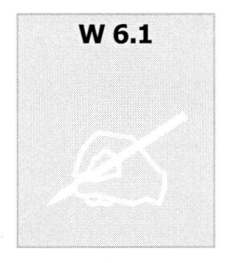

W 6.1

Übersetzen Sie die folgenden Sätze!

1. In der Bank gibt es drei Schalter. - ....
2. Jures Vorschläge sind ausgezeichnet. - ....
3. Wir würden gerne in Rijeka wohnen. - ....
4. Ich gebe meiner Mutter Geld zurück. - ....
5. Wir werden nicht über eine Fliege an der Wand reden. - ....

Kroatisch	Deutsch
muha	Fliege
zid	Wand

6. In Jures Hafen befindet sich nur ein Segelboot. – ....
7. Auf den dalmatinischen Inseln gibt es häufig kein Wasser. - ....

KROATISCH LERNEN? NEMA PROBLEMA! BAND 2

Zum Thema Palatalisation passend haben wir noch ein Sprichwort für Sie!

Sprichwort

U muci se poznaju junaci i prijatelji.

In der Not erkennt man Helden und Freunde.

Kroatisch	Deutsch
muka	Leid, Qual, hier: Not
poznati	(er)kennen
junak	Held

Vokabelliste zur 6. Lektion:

Kroatisch	Deutsch
agencija	Agentur
avantura	Abenteuer
baciti	werfen
baka	Großmutter
biser	Perle
blistati	strahlen
dihalica	Schnorchel
dihati, dišem	atmen
djed	Großvater
dopasti, dopadnem (pf) ~ se	zufallen, zuteil werden gefallen
dozvola	Genehmigung, Erlaubnis
drug	Gefährte, Kumpel, (polit.) Genosse
duh	Geist
govor	Sprache
interesantan /-ntna/-o	interessant
izazvati, izazovem	herausfordern, provozieren
isključiti	ausschließen, ausschalten
izlazak	Ausgang, Aufgang
jedrenje	Segeln
jedrilica	Segelboot
jedriti	segeln
junak	Held
kabina	Kabine, Kajüte
kasniti (ipf), zakasniti (pf)	zu spät kommen, sich verspäten
licenca	Lizenz
makar	wenigstens
maska	Maske
maska za ronjenje	Taucherbrille
međuvremenu	zwischendurch
muha	Fliege
muka	Leid, Qual, Not
nagnuti, nagnem (pf) (se)	(sich) neigen, schräg stellen
naporan /-rna/-o	anstrengend
obećati (pf)	versprechen, versichern
odgovoriti (pf)	antworten
odmoriti se (pf)	sich erholen
odrasli (m, Pl)	Erwachsene
oprezan /-zna/-o	vorsichtig
peraja (gumene) peraje	Flosse Schwimmflossen
plivanje	Schwimmen
po (+Lok)	an, auf, über
počinjati (ipf)	beginnen, anfangen
popustiti (pf)	nachlassen
posada	Mannschaft, Crew
poznati	(er)kennen
prikriti, prikrijem	verdecken, verschleiern
profesionalan /-lna	professionell
rajčica	Tomate
raspitati se, (pf) (o + Lok)	nachfragen, sich erkundigen (über)
reagirati	reagieren
ronilac, Gen ronioca	Taucher

Jedrenje ili ronjenje? – Segeln oder Tauchen?

ronilački /-a/-o	Tauch~
roniti	tauchen
ronjenje	Tauchen
saft	Soße
sastaviti	zusammenstellen, verfassen
škola	Schule
školjka	Muschel
školjka bisernica	Perlmuschel
skroz	durch(gängig)
skuhati (pf)	kochen
skupljati (ipf)	sammeln
složiti (pf) ~ se	zusammensetzen übereinstimmen, einverstanden sein
sos	Soße
spakirati	(zusammen)packen
spreman /-mna/-o	(einsatz)bereit
tema	Thema
tip	1. Typ 2. Tipp
toliko	so viel, so sehr
turistički /-a/-o	Touristen~
umak	Soße
umalo	fast, beinahe
upaliti	anzünden, hier: anschalten, starten
uže, Gen užeta	Leine, Seil
vaterpolo	Wasserball
vez	Stickerei, Einband, Liegeplatz (für Boote)
vjerojatan /-a/-o	wahrscheinlich, vermutlich
vrag	Teufel
zaći, zađem (pf) zalaziti (ipf)	umgehen, (hinter etw.) gehen, untergehen
zalazak	Untergang, Niedergang
zid	Wand
značiti	bedeuten

7. Kupovina u Zadru – Einkauf in Zadar
Kupovina u Zadru – Konversation

Monika i Klaus sjede na svojoj omiljenoj klupi na plaži.

Monika:	Klause, vidi tamo ...
Klaus:	Da, da, znam već: zalazak sunca, crvenkasto nebo, predivan ugođaj ...
Monika:	To ovog puta nisam mislila! Vidi dolaze Brigitte i Gerhard.
Klaus:	Bok, kako ste?
Gerhard:	Dobro. Razmišljali smo o tome da idemo na izlet u Zadar.
Klaus:	Zašto to?
Brigitte:	Danas je već 25. kolovoza. Mi se uskoro vraćamo kući ...
Klaus:	Kakva šteta! Kada namjeravate putovati?
Gerhard:	Najkasnije 2. rujna moram već biti kod kuće.
Monika:	Već? Ali kakve to veze ima s izletom u Zadar?
Brigitte:	Želimo posjetiti lijepi stari dio grada i htjeli bismo ponijeti svojim prijateljima u Njemačkoj nešto iz Hrvatske.
Monika:	Htjeli biste, dakle, ponijeti nešto svojim prijateljima za uspomenu, možda nakit ili nešto od odjeće ili ...
Brigitte:	Točno!
Monika:	Odlično! I mi bismo trebali nešto za naše prijatelje koji paze našu mačku kod kuće. Klause, mogli bismo poći sa njima.
Klaus:	Ah ...
Monika:	Izvrsno! Dogovoreno! Kada polazimo?
Gerhard:	Mislili smo, sutra rano oko 10 sati?
Klaus:	Dobro, idemo najbolje svi zajedno našim velikim autom. Onda bismo mogli povesti i djecu i trebalo bi nam u Zadru samo jedno mjesto za parkiranje.
Monika:	Odlično! Što misliš Klause? Da li će naša djeca poći sa nama?
Klaus:	Zašto da ne?

Kroatisch	Deutsch
kupovina	Einkauf
crvenkast /-a/-o	rötlich
nebo	Himmel
predivan /-vna/-o	wunderschön
ugođaj	Stimmung, Atmosphäre
kolovoz	August
rujan	September
namjeravati	beabsichtigen
putovati, putujem	reisen
veza	Verbindung, Beziehung
ponijeti, ponesem	mitbringen

Kroatisch	Deutsch
uspomena	Andenken, Erinnerung
nakit	Schmuck
dogovoriti	abmachen, vereinbaren
parkirni /-a/-o	Park~

Slijedećeg jutra. Svi sjede u Klausovom autu i raduju se izletu. Dvadeset minuta kasnije već su našli parkiralište blizu starog dijela grada.

Kroatisch	Deutsch
promet	Verkehr
automat	Automat
unatoč (+Dat)	trotz; trotzdem
pomalo	allmählich, langsam

Klaus: Pogledajte samo ovaj promet! Dobro što sam jučer pitao Juru gdje možemo najbolje parkirati.

Gerhard: Da, da, ali ne zaboravi platiti i uzeti parkirnu kartu na automatu!

Klaus: Naravno!

Monika: Kamo moramo sada ići? Ovdje je velika gužva.

Klaus: Ne brini! Jure mi je objasnio kako možemo odavde najbolje doći u stari dio grada. Skrenimo sada lijevo, poslije kod jednog hotela desno i onda samo ravno do promenade. Odatle idemo dalje promenadom do stare luke.

U luci. Vrlo je vruće. Unatoč lijepom pogledu na more svi su pomalo nervozni ….

Zadar:

stara gradska luka Foša i Kopnena vrata

Jasmina: Sada smo već dovoljno šetali!

Klaus: Samo polako! Šetamo tek deset minuta.

Jasmina: Da, ali … da li bismo smjeli Daniel i ja sami šetati gradom?

Klaus: Razumijem. Mi, stari, vas nerviramo.

Monika: To bi moglo ići samo ako biste poveli sa sobom Denisa.

Kroatisch	Deutsch
nervirati	nerven, auf die Nerven gehen
~ se	sich ärgern

Jasmina: U redu, ako već mora biti tako.

Klaus: Tako mora biti!

Jasmina: U redu. Daniele, Denise, hajdemo!

Klaus: Stanite! Čekajte! Sada je 11 sati. Sretnimo se ovdje opet u 15 sati.

Pošto su se djeca udaljila, situacija se normalizira. Odrasli prolaze kroz gradska vrata i za nekoliko minuta vide rimski Forum i dive se poznatoj crkvi Sveti Donat. Klaus fotografira forum i crkvu. Brigitte marljivo prelistava svoj vodič ...

Kroatisch	Deutsch
pošto (zeitl)	nachdem
udaljiti (se) (pf)	(sich) entfernen
normalizirati	normalisieren
rimski /-a/o	römisch
diviti se (+Dat)	bewundern, bestaunen
fotografirati	fotographieren
prelistavati (ipf)	(durch)blättern
marljiv /-a/-o	fleißig, eifrig
vodič	(Reise)führer

Zadar:
Rimski forum i Sveti Donat

Slika: Otto Rall

Brigitte: Monika, pogledaj, tamo preko puta je poznati arheološki muzej koji je osnovan 1832. i jedan je od najstarijih muzeja u ovom dijelu Europe.

Monika: Zanimljivo! Uđimo unutra, a onda ...

Brigitte: Onda idemo u kupovinu!

Gerhard: Trenutak! Da li bismo i mi smjeli nešto reći?

Brigitte: Ja već vidim da se našim muškarcima ovaj program ne sviđa. Oni bi radije umjesto starih predmeta u muzeju gledali ...

Monika: ... djevojke u kafićima - kao i uvijek.

Klaus: Opet smo uhvaćeni. Gerharde, što misliš, da li naš plan može biti sproveden?

Gerhard: Ako bismo dobili dozvolu od svojih žena?

Kroatisch	Deutsch
arheološki /-a/-o	archäologisch
osnovati	(be)gründen
program	Programm
sviđati se	gefallen
predmet	Gegenstand, Objekt
umjesto (+Gen)	anstelle von
uhvatiti	fangen, erwischen, ertappen
sprovesti, sprovedem	durchführen
mrmljati	murmeln, brummeln

Brigitte mrmlja.

Kroatisch	Deutsch
jasan /-sna/-o	klar, deutlich
... god	... auch immer
tumarati	bummeln
ploviti	(Schiff) fahren
pored (+ Gen)	neben, bei

Brigitte: Od kada vi to nas pitate?

Monika: Možda ima u muzeju neki ljubazni vodič.

Klaus: Sve mi je već jasno! Vidimo se opet u 15 sati?

Monika: Kad god hoćeš! proći

Klaus: Ovdje u luci?

Monika: U redu. Gdje god vi želite.

Gerhard i Klaus su tumarali ulicama, u međuvremenu su jeli u jednom malom restoranu i sada se nalaze u novoj luci.

Klaus: Gerharde, pogledaj tamo veliki trajekt! Sigurno plovi u Italiju.

Gerhard: Da, vrlo zanimljivo! Imaš li neki prijedlog kamo bismo mogli ići sada?

Klaus: Malo prije smo prošli pored jednog internet kafića i pored jedne konobe. Mogli bismo otići u internet kafić i čitati svoje mailove.

Gerhard: Što onda još čekamo?

Dok su Klaus i Gerhard provodili vrijeme u kafiću uz kompjutor, Monika i Brigitte su bile u kupovini. Zastale su ispred izloga jedne knjižare.

Monika: Kakva lijepa knjiga sa slikama o Zadru i njegovoj povijesti!

Brigitte: Komu biste je kupili?

Monika: Znaš, Klaus ima jednog ljubaznog prijatelja i kolegu koji ima za dva tjedna rođendan. On je profesor latinskog jezika i zanima se za staru kulturu. Sigurno će se obradovati ovakvom poklonu.

Brzo su kupile knjigu i nastavile s kupovinom. U jednom malom dućanu Brigitte je našla lijepe ručnike za kupanje.

Brigitte: Koliko košta ovaj ručnik za kupanje?

Prodavačica: Taj ručnik za kupanje? Samo trenutak ... 70 kuna.

Monika šapće svojoj prijateljici na uho:

Monika: Pokušaj se cjenkati!

Kroatisch	Deutsch
mail	Mail
provoditi	verbringen
kompjutor	Computer
zastati, zastanem	stehen bleiben
izlog	Schaufenster
knjižara	Buchhandlung
povijest (f)	Geschichte
kolega (m)	Kollege
latinski /-a/-o	lateinisch
rođendan	Geburtstag
ovakav /-kva/-o	solch ein
poklon	Geschenk
dućan	Laden
kupanje	Baden
ručnik za ~	Badetuch
šaptati, šapćem	flüstern
uho	Ohr
cjenkati se	feilschen, handeln

Brigitte: A ... ako kupim dva? Hoću li onda dobiti popust?

Prodavačica: Čekajte, moram pitati šefa.

Malo kasnije se vraća prodavačica.

Prodavačica: U redu, sto kuna za oba ručnika.

Kroatisch	Deutsch
popust	Nachlass, Rabatt
oba, obadva	(diese) beide(n)

Sve sretne zbog uspjeha nastavljaju s kupovinom. Oko 15 sati stižu vrlo umorne u luku. Nose prepune torbe stvari koje su kupile. Njihovi muževi ih već čekaju.

Klaus: Lijepo, da ste vas dvije opet ovdje!

Monika: Pogledaj što smo sve kupile! Ovu knjigu za Rolanda, sol za kupanje za naše susjede ...

Brigitte: I još ove lijepe ručnike za kupanje, majicu sa zanimljivim motivom iz Zadra, elegantne cipele ...

Monika pokazuje kupljene stvari ...

Monika: ... ovu torbu, ove sunčane naočale i, pogledajte samo, ovu ogrlicu od pravih koralja sa otoka Zlarina! Klause, sviđa li ti se?

Kroatisch	Deutsch
sol (f)	Salz
sol za kupanje	Badesalz
elegantan /-tna	elegant
naočale (f, Pl)	Brille
sunčane ~	Sonnenbrille
ogrlica	(Hals)kette
koralj	Koralle
pristajati (ipf), pristajem	zustimmen, passen, (gut) stehen
prije vremena	vorzeitig

Klaus: Da, da, odlično ti stoji! Nadajmo se da se zbog toga ne moramo prije vremena vratiti sa odmora jer je naša blagajna za odmor skoro prazna!

Monika: Ne brini! Sve stvari koje smo kupile bile su na sniženju.

Klaus: Da, da, sve mi je jasno. Ali sada pričajte: kako je bilo u muzeju?

Brigitte: Nismo imale sreće. Danas je ponedjeljak a ponedjeljkom je muzej zatvoren.

Gerhard: Možda ćemo otići tamo drugi put.

Brigitte: To ne bi bilo loše. Možda u petak? Tada je muzej sigurno otvoren. Ali, ... gdje su zapravo naša djeca?

Gerhard: Opet kasne. Ponekad me to stvarno živcira.

Brigitte: Smiri se! Sada smo na odmoru.

Već je 15:20 kada se Jasmina, Daniel i Denis pojavljuju.

Klaus: Ne možemo tvrditi da ste točni, ali ipak mi je drago što ste vas troje opet ovdje. Nas četvero smo vas dugo čekali!

Kroatisch	Deutsch
zapravo	eigentlich
ponekad	manchmal
živcirati	auf die Nerven gehen
tvrditi	behaupten, erhärten
kriv /-a/-o	krumm, schief, schuld(ig)
rad	Arbeit, Schaffen
zaobilaznica	Umleitung
zaobilazak	Umweg

Jasmina: Mi nismo zato krivi! Zbog radova na putu morali smo ići zaobilaznicom.

Klaus: A tako znači, dvadesetminutni zaobilazak puta ...

KROATISCH LERNEN? NEMA PROBLEMA! BAND 2

		Kroatisch	Deutsch
Jasmina:	Osim toga, htjeli smo pogledati još nešto zanimljivo.	vrh	Gipfel, Spitze
		napraviti	anfertigen
Monika:	A što to?	orgulje (f, Pl) morske ~	Orgel Meeresorgel
Jasmina:	Na vrhu poluotoka napravljene su morske orgulje!	val	Welle, Woge
		sistem	System
Gerhard:	O čemu ti to govoriš?	cijev (f)	Röhre
Jasmina:	Da, stvarno morske orgulje. Valovi ulaze u jedan sistem koji se sastoji od 35 cijevi. Na cijevima se nalaze zviždaljke koje sviraju 7 akorda od 5 tonova. Želite li to čuti? Snimila sam to na svom mobitelu.	zviždaljka	Pfeife
		svirati	spielen, pfeifen
		akord	Akkord
		ton	Ton
		način	Art, Weise
		provesti, provedem ~ se lijepo	durchführen, vollführen sich gut amüsieren

Svatko se na svoj način lijepo proveo i svi se zadovoljno vraćaju kući.

Grammatik und Übungen

God in Verbindung mit einem Pronomen

Wir beginnen unseren Grammatikteil diesmal mit „leichter Kost"; es handelt sich dabei um kaum mehr als eine Vokabelinformation. Im Lektionstext machte Monika auf eine Frage von Klaus die nicht ganz ernst gemeinte Bemerkung:

Gdje **god** vi želite. - Wo **auch immer** ihr möchtet.

Pronomen + god = **... auch immer**

tko god	wer auch immer	**što god**	was auch immer
kad god	wann auch immer	**koliko god**	wie viel auch immer

Die Demonstrativpronomina ovaj, taj und onaj

Diese Demonstrativpronomina (hinweisende Fürwörter) sind uns schon seit dem ersten Band bekannt. Alle drei können im Deutschen mit dieser (bzw. diese, dieses) übersetzt werden. Im Konversationstext fragt Brigitte die Verkäuferin:

Koliko košta ovaj ručnik za kupanje?	- Wieviel kostet dieses Badetuch (hier)?

Und die Verkäuferin antwortet:

Taj ručnik za kupanje?	- Dieses Badetuch (da)?

In der geschilderten Situation ist das Badetuch ist in Brigittes Hand, und die Verkäuferin fragt (aus ein paar Metern Entfernung) nach, ob Brigitte dieses Badetuch meint.
In der Lektion 6 unterhalten sich Monika und Jasmina über Wolfgang, der nicht anwesend ist. Jasmina vergewissert sich, ob sie von der selben Person reden:

Onog ljubaznog tipa (Akk) iz autokampa?	- Jenen netten Typ vom Campingplatz?

Die folgende Übersicht zeigt, wie die Demonstrativpronomina im Kroatischen verwendet werden. Wir geben Ihnen außer den maskulinen Formen auch die femininen und neutralen Formen an. Nichts davon sollte Sie überraschen.

Verwendung der Demonstrativpronomina		
ovaj / ova / ovo	taj / ta / to	onaj / ona / ono
Die Person / der Gegenstand ist		
im direkten Einflussbereich des Sprechenden.	im Einflussbereich des Angesprochenen.	weder im Einflussbereich des Sprechenden noch des Angesprochenen.

Jetzt müssen wir nur noch festhalten, wie die Demonstrativpronomina dekliniert werden. Vieles wird Ihnen von der Deklination der Fragepronomina oder der Adjektive bekannt vorkommen.

Die Deklination von ovaj im Singular			
Nom	ovaj	ova	ovo
Gen	ovog(a)	ove	ovog(a)
Dat	ovom(e)	ovoj	ovom(e)
Akk	ovog(a) / ovaj	ovu	ovo
Lok	ovom(e)	ovoj	ovom(e)
Instr	ovim(e)	ovom	ovim(e)

Wir müssen die Tabelle ein wenig kommentieren. Nicht verwundern sollten uns die beiden Möglichkeiten für belebt / unbelebt im Akkusativ der maskulinen Form. Im Maskulinum und Neutrum tauchen kurze (z.B. ovog) und lange (z.B. ovoga) Formen auf. Generell kann man sagen, dass die langen Formen mit einem Vokal am Ende verwendet werden, wenn die Pronomina alleine stehen, während in Verbindung mit einem Substantiv eher die kurzen Formen mit einem Konsonant am Ende zum Einsatz kommen. Dazu ein Beispiel:

Mogu li otvoriti vrata ovim ključem?	- Kann ich die Tür mit diesem Schlüssel öffen?
Ne, ovime!	- Nein, mit diesem (hier)!

KROATISCH LERNEN? NEMA PROBLEMA! BAND 2

Die Pronomina taj und onaj werden in entsprechender Weise dekliniert. Und schon sind wir bei der ersten Übung!

Übung 7.1

Füllen Sie die folgende Tabelle mit den Formen der Demonstrativpronomina taj und onaj aus! An einigen Stellen haben wir Ihnen die Arbeit wieder einmal abgenommen.

Die Deklination von taj und onaj im Singular						
Nom	taj	ta	to	onaj	ona	ono
Gen	tog(a)					
Dat			tom(e)			
Akk					ovu	
Lok		toj				
Instr						onim(e)

Bei der nächsten Aufgabe müssen Sie sich für das passende Demonstrativpronomen entscheiden.

Übung 7.2

Übersetzen Sie die folgenden Sätze ins Kroatische! Achten Sie vor allem auf die Verwendung des passenden Demonstrativpronomens!

1. Monika will ein Handtuch kaufen. Die Verkäuferin fragt: „Möchten Sie dieses Handtuch hier?" - „Nein, das dort!" - ....
   ....

2. Klaus und Gerhard unterhalten sich. Klaus sagt: „Gerhard, wollen wir morgen mit diesem Boot dort einen Ausflug machen?" - ....
   ....

3. Brigitte befindet sich in der Bank. Sie fragt einen Angestellten: „Kann ich an diesem Schalter hier Geld tauschen?" – „Nein, an jenem dort!" - ....
   ....

4. Jasmina hat eine Katze gefunden und zeigt sie ihrer Mutter. „Kann ich diese Katze behalten?" - „Diese Katze? Nein, auf keinen Fall!" - ....
   ....

5. Der Polizist fragt Klaus: „Ist jener dort Ihr Sohn?" - ....
   ....

6. Der Kellner fragt den Gast: „Ist das hier Ihr Bier?" – „Nein, ich hätte gerne diesen Saft dort!" - ....
   ....

7. „Kennen Sie Biograd?" – „Jene schöne Stadt an der Adria?" - ....
   ....

8. Gerhard fragt den Fahrer: „Fährt dieser Bus nach Split?" – „ Nein! Sehen Sie jenen auf der anderen Seite der Straße? Dort müssen Sie einsteigen." - ....
   ....

9. Der Verkäufer hebt einige Bücher hoch. „Mit diesen Büchern wird Ihr Urlaub bestimmt nicht langweilig sein!" - ....
   ....

Bei der Aufgabe 9 haben wir Sie getestet. Haben Sie die Form (*ovim*: Instrumental Plural von *ovaj*) automatisch richtig eingesetzt? Dann haben Sie sich ein dickes Lob verdient. Wir notieren natürlich noch sämtliche Pluralformen des Demonstrativpronomens *ovaj*.

Die Deklination von ovaj im Plural			
Nom	ovi	ove	ova
Gen	ovih		
Dat	ovim		
Akk	ove	ove	ova
Lok	ovim		
Instr	ovim		

Die Demonstrativpronomina *taj* und *onaj* werden analog dekliniert, so dass wir keine neuen Tabellen benötigen. Beachten Sie, dass im Plural wie bei den Adjektiven viele Formen identisch sind!

Für den Plural der Demonstrativpronomina gilt:

Genitiv endet auf **–ih**

Dativ, Lokativ und Instrumental enden auf **–im**

Übung 7.3

Deklinations – Pingpong

Üben Sie wie gewohnt die Formen aller Demonstrativpronomina mündlich, am besten mit einem Partner!

Das Partizip Passiv

Wir machen uns zunächst klar, was dieser grammatikalische Begriff bedeutet. Bisher haben wir fast ausnahmslos Sätze im Aktiv besprochen, in denen das Subjekt des Satzes auch im eigentlichen Sinn der Handelnde ist. Ein einfaches Beispiel:

On je otvorio prozor. - Er hat das Fenster geöffnet.

Offensichtlich ist das Subjekt des Satzes (er) auch der aktiv Handelnde. Mit dem Fenster geschieht etwas, es ist das passive Objekt des Satzes. Wenn wir aus diesem Objekt (Fenster) in einem neuen Satz ein Subjekt machen, entsteht automatisch ein Passivsatz:

Prozor je otvoren. - Das Fenster ist geöffnet (worden).

Folgendes Schema verdeutlicht noch einmal die Umwandlung eines Aktivsatzes in einen Passivsatz.

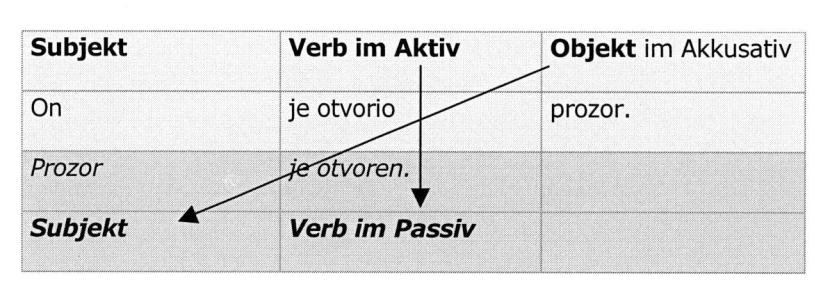

Subjekt	Verb im Aktiv	Objekt im Akkusativ
On	je otvorio	prozor.
Prozor	*je otvoren.*	
Subjekt	*Verb im Passiv*	

Jetzt wird es höchste Zeit, dass wir die entsprechenden grammatikalischen Formen für das Partizip Passiv lernen. Im Deutschen wird für das Passiv das gleiche Partizip benutzt wie im Perfekt (Aktiv), beispielsweise: Er hat ... **gesehen**. (Perfekt Aktiv). Er ist **gesehen** worden. (Passiv).

Im Kroatischen haben wir es nicht so leicht, denn für das Partizip Passiv gibt es andere Formen als für das Partizip Perfekt Aktiv, ja sogar vier verschiedene, abhängig vom Infinitiv des betreffenden Verbs. Einige dieser Formen sind Ihnen bestimmt schon begegnet, zum Teil auch in Band eins. Jetzt aber müssen wir systematisch vorgehen.

Die Verben mit dem Infinitiv auf –ati

Ein Beispiel, in dem das Partizip Passiv des Verbs razočarati (enttäuschen) vorkommt, finden wir schon in der dritten Lektion.

Je li Jasmina vrlo razočarana …? - Ist Jasmina sehr enttäuscht …?

Wir streichen bei der Bildung des Partizip Passiv die Infinitivendung (-ti) und hängen, abhängig vom Geschlecht, die Endung –n bzw. –na bzw. –no (für den Nominativ Singular) an. Die folgende kleine Tabelle zeigt, dass das komplizierter klingt als es tatsächlich ist.

Infinitiv	Infinitivstamm	Partizip Passiv
rezervir**ati**	rezervira-	rezervira**n /-na/-no**
napis**ati**	napisa-	napisa**n /-na/-no**
zadrž**ati**	zadrža-	zadrža**n/-na/-no**

Beachten Sie beim Übergang von der maskulinen zur femininen oder neutralen Form, dass diesmal kein bewegliches a existiert!

Die Verben mit dem Infinitiv auf –uti oder –eti

Hier gehen wir wieder vom Infinitiv aus, streichen wie zuvor die Endsilbe (-ti), ergänzen diesmal aber den Konsonanten t (für die maskuline Form). Die Formen entsprechen also genau denen der erstgenannten Gruppe, allerdings mit dem Unterschied, dass dieses Mal die Endung –t anstelle von –n eingefügt wird.

Infinitiv	Infinitivstamm	Partizip Passiv
okren**uti**	okrenu-	okrenu**t /-a/-o**
dign**uti**	dignu-	dignu**t /-a/-o**
poč**eti**	poče-	poče**t /-a/-o**

Der Vollständigkeit halber noch eine Anmerkung: Einige wenige Verben (wie strti, starem = zerkrümeln) enden auf –rti (mit dem bekannten Silben bildenden r). Diese werden bei der Bildung des Partizip Passiv wie die Verben auf –uti bzw. –eti behandelt.

Die Verben mit dem Infinitiv auf –iti oder –jeti

In der zweiten Lektion informiert der Arzt im Krankenhaus Monika und Klaus (mit Hilfe des Verbs slomiti – brechen) über den Zustand ihres Sohnes mit den Worten:

Nije ništa slomljeno. - Nichts ist gebrochen.

Diesmal gehen wir vom Präsens (slomiti, slomim) aus, streichen beispielsweise die Endung (–im) der 1. Person Singular und hängen dann die Endung –jen bzw. –jena bzw. –jeno an. Gehen bei Ihnen schon die Alarmsirenen los? In der Tat, es kommt wie befürchtet. Das j erzwingt wieder einmal in vielen Fällen eine Lautveränderung (Jotierung). Schauen Sie sich zunächst die folgende Tabelle an und dann, falls erforderlich, noch einmal das Kapitel über die Jotierung (Seite 28, 29)!

Infinitiv	1. Person (Sg) Präsens	Partizip Passiv
ocijen**iti**	ocijen**im**	ocijen**jen** /-na/-no
kup**iti**	kup**im**	kup**ljen** /-na/-no
nabav**iti**	nabav**im**	nabav**ljen** /-na/-no
čist**iti**	čist**im**	či**šć**en /-na/-no
ponud**iti**	ponud**im**	ponu**đ**en /-na/-no
živ**jeti**	živ**im**	živ**ljen** /-na/-no

Wir müssen noch etwas ergänzen. Von der Endung –jen im Partizip Passiv wird der Konsonant j gestrichen, wenn ihm ein palataler Konsonant (also c, č, ć, đ, j, š, ž oder auch r) vorausgeht. Auch dazu geben wir Ihnen Beispiele.

otvoriti, otvo**rim**   - otvo**ren**   zatvoriti, zatvo**rim**   - zatvo**ren**
tražiti, tra**žim**   - tra**žen**   naručiti, naru**čim**   - naru**čen**

Die Verben mit dem Infinitiv auf -ći oder –sti

Wiederum ist die erste Person Singular im Präsens entscheidend für die Bildung des Partizip Passiv. Endet diese auf –nem (pomoći, pomognem), so erhält das Partizip die Endung –nut, endet sie auf –em (reći, rečem), so erhält das Partizip die Endung –en. Auch für diesen letzten Fall wird Ihnen eine Tabelle mit Beispielen hilfreich sein.

Infinitiv	1. Person (Sg) Präsens	Partizip Passiv
pomo**ći**	pomog**nem**	pomog**nut** /-a/-o
posti**ći**	postig**nem**	postig**nut** /-a/-o
re**ći**	reč**em**	reč**en** /-a/-o
poje**sti**	pojed**em**	pojed**en** /-a/-o
pove**sti**	poved**em**	poved**en** /-a/-o

Bevor wir diese vielen neuen Formen in ganzen Sätzen abfragen, sollten Sie sich erst einmal rein „mechanisch" an das Partizip Passiv gewöhnen.

Übung 7.4

Füllen Sie die folgende Tabelle mit den passenden Formen aus!

Infinitiv	1. Pers. Sg Präsens	Partizip Passiv		
		m (Sg)	f (Sg)	n (Sg)
uznemiriti				
			zaboravljen	
	uradim			
	volim			
vidjeti				
				posuđeno
			zadržana	
obući				
	nađem			
	organiziram			
		dignut		

Das Partizip Passiv in adjektivischer Verwendung

Im Kroatischen wird das Partizip Passiv häufig wie ein Adjektiv behandelt. Es muss also wie dieses dem zugehörigen Substantiv in seiner Form angepasst werden. Dazu zwei Beispiele:

 Noga je slomljena. - Das Bein ist gebrochen.
 Liječnik snima slomljenu nogu. - Der Arzt nimmt das gebrochene Bein auf.

Das ist Ihnen bestimmt Anlass genug, noch einmal die Deklination der Adjektive bzw. des Partizip Passiv zu üben.

Kroatisch	Deutsch
noga	Bein

Übung 7.5

Deklinations-Pingpong

Üben Sie wie gewohnt – am besten wechselseitig mit einem Partner – die Deklination von mindestens 4 Partizipien, beispielsweise von rezerviran, dignut, ponuđen und nabavljen!

Haben Sie genug Routine bei der Bildung des Partizip Passiv gewonnen? Dann sollte auch die nächste Übersetzung für Sie keine unüberwindbare Hürde darstellen.

Übung 7.6 Übersetzen Sie die folgenden Sätze ins Kroatische! Die unten stehenden Vokabelangaben sind dabei hilfreich.

Kroatisch	Deutsch
zauzeti, zauzmem	einnehmen, besetzen
uzburkati	aufwiegeln, aufwühlen

1. Der Parkplatz ist besetzt. - ....
2. Diese Zimmer hier sind reserviert. - ....
3. Alle Tische im Restaurant sind besetzt. - ....
4. Sie möchte das angebotene T-Shirt kaufen. - ....
5. Mario erblickt seine Freunde durch die geöffnete Tür. - ....
   ....
6. Denis' Handy ist gefunden (worden). - ....
7. Der Kellner bringt nicht die bestellten Getränke. - ....
8. Vesna ist aufgeregter als Sanja. - ....
9. Das Boot fährt auf dem stürmischen (aufgewühlten) Meer. - ....
   ....

In der nächsten Übung üben Sie neu gelernte Formen ebenso wie ältere und erfahren außerdem etwas über die Stadt Zadar.

Übung 7.7 Lückentext

Ergänzen Sie an passender Stelle die folgenden Wörter!

sagrađena - može se – smješten – kulturni – stoljeća – udaljena – zbratimljen – gradom – najpoznatija – stanovnika – crkava - luke – njegovoj - vrata - dovršena - priprema se

Zadar – lijep grad na Jadranskom moru

Grad Zadar .... je u samom srcu

Jadrana te čini središte sjeverne Dalmacije kao

upravni, privredni, ... i politički

centar regije. U Zadru živi blizu 90000 ....

Zbog njegove duge povijesti .... u

Kroatisch	Deutsch
srce	Herz
te	und (so), sowie
činiti	bilden, machen
središte	Zentrum
sjeverni /-a/-o	nördlich
privredan /-dna/-o	wirtschaftlich
politički /-a/-o	politisch
regija	Region
povijest (f)	Geschichte

Zadru pogledati puno znamenitosti. Crkva Svetog Donata iz 9. stoljeća .... je na ostacima rimskog foruma. Ona je .... zgrada u Zadru ali samo jedna od brojnih .... zanimljive arhitekture. Kod male .... Foša se nalaze monumentalna Kopnena .... iz 1543. godine. Zadar je zadržao prometnu važnost - kroz grad prolazi Jadranska magistralna cesta, a u .... blizini autocesta Zagreb - Split, ... 2005. Zračna luka Zadar nalazi se u Zemuniku. Ona je oko 14 km .... od grada. Zadar je .... sa njemačkim .... Fürstenfeldbruck. Originalni zadarski liker Maraschino .... po tradicionalnoj recepturi iz 16. ....

Kroatisch	Deutsch
znamenitost (f)	Sehenswürdigkeit
stoljeće	Jahrhundert
poznat /-a/-o	bekannt
kopneni /-a/-o	Binnen~, Land~
monumentalan /-lna/-o	monumental
prometan /-tna/-o	Verkehrs~
važnost (f)	Wichtigkeit, Bedeutung
prolaziti (ipf)	vorbeigehen, hindurchführen
cesta	(Auto)straße
autocesta	Autobahn
dovršiti	vollenden
zračna luka	Flughafen
zbratimiti se	sich verbrüdern
liker	Likör
pripremati	vorbereiten, zubereiten
tradicionalan /-lna/-o	traditionell
receptura	Rezeptur

Übung 7.8

Übersetzen Sie mündlich oder schriftlich den Text der Übung 7.7! Fertigen Sie sich über das Gelesene einen Stichwortzettel an und tragen Sie in freier Rede einige Fakten über Zadar vor!

Das Partizip Passiv wird auch adjektivisch verwendet in der Zukunft (im Futur).

Parkiralište će biti otvoreno sutra.   -   Der Parkplatz wird morgen geöffnet sein.

Generell kann man folgendes festhalten, ohne an dieser Stelle zu sehr in die Tiefe zu gehen:

Adjektivische Verwendung des Partizip Passiv durch:

entsprechende Form von biti   +   Partizip Passiv

Übung 7.9

Nehmen Sie sich ein Blatt Papier zur Hand und setzen Sie die Sätze 1, 2, 3, 6 und 8 der Übung 7.6 ins Futur!

Passivsätze im Präsens

Im Kroatischen wird das Partizip Passiv bei „echten" Passivsätzen vermieden, vor allem im Präsens. Sätze wie „Der Schrank wird geöffnet" oder „das Buch wird gedruckt" werden im Kroatischen in der Regel nicht originalgetreu 1:1 übersetzt. Wenn möglich, macht man gleich daraus einen Aktivsatz (ein Subjekt sollte dann bekannt sein); ansonsten drückt man die Passivität durch das Reflexivpronomen *se* aus. Im Text der Übung 7.7 finden wir beispielsweise den Satz

... liker Maraschino priprema se ... - ... der Likör Maraschino wird zubereitet ...

Zur Verdeutlichung listen wir einige weitere Beispiele auf.

Passive Formulierung im Deutschen	Formulierung im Kroatischen	
	aktiv	mit Reflexivpronomen se
Die Tür wird geöffnet.	Netko otvara vrata.	Vrata se otvaraju.
Das Zelt wird aufgebaut.	Netko podiže šator.	Šator se podiže.
Dieses Haus wird verkauft.	Netko prodaje ovu kuću.	Ova kuća se prodaje.

Diese Tabelle müssen wir noch ein wenig erläutern. Natürlich sollte in der zweiten Spalte anstelle von netko möglichst das passende Subjekt (z.B. Jure, turist, žena) stehen. Auch im Deutschen werden Passivsätze ab und zu durch aktive Konstruktionen ersetzt. So könnten die Beispielsätze im Deutschen auch heißen: Man öffnet die Tür, man baut das Zelt auf, man verkauft dieses Haus.

Übung 7.10

Übersetzen Sie die folgenden Sätze ins Kroatische! Vermeiden Sie dabei das Partizip Passiv!

1. Hier verkauft man Wein. - ....
2. Heute wird das Museum geöffnet. - ....
3. Wie sagt man auf Kroatisch? - ....
4. Wie schreibt man auf Deutsch? - ....
5. Das Boot wird aus dem Wasser gehoben. - ....
6. Hier versteht man auch Deutsch. - ....
7. Am Strand wird Volleyball gespielt. - ....
8. Dieser Reifen wird nicht repariert. - ....
9. Dieses Buch wird nicht gerne gelesen. - ....
10. Im Pašman-Kanal kann man gut segeln. - ....

Bekleidung

In der aktuellen Lektion und natürlich auch im ersten Band haben wir schon einige Vokabeln zu diesem Thema kennen gelernt. Wir stellen Ihnen mit der folgenden Übersicht noch einige weitere - ohne Anspruch auf Vollständigkeit - vor.

košulja	hlače (i remen)	šešir
		kapa
jakna	kaput	pulover
pidžama	suknja	cipele
		čarape
majica	kratke hlače (šorc)	odijelo

Übung 7.11

Übersetzen Sie die folgenden Sätze ins Kroatische!

1. Ivo trägt eine neue Hose. - ....
2. Gib ihm deine Kappe! - ....
3. Luka hat seinen weißen Hut verloren. - ....

4. Wo sind meine schwarzen Schuhe? - ....

5. In diesem Rock siehst du sehr gut aus. - ....

6. Vesna trägt ein neues Kostüm. - ....

7. Man trägt keine Strümpfe zu kurzen Hosen. - ....
....

8. Warum willst du dieses Hemd nicht anziehen? - ....
....

9. Möchten Sie lieber einen Mantel oder eine Jacke? - ....
....

10. In diesem Pullover wird dir schnell warm sein. - ....
....

11. Warum gefällt dir mein T-Shirt nicht? - ....
....

Übung 7.12

Partnerübung:

Fragen Sie Ihren Partner, was er am liebsten trägt und in welcher Farbe! Nach seiner Antwort wechseln Sie die Rollen!

Tumarati ulicom – warum der Instrumental?

Im Konversationstext haben Sie sich vielleicht gewundert, dass Klaus und Gerhard „mittels der Straße" herumgebummelt sind. Im Unterschied zum Deutschen sagt man im Kroatischen nicht „auf der Straße" bummeln (spazieren gehen, o.ä.), sondern verwendet den Instrumental. Wir merken uns einfach, dass hierbei die Straße als Hilfsmittel zur Fortbewegung dient. Generell wird also bei einem Verb der Fortbewegung (ići, šetati usw.) der entsprechende Ort in den Instrumental gesetzt.

šetati ulicom   auf der Straße spazierengehen

tumarati gradom   in der Stadt bummeln

Monatsnamen und Datumsangaben

Im Konversationstext kamen zwei Datumsangaben vor: *dvadeset i peti kolovoza* (25. August) und *drugi rujna* (2. September). Bevor wir uns damit grammatikalisch befassen, lernen wir die kroatischen Namen der Monate anhand folgender Tabelle.

siječanj	veljača	ožujak	travanj	svibanj	lipanj
Januar	Februar	März	April	Mai	Juni
srpanj	**kolovoz**	**rujan**	**listopad**	**studeni**	**prosinac**
Juli	August	September	Oktober	November	Dezember

Beachten Sie, dass bis auf den Februar (veljača) alle Monatsnamen maskulin sind! Fast alle davon haben in der letzten Silbe ein bewegliches a, das im Genitiv Singular und anderen Fällen verschwinden kann (beispielsweise rujan – Gen Sg: rujna). Lediglich der Oktober macht da eine Ausnahme (listopad – Gen Sg: listopada). Des weiteren müssen wir uns für den November merken, dass der Genitiv *studenog(a)* heißt. Dies wird dann verständlich, wenn man berücksichtigt, dass sich sein Name vom Adjektiv *studen* (frostig, kalt) ableitet.
Übrigens: Einen aktuellen kroatischen Kalender finden Sie auf www.nema-problema.de.
Gleich werden Sie sehen, warum wir wieder einmal vom Lieblingsfall der Kroaten reden.

Die Datumsangabe im Kroatischen erfolgt durch

Ordnungszahl + Monatsname im Genitiv (Sg)

dvadeset i peti   **kolovoza**

Sie fragen sich, warum der Genitiv zum Einsatz kommt? Denken Sie sich hinter der Ordnungszahl das Substantiv *dan* ergänzt, und schon wird der Genitiv verständlich: Es geht um den 25. (Tag) des (Monats, Gen) August.

Übung 7.13

Koji je danas datum? – Welches Datum ist heute?

Notieren Sie auf Kroatisch die folgenden Datumsangaben! Schreiben Sie zur Übung auch die Zahlwörter aus!

Danas je ...

17. Juni - ....
23. Juli - ....
8. Oktober - ....
29. Februar - ....
4. Mai - ....
6. November - ....
22. Dezember - ....
1. März - ....
2. Januar - ....
19. April - ....

KROATISCH LERNEN? NEMA PROBLEMA! BAND 2

Eine wichtige Frage (und Antwort) ist die nach dem Geburtstag.

Kad si rođen(a)?   -   Wann bist du geboren?

Kad imaš rođendan? -   Wann hast du Geburtstag?

Kroatisch	Deutsch
roditi (pf)	gebären
~ se	geboren werden

Und die Antwort könnte so aussehen:

Rođen sam dvadeset i devetog srpnja tisuću devetsto šezdeset i osme (godine).

Um die Häufung des Genitivs zu verstehen, denken wir uns die Antwort auf Deutsch:

Ich bin geboren (am Tag des) 29. (des) Juli (des) 1968. (Jahres)

Übung 7.14

Beantworten Sie die folgenden Fragen auf Kroatisch! In Klammer stehen die Antworten, die Sie zu geben haben!

1. Kad je rođen Vaš otac (22. August 1951) ? - ....
   ....

2. Kad je rođena Vaša majka (14. Februar 1960) ? - ....
   ....

3. Kad je rođena tvoja sestra (4. März 1985)? - ....
   ....

4. Kad je rođen tvoj brat (11. November 1978) ? - ....
   ....

5. Kad su rođene tvoje mačke (8. April 2006; 9. Oktober 2007) ? - ....
   ....

Wir verschaffen Ihnen eine kleine Verschnaufpause. Natürlich kommt in dem folgenden Spruch eine der neu gelernten grammatikalischen Formen vor.

Sprichwort

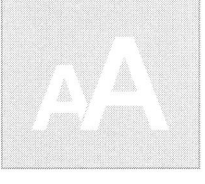

Svaki dan bez osmijeha je izgubljen dan.

Kroatisch	Deutsch
osmijeh	Lächeln

KROATISCH LERNEN? NEMA PROBLEMA! BAND 2

Wie immer enthält das Ende einer Lektion jede Menge Anregungen zum eigenen Sprechen, am besten mit einem Trainingspartner oder in einer Lerngruppe.

Übung 7.15

Bildbeschreibung

Betrachten Sie das untere Bild auf Seite 106 oder das auf Seite 107! Fertigen Sie sich einen Stichwortzettel an, schlagen Sie eventuell unbekannte Wörter nach und tragen Sie dann in freier Rede vor, was Sie alles auf dem Bild sehen!

Übung 7.16

Rollenspiel: Spielen Sie mit einem Partner eine (oder mehrere) Szenen der aktuellen Lektion nach! Wählen Sie eigene Worte und halten Sie sich nicht unbedingt genau an den Lektionstext! Wir schlagen Ihnen folgende Dialoge vor: Brigitte feilscht mit der Verkäuferin um den Preis eines Badetuchs. Monika erzählt einem entsetzten Klaus, was sie alles eingekauft hat. Klaus diskutiert mit Gerhard, ob es besser ist, mit dem Bus oder mit dem eigenen Auto nach Zadar zu fahren.

Übung 7.17

Lesen Sie nochmals konzentriert den Konversationstext der aktuellen Lektion und beantworten Sie dann die folgenden Fragen!

1. Što Monika i Klaus rade navečer na plaži?
2. Zašto Gerhard i Brigitte žele ići u Zadar?
3. Kad se Gerhard treba vratiti kući?
4. Zašto oni idu u Zadar samo jednim autom?
5. Kad odlaze u Zadar?
6. Koliko dugo traje vožnja od Turnja do Zadra?
7. Što Klaus ne smije zaboraviti poslije dolaska na parkiralište?
8. Kako se zove stara gradska luka?
9. Što Jasmina preporučuje kad su stigli u gradsku luku? Zašto?
10. Zašto Klaus i Gerhard ne žele ići sa svojim ženama u muzej i kasnije u kupovinu?
11. Koliko vremena imaju Klaus i Gerhard na raspolaganju? Što oni rade?
12. Što je Monika kupila za Rolanda? Zašto?
13. Kako je Brigitte uspjela sniziti cijenu ručnika?
14. Znate li što su žene sve kupile?
15. Kako je Klaus reagirao kad mu je Monika ispričala što je sve kupila?
16. Što su djeca kazala zašto su zakasnila?
17. Što mislite: Da li im Klaus vjeruje?
18. Što je Jasmina snimila svojim mobilnim telefonom?
19. Koja je stara zgrada u Zadru najpoznatija?

Kroatisch	Deutsch
raspolaganje	Verfügung, Disposition
povoljan /-jna	günstig
sniziti	herabsetzen, senken
cijena	Preis

In unserer Übung zur Wiederholung zurückliegenden Stoffs geht es um Ordnungszahlen, die Sie bei Datumsangaben (aktuelle Lektionsgrammatik), aber auch an anderer Stelle benötigen. Schlagen Sie erforderlichenfalls noch einmal im ersten Band nach, wie die Ordnungszahlen zu bilden sind!

Kupovina u Zadru – Einkauf in Zadar

KROATISCH LERNEN? NEMA PROBLEMA! BAND 2

W 7.1

Übersetzen Sie die folgenden Sätze ins Kroatische! Schreiben Sie die Ordnungszahlen aus!

1. Herr Berger ist der 6. Gast im Restaurant. - ....
   ....

2. Monika steht auf der Post am 3. Schalter. - ....
   ....

3. Jasmina bekommt den dritten Preis beim Tennisturnier. - ....
   ....

4. Wolfgang sucht schon in der 5. Bucht einen schönen Liegeplatz. - ....
   ....

5. Der 100. Gast des Abends bekommt ein Essen auf Rechnung des Hauses. - ..
   ....

6. Klaus' Auto ist das 342. auf dem Parkplatz. - ....
   ....

7. Denis hat gestern den 21. Delfin gesehen. - ....
   ....

Im aktuellen Lektionstext tauchten mit dem Stadttor, wörtlich Landtor (kopnena vrata; n, Pl) und der Brille (naočale; f, Pl) zwei Pluralia tantum auf. Sehen Sie erforderlichenfalls noch einmal im ersten Band nach, was ein Plurale tantum ist! Lernen bzw. wiederholen Sie anhand der folgenden kleinen Übung einige Pluralia tantum!

W 7.2

Tragen Sie die kroatischen Vokabeln ein und ergänzen Sie auch das Geschlecht!

Beispiel: Tür – **vrata (n, Pl)**

Wagen - ....   Hose - ....

Orgel - ....   Zeitung - ....

Kupovina u Zadru – Einkauf in Zadar

Vokabelliste zur 7. Lektion

Kroatisch	Deutsch
akord	Akkord
arheološki /-a/-o	archäologisch
autocesta	Autobahn
automat	Automat
cesta	(Auto)straße
cijena	Preis
cijev (f)	Röhre
činiti	bilden, machen
čitanje	Lesen
cjenkati se	feilschen, handeln
crvenkast /-a/-o	rötlich
diviti se (+ Dat)	bewundern, bestaunen
dogovoriti	abmachen, vereinbaren
dovršiti	vollenden
dućan	Laden, kleines Geschäft
elegantan /-tna/-o	elegant
fotografirati	fotographieren
god	... auch immer
interesirati (se)	(sich) interessieren
izlog	Schaufenster
jasan /-sna/-o	klar, deutlich
knjižara	Buchhandlung
kolega	Kollege
kolovoz	August
kompjutor	Computer
kopneni /-a/-o	Binnen~, Land~
koralj	Koralle
kriv /-a/-o	krumm, schief, schuld(ig)
kupanje	Baden
ručnik za ~	Badetuch
kupovina	Einkauf
latinski /-a/-o	lateinisch
liker	Likör
lipanj	Juni
listopad	Oktober
mail	Mail
marljiv /-a/-o	fleißig, eifrig
monumentalan /-lna/-o	monumental
mrmljati	murmeln, brummeln
način	Art, Weise
nakit	Schmuck
namjeravati	beabsichtigen
naočale (f, Pl)	Brille
sunčane ~	Sonnenbrille
napraviti	anfertigen
nas četvoro	wir vier
nebo	Himmel
nervirati	nerven, auf die Nerven gehen
noga	Bein
normalizirati	normalisieren
oba, obadva	(alle) beide
obilaziti	umgehen
ogrlica	(Hals)kette
orgulje (f, Pl)	Orgel
morske ~	Meeresorgel
osmijeh	Lächeln
osnovati	(be)gründen
ovakav /-kva/-o	solch ein
ožujak	März
parkirni /-a/-o	Park~
ploviti	(Schiff) fahren
poklon	Geschenk
politički /-a/-o	politisch
pomalo	allmählich, langsam
ponekad	manchmal
ponijeti, ponesem	mitbringen
popust	Nachlass, Rabatt
pored (+Gen)	neben, bei, nebst
pošto	nachdem
povijest (f)	Geschichte
povoljan /-jna/-o	günstig
poznat /-a/-o	bekannt
predivan /-vna/-o	wunderschön
predmet	Gegenstand, Objekt
prelistavati (ipf)	(durch)blättern
prije vremena	vorzeitig
pripremati	vorbereiten, zubereiten
pristajati, pristajem	zustimmen, passen, (gut) stehen
privredan /-dna/-o	wirtschaftlich
program	Programm
prolaziti (ipf)	vorbeigehen, hindurchführen
promet	Verkehr
prometan /-tna/-o	Verkehrs~
prosinac	Dezember

provesti (pf), provedem provoditi (ipf)	durchführen, vollführen, (Zeit) verbringen
~ se lijepo	sich gut amüsieren
putovati, putujem	reisen
rad	Arbeit, Schaffen
radnja	Handlung, Arbeit(en)
receptura	Rezeptur
regija	Region
rimski /-a/-o	römisch
rođendan	Geburtstag
roditi (pf) ~ se	gebären geboren werden
rujan	September
šaptati, šapćem	flüstern
siječanj	Januar
sistem	System
sjeverni /-a/-o	nördlich
sol (f)	Salz
sol za kupanje	Badesalz
sprovesti, sprovedem	durchführen
središte	Zentrum
srpanj	Juli
stoljeće	Jahrhundert
studeni, Gen studenog(a)	November
svibanj	Mai
sviđati se	gefallen
svirati	spielen, pfeifen
te	und (so), sowie
ton	Ton
tradicijonalan /-lna/-o	traditionell
travanj	April
trgovati, trgujem	(ver)handeln
trgovina	Geschäft
tumarati	bummeln
tvrditi	behaupten, erhärten
udaljiti (se) (pf)	(sich) entfernen
ugođaj	Stimmung, Atmosphäre
uho	Ohr
uhvatiti	fangen, erwischen, ertappen
umjesto (+Gen)	anstelle von
unatoč (+Dat)	trotz, trotzdem
uspomena	Andenken, Erinnerung
uzburkati	aufwiegeln, aufwühlen
val	Welle, Woge
vas troje	ihr drei
važnost (f)	Wichtigkeit, Bedeutung
veljača	Februar
veza	Verbindung, Beziehung
vodič	(Reise)führer
vrh	Gipfel, Spitze
zaobilazak	Umweg
zaobilaznica	Umleitung
zapravo	eigentlich
zastati, zastanem	stehen bleiben
zauzeti, zauzmem	einnehmen, besetzen
zbratimiti se	sich verbrüdern
živcirati	auf die Nerven gehen
znamenitost (f)	Sehenswürdigkeit
zračna luka	Flughafen
zviždaljka	Pfeife

8. Drugi test – zweiter Test

In der 5. Lektion ging es um Namen. Wir haben diese dekliniert, aber auch Possessivadjektive aus ihnen gebildet. Überprüfen Sie mit der ersten Übung, ob Sie noch Bescheid wissen!

Übung 8.1

Übersetzen Sie ins Kroatische!

1. Wir müssen Jure suchen. – ....

2. Hast Du Marijas Sohn gesehen? – ....

3. Zeige Ivo den kaputten Reifen! – ....

4. Jasminas Familie freut sich sehr. – ....

5. Am Strand sind viele von Denis' Freunden. – ....
....

6. Hast du Danica schon unsere Dokumente gegeben? – ....
....

7. Neno fährt mit Ivos Wagen in die Stadt. – ....

8. Mario fährt lieber mit Vesnas Auto als mit seinem eigenen. – ....
....

9. Wolfgangs Segelboot befindet sich in Jures Hafen. – ....
....

10. Jasmina hat nicht Monikas Geduld. – ....
....

Kroatisch	Deutsch
strpljivost (f)	Geduld

11. Josip geht mit den Rosen aus Sonjas Garten zu seiner Freundin. – ....
....

12. Sanja ist nicht mit Ivos Vorschlägen einverstanden. – ....
....

13. Willst du nicht mit Marko dein Fahrrad reparieren? – ....
....

Übung 8.2

Notieren Sie zu den Sätzen die entsprechende Aussage im Konditional!

Beispiel: Želim kupiti sladoled. – **Želio bih kupiti sladoled.**

1. Rado sam u Vašem restoranu. - ....
2. Radujemo se kad ste vi ovdje. - ....
3. Da li ideš u kino? - ....
4. Danica ide u crkvu. - ....
5. Snimam Vas, kad sjedite na toj stolici. - ....
6. Ništa nije bolje od toga. - ....
7. Djeca najčešće igraju nogomet. - ....
8. Možeti li mi rezervirati ovo lijepo mjesto? - ....
9. Jeste li tako ljubazni da dođete meni? - ....

Übung 8.3

Übersetzen Sie die folgenden Sätze ins Kroatische!

1. Wenn du dich jetzt beeilen würdest, wären wir früher am Strand. - ....
   ....
2. Dein Chef wäre zufrieden, wenn du mehr arbeiten würdest. - ....
   ....
3. Wenn ihr abends nicht so lange fernsehen würdet, könntet ihr früher aufstehen. - ....
   ....
4. Wenn du vorsichtiger fahren würdest, würde ich mich besser fühlen. - ....
   ....
5. Wenn sie mehr trainieren würden, könnten sie den Wettkampf gewinnen. - ....
   ....

Kroatisch	Deutsch
trenirati	trainieren

Ist Ihnen noch bekannt, mit welcher Art von Sätzen wir Sie in der letzten Übung gestresst haben? Richtig, es hat sich ausnahmslos um irreale Satzkonstruktionen gehandelt. In der folgenden Aufgabe können Sie überprüfen, ob Sie noch alles über Finalsätze wissen.

Übung 8.4

Übersetzen Sie die folgenden Finalsätze! Achten Sie auf die richtige Verwendung des Konditional und des Präsens!

1. Gerhard und Klaus fahren nach Biograd, um einen neuen Reifen zu erhalten. - ....
   ....

2. Familie Berger fährt nach Zadar, um Geschenke für ihre Nachbarn einzukaufen. - ....
   ....

3. Klaus liegt unter dem Sonnenschirm, damit er keinen Sonnenbrand bekommt. - ....
   ....

4. Denis muss im Zimmer bleiben, um sich zu erholen. - ....
   ....

5. Jasmina hat immer ihr Handy dabei, damit sie ihre Freundinnen anrufen kann. - ....
   ....

6. Brigitte hat einen Reiseführer gekauft, damit sie sich besser in Zadar zurechtfinden kann. -........................
   ....

Kroatisch	Deutsch
snaći, snađem ~ se	betreffen sich zurechtfinden

Übung 8.5

Bilden Sie aus den gegebenen Stichwörtern sinnvolle Sätze! Dabei sollte möglichst der Konditional vorkommen.

1. biti, to, dobar - ....

2. ja, vrijeme, imati, jedrenje - ....

3. prodati, mehaničar, Gerhard, nov, akumulator - ....

4. plaža, igrati, djeca, odbojka - ....

5. mi, susjedi, kupiti, ručnici, naš, za - ....

6. konoba, muževi, rado, ići, piti, alkoholna pića - ....
....

7. vi, ići, ako, Zadar, puno, vidjeti, stvar, tamo, zanimljiv - ....
....

Übung 8.6

Übersetzen Sie ins Kroatische! Schreiben Sie die Datumsangaben aus!

1. Heute ist der 23.01.1987. - ....
....

2. Gestern war der 17.04.2008. - ....
....

3. Morgen ist der 02.10.1994. - ....
....

4. Übermorgen ist der 28.02.2001. - ....
....

5. Ivana ist am 12.08.1977 geboren. - ....
....

6. Dein Kind muss am 05.03.2007 zum Arzt gehen. - ....
....

7. Wir werden am 24.06.2009 nach Kroatien fahren. - ....
....

8. Dieser Parkplatz ist am 10.12.2007 geschlossen. - ....
....

9. Dieses Restaurant ist bis zum 15.05.2008 geschlossen. - ....
....

KROATISCH LERNEN? NEMA PROBLEMA! BAND 2

10. Ab dem 25.07.2003 ist dieser Platz auf Jures Campingplatz für Davor reserviert. - ....

....

11. Dieses Buch wird am 19.11.2009 veröffentlicht werden. - ....

....

....

Kroatisch	Deutsch
objaviti (pf)	bekannt geben, veröffentlichen

Die kroatische Sprache ist (leider) voll von Palatalisationen. In der folgenden Übung wird ihre Aufmerksamkeit nur auf diesen einen Aspekt gelenkt.

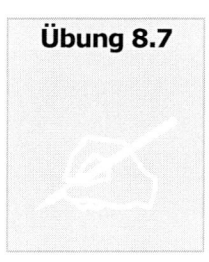

Übung 8.7

Wir geben Ihnen Substantive im Nominativ Singular vor. Notieren Sie dazu mindestens einen Fall, in dem die erste oder zweite Palatalisation stattfindet und geben Sie in Klammern an, um welchen Fall es sich handelt! Kennzeichnen Sie auch die Art der Palatalisation!

Beispiel: prijedlog – **prijedlozi (Nom Pl, 2. Palat.)**

1. luka - ....
2. duh - ....
3. čovjek - ....
4. muka - ....
5. bog - ....
6. junak - ....
7. orah - ....
8. noga - ....

Kroatisch	Deutsch
orah	Nuss

Nachdem wir in der 7. Lektion einige Informationen über Zadar erhalten haben, geht es in der folgenden Übung um Zagreb, die Hauptstadt Kroatiens.

Übung 8.8

Lückentext:

Ergänzen Sie an den passenden Stellen die folgenden Wörter!

broju – **glavni** – stanovnika - zbratimljen – nudi – sjedištem – najstariji – Hrvatske – najstarijima – Osnovano – Smješten – su – zelenih – gradom – sportski – političko - svojim

Zagreb – .... grad Hrvatske

Zagreb je glavni grad Republike Hrvatske i najveći

Kroatisch	Deutsch
republika	Republik

Drugi test – zweiter Test

grad u Hrvatskoj po .... stanovnika. Prema popisu iz 2001. godine grad Zagreb ima skoro 800 000 .... je na obalama rijeke Save i ispod gore Medvednice. Zagreb je kulturno, znanstveno, privredno, ... i administrativno središte Republike Hrvatske sa .... Sabora, Predsjednika i Vlade Republike Hrvatske. Gornji Grad je .... dio Zagreba i najzanimljiviji za turiste. Zagrebačka katedrala sa .... neogotičkim zvonicima je znamenje grada Zagreba. Kula Lotrščak, zgrada Hrvatskog Narodnog Kazališta, Zdenac života i Meštrovićev paviljon su samo neke od brojnih znamenitosti Zagreba. Sveučilište u Zagrebu je među .... u Europi.

.... je 1669. Grad Zagreb nadležan je za 38 kulturnih institucija, najvažniji .... Muzej grada Zagreba i Muzej za umjetnost i obrt. U prometnom centru nalazi se Trg bana Josipa Jelačića, lokalno poznat i kao Jelačić-plac ili samo Trg. Zagreb je grad .... parkova i šetališta. Kao velegrad Zagreb .... bogatu gastronomiju, te puno klubova i diskoteka za noćni život. Zagreb je .... sa njemačkim .... Mainzom od 1967. Nogometski klub Dinamo Zagreb je od osnivanja .... simbol grada Zagreba i nogometni ponos ....

Kroatisch	Deutsch
popis	Verzeichnis
obala	Ufer, Küste
rijeka	Fluss
gora	Berg, Gebirge
znanstven /-a/-o	wissenschaftlich
sjedište	Sitz
sabor	Parlament
predsjednik	Präsident
vlada	Regierung
gornji /-a/-e	obere(r), Ober~
katedrala	Kathedrale
neogotički /-a/-o	neugotisch
znamenje	Wahrzeichen
kula	Turm
narodan /-dna/-o	volkstümlich, Volks~
kazalište	Theater
paviljon	Pavillon
zdenac	Brunnen
vrijediti	wert sein, sich lohnen
posjet	Besuch
sveučilište	Universität
među (+Instr)	zwischen, unter
nadležan /-žna /-o	zuständig, kompetent
institucija	Institution
umjetnost (f)	Kunst
obrt	Handwerk
lokalni /-a/-o	lokal, örtlich
park	Park
šetalište	Spazierweg, Promenade
velegrad	Großstadt
bogat /-a/-o	reich
diskoteka	Diskothek
noćni /-a/-o	nächtlich, Nacht~
osnivanje	Gründung
simbol	Symbol
ponos	Stolz

Übung 8.9

Übersetzen Sie mündlich oder schriftlich den Text der Übung 8.8! Fertigen Sie sich über das Gelesene einen Stichwortzettel an und tragen Sie in freier Rede einige Fakten über Zagreb vor!

Übung 8.10

Diktat

Lassen Sie sich den folgenden Text einmal komplett und dann langsam mehrmals Satz für Satz vorlesen oder von der CD abspielen! Schreiben Sie den Text auf ein separates Blatt Papier und vergleichen Sie am Schluss mit dem Originaltext hier im Buch!

Kroatisch	Deutsch
melodija	Melodie
arhitekt	Architekt
projekt	Projekt
pozdrav	Gruß

Obitelj Berger ide sa svojim prijateljima u Zadar kupiti nekoliko poklona. Uz to se Monika i Brigitte jako zanimaju za kulturne znamenitosti. Zato idu na rimski forum i u arheološki muzej. Njihovi muževi radije traže konobu u kojoj bi mogli dobro jesti i piti. Kasnije su u internet-kafiću. Tamo piše Gerhard svojim prijateljima kod kuće nekoliko e-mailova. Istovremeno se nalaze Jasmina i Daniel na obali zadarskog poluotoka. Tamo slušaju melodiju poznatih Morskih orgulja. Otvorene su od 15. travnja 2005. U svibnju 2006. godine hrvatski arhitekt Nikola Bašić osvojio je za projekt Morskih orgulja u Zadru Europsku nagradu. Najnoviji projekt istog arhitekta zove se „pozdrav suncu" i nalazi se pokraj Morskih orgulja.

Übung 8.11

Übersetzen Sie mündlich den Text des Diktats 8.10!

Nach so viel Mühe erzählen wir Ihnen als Abwechslung einen kleinen Witz (vic) - natürlich auf Kroatisch.

Održava se simpozij pivovara, i u pauzi ljudi se odluče nešto popiti.
I sada, predsjednik Heinekena naruči Heineken. Onaj iz Gössera naruči Gösser. Onaj iz Bitburga naruči Bitburg. Samo Irac iz Guinessa naruči Pepsi.
Pitaju ga ostali: „Pa dobro, kako možeš na simpoziju pivovara naručiti Pepsi?"
Irac: „Ma … kad nećete vi pivo, neću ni ja."

Kroatisch	Deutsch
simpozij	Symposium
Irac	Ire

Übung 8.12

Erzählen Sie mit eigenen Worten den obigen Witz Ihrem Übungspartner oder Ihrem Kurs!

Nachfolgend sehen Sie eine Tafel über einem kleinen Geschäft in Biograd, Anlass für unsere letzte Übung in diesem Test.

Übung 8.13 Beschreiben Sie mündlich oder schriftlich, was Sie alles auf dem abgebildeten Schild erkennen können!

Vokabelliste zur 8. Lektion

Kroatisch	Deutsch
arhitekt	Architekt
bižuterija	Modeschmuck
bogat /-a/-o	reich
diskoteka	Diskothek
gora	Berg, Gebirge
gornji /-a/-e	obere(r), Ober~
igračka	Spielzeug
institucija	Institution
katedrala	Kathedrale
kazalište	Theater
kula	Turm
lokalni /-a/-o	lokal, örtlich
među (+Instr)	zwischen, unter
melodija	Melodie
nadležan /-žna /-o	zuständig, kompetent
narodan /-dna/-o	volkstümlich, Volks~
neogotički /-a/-o	neugotisch
noćni /-a/-o	nächtlich, Nacht~
obala	Ufer, Küste
objaviti (pf)	bekannt geben, veröffentlichen
obrt	Handwerk
oprema	Ausrüstung, Ausstattung
orah	Nuss
osnivanje	Gründung
park	Park
paviljon	Pavillon
ponos	Stolz
popis	Verzeichnis
posjet	Besuch
pozdrav	Gruß
predsjednik	Präsident
projekt	Projekt
republika	Republik
rijeka	Fluss
sabor	Parlament
šetalište	Spazierweg, Promenade
simbol	Symbol
simpozij	Symposium
sjedište	Sitz
snaći, snađem ~ se	betreffen sich zurechtfinden
strpljivost (f)	Geduld
suvenir	Souvenir
sveučilište	Universität
trenirati	trainieren
umjetnost (f)	Kunst
velegrad	Großstadt
vic	Witz
vlada	Regierung
vrijediti	wert sein, sich lohnen
zdenac	Brunnen
znamenje	Wahrzeichen
znanstven /-a/-o	wissenschaftlich

9. Plitvička jezera – Plitwitzer Seen

Plitvička jezera – Konversation

Već je 20:00 sati. Obitelj Berger je u apartmanu. Jasmina se sprema za večernji izlazak i naslućuje se da će doći do konflikta.

Klaus: Jasmina, zašto se tako dotjeruješ? Izlaziš li večeras?

Jasmina: Naravno, u Filipjakov. Je li to problem?

Klaus: Nema problema ako se ne vratiš kasno kao zadnji put. Vrati se najkasnije do 22:00 sata!

Jasmina: Ali tata, sada imam ferije!

Klaus: Da, ali sutra rano oko 6:00 sati idemo na Plitvice.

Kroatisch	Deutsch
Plitvice (f, Pl)	Plitwitze
Plitvički /-a/-o	Plitwitzer
naslućivati (se) (ipf), naslućujem	(er)ahnen, vorausahnen
konflikt	Konflikt
dotjerivati (ipf), dotjerujem	einrichten, ausfeilen
~ se	sich herrichten
ferije (f, Pl)	Ferien

Jasmina: Što kažeš? Zašto mi to tek sada kažeš? Čija ideja je to bila?

Monika: Samo polako! To smo se tek prije dva sata sa Brigittom i Gerhardom dogovorili a ti si opet kao i uvijek bila sa Danielom.

Jasmina: Ali zašto moramo krenuti tako rano?

Klaus: Zato što Plitvice leže više od sto kilometara zračne linije sjeverno odavde. Vožnja do tamo će sigurno trajati više od dva ili čak tri sata.

Kroatisch	Deutsch
linija	Linie
čak	sogar

Jasmina: Ali što ima zanimljivo na Plitvicama?

Klaus: Kao što već znaš, bio sam sa Gerhardom u Zadru u jednom internet-kafiću. Tamo smo pogledali jednu stranu o Plitvičkim jezerima. Tamo je nacionalni park sa predivnom prirodom. Bilo bi šteta kad to ne bismo vidjeli.

Jasmina: Ide li bar Daniel sa nama?

Monika: Možeš ga pitati.

Klaus: U svakom slučaju probudit ću te nekoliko minuta prije šest. Poslije možeš u autu dalje spavati.

Kroatisch	Deutsch
probuditi (pf)	(auf)wecken
odmorište	Rastplatz
izlaz	Ausgang, Ausfahrt

Slijedećeg jutra. Obitelj Berger je već jedan sat na autocesti.

Monika: Pogledaj, Klause! Još jedan kilometar onda dolazi jedno odmorište. I odmah poslije izlaz za Plitvice.

Klaus: Odlično, tamo bismo mogli konačno doručkovati.

Denis: Smijem li probuditi Jasminu?

Monika: Da, ali ne budi grub prema njoj!

Poslije doručka se Jasmina već bolje osjeća.

Jasmina: Zašto nismo krenuli na izlet jednim autom?

Klaus: Zato što bi daleka vožnja bila neudobna.

Kroatisch	Deutsch
grub /-a/-o	grob, derb
neudoban /-bna/-o	unbequem, ungemütlich
razgledati	betrachten, besichtigen
razgledanje	Besichtigung
prenoćiti	übernachten

Monika: Osim toga Brigitte i Gerhard žele poslije razgledanja Plitvičkih jezera još razgledati nacionalni park Paklenica i namjeravaju tamo prenoćiti.

Jasmina: Smijem li ići sa njima u taj park?

Monika: Vidi samo, iznenada se zanimaš za nacionalne parkove. Ne, ja mislim da je ipak bolje da ostaneš sa nama.

Jasmina: Ali zašto?

Monika: Zato što ... mislim da ti dobro znaš zašto.

Nekoliko kilometara prije Plitvica Klaus se živcira zbog jednog vozača koji ih je upravo pretekao.

Klaus: Vidi ovu budalu!

Monika: Zašto je on budala? Samo zato što te je pretekao?

Klaus: Ne, nego zato što je ovdje radarska kontrola i on je sigurno prebrzo vozio.

Kroatisch	Deutsch
preteći, pretečem	übertreffen, überholen
budala (m)	Dummkopf
radarski /-a/-o	Radar~
kontrola	Kontrolle
zaustaviti (pf)	anhalten
kazna	Strafe

Malo kasnije policijska kontrola je zaustavila obitelj Berger.

Policajac: Dobro jutro! Molim Vaše isprave!

Klaus: Izvolite. Ali ja nisam brzo vozio?

Policajac: Ne, ali Vi ste vozili bez svjetla.

Klaus: Oh, oprostite! Prije smo bili na jednom odmorištu i onda sam zaboravio upaliti svjetlo.

Policajac: Hmm, zapravo biste trebali platiti kaznu. Kamo ste krenuli?

Monika: Želimo ići na Plitvička jezera.

Policajac: Plitvička jezera bi stvarno trebalo vidjeti. U redu. Vozite dalje! Ali ovog puta sa svjetlom!

Klaus: Naravno. Hvala!

Najzad je obitelj Berger stigla na Plitvička jezera. Ali nigdje nema traga od njihovih prijatelja.

Klaus: Mislim da je Gerhard otišao nekoliko kilometara dalje prema sjeveru gdje se nalazi drugi ulaz.

Monika: Nazovimo ga onda mobilnim telefonom i dogovorimo se da se sretnemo u parku!

Klaus: Dobra ideja. Idemo prema blagajni!

U nacionalnom parku Plitvička jezera Monika vadi iz torbe turistički vodič i čita.

Monika: *Područje Plitvičkih jezera leži oko 140 km južno od Zagreba nedaleko od granice sa Bosnom. Područje je već 1949 proglašeno nacionalnim parkom i ubraja se u najljepše prirodne znamenitosti Europe. Godine 1979 su Plitvička jezera, među prvima u svijetu, uvrštena u Popis svjetske baštine (UNESCO). To je šumoviti planinski kraj kroz koji se, jedno ispod drugog, niže 16 prekrasnih jezera kristalne modrozelene boje. Vodom ih pune mnoge rječice i potoci, međusobno su spojena pjenušavim kaskadama i šumnim slapovima. Tijekom tisućljeća voda ovih jezera je kršila, nagrizala i otapala stijene i korita kojima je tekla.*

Jasmina: Dosta! Ja već čujem šum slapova! Moj ruksak je težak. Da li bi ga netko mogao nositi?

Klaus: Koga tražiš? Možda slugu?

Jasmina: U redu. Nadam se da ćemo uskoro sresti Daniela i njegove roditelje.

Denis: Žedan sam.

Klaus: Jesi li već popio svoju Colu? Onda pogledaj oko sebe! Ovdje ima dovoljno vode koju možeš piti.

Denis: Je li to pitka voda?

Jasmina: Ihhh, tu su svuda životinje u vodi!

Kroatisch	Deutsch
najzad	endlich
nigdje	nirgendwo
trag	Spur, Fährte
sjever	Norden
vaditi	herausnehmen
područje	Gebiet
južni /-a/-o	südlich
granica	Grenze
proglasiti	bekannt machen, proklamieren
ubrajati (ipf)	mitzählen, dazu rechnen
uvrstiti	einreihen
baština	Erbe
šuma	Wald
šumovit /-a/-o	bewaldet
planinski /-a/-o	gebirgig
nizati, nižem	(auf)reihen
krasan /-sna/-o prekrasan	herrlich, prächtig wunderschön
kristalan /-lna/-o	kristallen
modrozelen /-a/-o	blaugrün
rječica	Flüsschen
potok	Bach
puniti	füllen
međusobno	wechselseitig
spojiti	verbinden
pjenušav /-a/-o	schaumig, Schaum~
kaskada	Kaskade
šum	Rauschen
šuman /-mna/-o	rauschend
slap	Wasserfall
tijekom	im Laufe des/der
tisućljeće	Jahrtausend
kršiti	(ab)brechen
nagrizati	anbeißen, (ver)ätzen
otapati	(auf)lösen, schmelzen
stijena	Fels(wand)
korito	Trog, hier: Flussbett
teći, tečem	fließen, strömen
ruksak	Rucksack
sluga (m)	Diener

Klaus: Denise, ne budi kukavica! Te male životinje neće ti ništa učiniti! I sigurno ih nećeš progutati.

Denis ublažuje žeđ izvrsnom i čistom vodom i pješačenje kroz prirodu ide dalje. Najzad obitelj Berger sreće svoje prijatelje.

Monika: Lijepo što smo vas na kraju našli!

Gerhard: Stvarno smo pomislili da ste naišli na divljeg medvjeda.

Klaus: Na sreću nismo. Ali recite, zar nije ovdje predivno?

Svi: Da!

Klaus: I sada stižemo na jedno jezero koje mi se vrlo sviđa i tome se osobito radujem.

Kroatisch	Deutsch
pitak /-tka/-o	trinkbar, Trink~
svud(a)	überall
životinja	Tier
kukavica (m)	Kuckuck, Feigling
progutati	(ver)schlucken
ublaživati (ipf), ublažujem	lindern, mildern
žeđ (f)	Durst
pješačenje	Wanderung
pomisliti	denken, sich vorstellen
naići, naiđem (pf) nailaziti (ipf)	begegnen, antreffen
divlji /-a/-e	wild
medvjed	Bär
osobito	besonders

Slapovi na Plitvičkim jezerima

Slika: Otto Rall

Gerhard:	Kako to misliš?
Klaus:	Ovo jezero se zove Kaluđerovac. Ovdje je 1962 snimljen film „Blago u srebrenom jezeru" po romanu Karla Maya. Stvarno. To je bio jedan od prvih filmova koji sam vidio u kinu.
Gerhard:	Stvarno?
Klaus:	Vidiš li na suprotnoj strani obale onu špilju gore blizu vode?
Gerhard:	Naravno.
Klaus:	Tamo je u filmu bilo skriveno blago.
Jasmina:	To mi sad ne pomaže zato što sam previše umorna!
Monika:	Bez brige! Uskoro stižemo do drugog jezera. Tamo možemo ići dalje električnim čamcem.
Denis:	Električni čamac?
Klaus:	Da, zbog zaštite prirode. Kasnije ćemo se voziti električnim vlakom i bez stresa uživati u predivnoj prirodi.
Jasmina:	Hvala bogu! Tu su Hrvati stvarno mnogo doprinijeli za zaštitu prirode a i meni to sada dobro dođe za moje umorne noge.

Kroatisch	Deutsch
blago	Schatz
srebren /-a/-o	silbern, Silber~
po (+Dat)	hier: nach
roman	Roman
suprotan /-tna/-o	entgegengesetzt
špilja	Höhle, Grotte
gore	oben, oberhalb
skriven /-a/-o	versteckt, verborgen
elektičan /-čna/-o	elektrisch
zaštita	Schutz
vlak	Zug
stres	Stress
doprinijeti, doprinesem	beitragen

Slika: Heide Scheck

Grammatik und Übungen

Das Relativpronomen koji /-a/-e (welcher /welche/welches)

Wie im Deutschen wird dieses Pronomen häufig zur Einleitung eines Nebensatzes verwendet. Das Relativpronomen bezieht sich dabei auf ein Satzglied im Hauptsatz. Im aktuellen Lektionstext lesen wir beispielsweise:

... Klaus se živcira zbog jednog vozača koji ih je upravo pretekao. – ... Klaus regt sich wegen eines Fahrers auf, der sie gerade überholt hat.

Die Deklination des Relativpronomens sollte uns nicht schwer fallen, denn wir orientieren uns an der schon bekannten Deklination der Adjektive. Allerdings signalisiert der palatale Konsonant j, dass in den maskulinen und neutralen Formen der Vokal o wieder einmal zu e wird. Am besten lernen Sie die Deklination anhand der folgenden Tabelle.

Die Deklination des Relativpronomens koji

Fall	Singular			Plural		
Nom	koji	koja	koje	koji	koje	koja
Gen	kojeg/kog	koje	kojeg/kog	kojih		
Dat	kojem/kom	kojoj	kojem/kom	kojim		
Akk	ko(je)g/koji	koju	koje	koje	koje	koja
Lok	kojem/kom	kojoj	kojem/kom	kojim		
Instr	kojim	kojom	kojim	kojim		

Wie Sie sicher erkannt haben, unterscheidet man bei den maskulinen Formen im Akkusativ Singular wieder einmal, ob das Relativpronomen für ein Lebewesen (kojeg) steht oder nicht (koji). Außerdem können Sie wieder Kurzformen (z.B. kog anstelle von kojeg) verwenden, insbesondere im gesprochenen Kroatisch. Jetzt sind Sie gerüstet für die ersten Aufgaben.

Übung 9.1

Deklinations-Pingpong

Üben Sie wie gewohnt die Deklination des Relativpronomens, am besten im Wechsel mit einem Partner!

Übung 9.2

Ergänzen Sie in den Lücken die grammatikalisch korrekte Form des Relativpronomens koji!

1. Klaus je probudio Jasminu .... je dugo spavala.

2. Pogledao sam vašu kuću iza .... se nalazi mali vrt.

3. Marija sreće Danicu s .... želi ići u grad.

4. Turisti su pogledali crkve o .... su puno čitali u vodiču.

5. Klaus gleda slike znamenitosti .... je snimio u Zadru.

6. Ivana je studentica .... je Sanju posjetila.

7. Tamo je selo o .... sam ti već pričao.

8. Denis je potražio djecu s .... je igrao nogomet.

9. Darko je kod svog šefa .... je vrlo zadovoljan s njim.

10. Jure prilazi turistima .... želi ponuditi apartmane u svojoj kući.

11. Vesna je kod prijatelja .... je posudila jednu knjigu.

12. Jasmina ide do Wolfgangove jedrilice pokraj .... je jedan gumeni čamac.

Kroatisch	Deutsch
posuditi	(aus)leihen
gumen /-a/-o	Gummi~
gumeni čamac	Schlauchboot

13. Je li to bio tvoj prijatelj s .... sam te jučer vidio?

Übung 9.3

Übersetzen Sie schriftlich oder mündlich die Sätze der Übung 9.2!

Übung 9.4

Nehmen Sie sich ein Blatt Papier zur Hand und setzten Sie bei den Sätzen 4, 5, 7, 8, 9, 10, 11 und 13 der Übung 9.2 das Substantiv, auf das sich das Relativpronomen bezieht, vom Singular in den Plural bzw. umgekehrt! Wählen Sie dann natürlich auch die entsprechende Form des Relativpronomens und verändern Sie, falls erforderlich, auch die Verbform! Als Beispiel dient der neue Satz 2.

Pogledao sam **vaše kuće** iza **kojih** se **nalaze mali vrtovi**.

Oft kann man das Relativpronomen durch das Fragepronomen što (was) ersetzen, vor allem im Nominativ. Schon im ersten Band hat Klaus Monika gefragt:

    Je li sve što još trebamo u torbi?   - Ist alles, was wir noch brauchen, in der Tasche?

Vor allem wird što dann verwendet, wenn sich das Relativpronomen auf den gesamten Hauptsatz anstelle eines Satzglieds beziehen soll.

    Jasmina nije povela Denisa **što** - Jasmina hat Denis nicht mitgenommen,
    nije baš bilo lijepo od nje.   was nicht gerade schön von ihr war.

Auch andere Fragepronomina wie etwa gdje (wo) können zur Einleitung eines Relativsatzes verwendet werden. Im Deutschen sieht das übrigens nicht anders aus. Auch dazu geben wir Ihnen ein Beispiel.

    Monika otvara torbu **gdje** se - Monika öffnet die Tasche, wo sich die
    nalazi krema za sunce.   Sonnencreme befindet.

Der letzte Beispielsatz hätte natürlich auch unter Verwendung des Relativpronomens koji formuliert werden können: Monika otvara torbu **u kojoj** se nalazi krema za sunce.

Übung 9.5

Wir geben Ihnen zwei Sätze auf Deutsch vor. Bilden Sie daraus auf Kroatisch einen einzigen Satz mit Haupt- und Relativsatz! Dazu geben wir Ihnen ein Beispiel, um es Ihnen etwas leichter zu machen.

Klaus betrachtet Jasmina. Jasmina schwimmt mit Daniel im Meer.
Klaus promatra Jaminu koja pliva u moru sa Danielom.

KROATISCH LERNEN? NEMA PROBLEMA! BAND 2

1. Familie Berger ist in Zadar. Zadar hat einen schönen alten Stadtteil. - ....
   ....

2. Klaus fährt an die Plitwitzer Seen. Dort befindet sich ein großer Nationalpark. - ....
   ....

3. Täglich treffe ich Neno. Heute gehe ich mit ihm ins Kino - ....
   ....

4. Familie Berger befindet sich an einem See. Auf diesem fährt ein Elektroboot. - ....
   ....

5. Wir warten auf den Zug. Wir wollen mit ihm nach Zagreb fahren. - ....
   ....

6. Vesna und Nada treffen ihre Lehrer. Erst gestern haben sie über sie gesprochen. - ....
   ....

7. Jasmina geht mit ihrem Freund segeln. Das war eine gute Idee. - ....
   ....

8. Gerhard und Brigitte haben den Nationalpark Paklenica besichtigt. Dieser ist nicht weit von

   der Küste gelegen. - ....
   ....

Wie im Deutschen wird koji auch als Fragepronomen (vornehm: Interrogativpronomen) verwendet. Vor unserer nächsten kleinen Übung zwei Beispiele:

    Koji čovjek je to uradio?   - Welcher Mann hat das gemacht?
    Koja studentica stanuje u Zadru? - Welche Studentin wohnt in Zadar?

Wie Sie sehen, benötigt in diesem Fall koji zusätzlich ein Substantiv (čovjek, studentica), nach dem es sich auch in seiner Form richtet – genau wie im Deutschen.

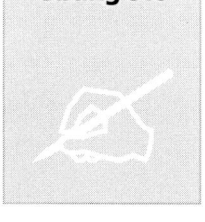

Übung 9.6

Übersetzen Sie die folgenden Fragen ins Kroatische!

1. Welches ist Wolfgangs Segelboot? - ....
2. Welches Kind hat meine Liege mitgenommen? - ....

3. In welcher Straße befindet sich das Internet-Cafe? - ....

....

4. Mit welchem Schlüssel kann ich diese Tür öffnen? - ....

....

5. Welchem Gast hat der Kellner kalte Suppe serviert? - ....

....

6. In welchem Restaurant haben wir gestern gegessen? - ....

....

7. Mit welchen Kindern möchte Zdravko am liebsten spielen? - ....

....

8. Welches sind die schönsten Campingplätze an der Adria? - ....

....

9. Mit welchem Bus müssen wir fahren? - ....

Nach so viel schriftlicher Arbeit wird es Zeit, dass Sie wieder selbst einige zusammenhängende Sätze sprechen.

Übung 9.7

Rollenspiel: Spielen Sie mit einem Partner eine (oder mehrere) der folgenden Szenen nach! Gestalten Sie Ihre Rolle möglichst frei!

Klaus und Jasmina diskutieren, ob und wie lange Jasmina noch ausgehen darf. Klaus wird von der Polizei angehalten, weil er ohne Licht fährt (zu schnell gefahren ist). Gerhard und Brigitte wundern sich, wieso sie ihre Freude noch nicht gefunden haben und stellen Vermutungen an, was passiert sein könnte.

Das Pronomen čiji /-a/-e (wessen, wem gehörend)

Wie schon die deutsche Übersetzung zeigt, wird dieses Pronomen verwendet, wenn nach einem Besitzer gefragt wird. Es ist Ihnen sicherlich klar, dass sich auch dieses Pronomen in seinen Formen nach dem Bezugswort richten muss. In der aktuellen Lektion hat Jasmina beispielsweise die etwas provozierende Frage gestellt:

Čija ideja je to bila?   -   Wessen Idee war das?

Wie das Beispiel zeigt, richten sich auch die Formen des Pronomens čiji nach dem zugehörigen Substantiv. In der folgenden kleinen Übung sollen Sie selber entsprechende Fragesätze unter Verwendung des Pronomens čiji (in der richtigen grammatikalischen Form) bilden.

Übung 9.8

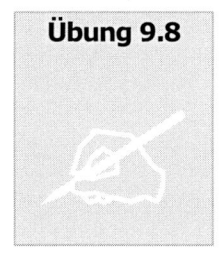

Übersetzen Sie die folgenden Fragesätze ins Kroatische!

1. Wessen Boot ist das hier? - ....
2. Wessen Kind hat mein Auto beschädigt? - ....

....

Kroatisch	Deutsch
oštetiti (pf)	beschädigen

3. Wessen Bücher liegen auf dem Boden? - ....
4. Wessen Uhr zeigt die genaue Zeit? - ....

Das Pronomen čiji kann (in Verbindung mit einem zugehörigen Substantiv) auch in Relativsätzen verwendet werden. Im Deutschen wird čiji dann mit dessen (deren, f) übersetzt. Auch dazu haben wir ein Beispiel auf Lager.

Vidjeli smo Juru, čiji autokamp je vrlo lijep. - Wir haben Jure gesehen, dessen Campingplatz sehr schön ist.

Wir müssen noch eine Anmerkung zur Stellung des Hilfsverbs biti in Nebensätzen wie dem obigen machen. In unserem Beispiel haben wir uns an der Satzstellung orientiert, wie wir sie vom Deutschen her kennen. Allerdings haben wir schon im ersten Band festgehalten, dass die Formen von biti bevorzugt an zweiter Stelle im Satz stehen. Auch wenn uns das vom Deutschen her etwas gegen den Strich geht, sehen die Relativsätze mit čiji im Kroatischen oft auch so aus:

Vidjeli smo Juru, **čiji je autokamp** vrlo lijep.

Dekliniert wird čiji übrigens genauso wie koji, so dass eine weitere Tabelle nicht nötig ist.

Übung 9.9

Deklinations-Pingpong

Deklinieren Sie wie gewohnt das Pronomen čiji!

Übung 9.10

Ergänzen Sie die folgenden Sätze durch die passende Form von čiji!

Übersetzen Sie anschließend die Sätze mündlich (oder schriftlich auf einem separaten Blatt Papier) ins Deutsche!

Kroatisch	Deutsch
pejzaž	Landschaft

1. Posjetili smo nacionalni park .... je pejzaž prekrasan.
2. Zadar je jedan stari grad .... znamenitosti su posjetili već mnogi turisti.

3. Jučer sam vidjela Josipa s .... sestrom ću ići na odmor.

4. Mogu ti preporučiti ovog profesora iz .... knjige sam puno naučio.

5. Obitelj Berger je u apartmanu sa .... balkona ima divan pogled na more.

6. Znaš li u .... novčaniku se nalazi naš novac?

7. Roger Federer je tenisač .... su uspjesi legendarni.

Kroatisch	Deutsch
legendaran /-rna/-o	legendär

8. Obitelj Berger je stigla na jezero Kaluđerovac u .... blizini se nalazi poznata špilja.

Deklination der Maskulina auf –a, –o und -io

Im Konversationstext dieser Lektion traten mit budala (Dummkopf), kukavica (Feigling) und sluga (Diener) erstmals Substantive auf, die maskulin sind, obwohl sie auf den Vokal –a enden. Auch manche Berufsbezeichnungen wie drvodjelja (Zimmermann) oder aus Fremdsprachen abgeleitete Wörter wie kolega (Kollege) oder poeta (Dichter, Poet) zählen zu dieser Gruppe. Sie werden konsequent wie die Feminina dekliniert; also sieht unsere Tabelle wie folgt aus.

Die Deklination der Maskulina auf -a		
Fall	Singular	Plural
Nom	budala	budale
Gen	budale	budala
Dat	budali	budalama
Akk	budalu	budale
Vok	budalo	budale
Lok	budali	budalama
Instr	budalom	budalama

Das war gewiss keine Hexerei. Aufpassen müssen wir jedoch, wenn sich ein Adjektiv (oder Pronomen) zu diesem maskulinen Substantiv gesellt. Wir merken uns:

Ein **Adjektiv** zu einem **Maskulinum auf –a** hat im

Singular	**Plural**
maskuline Formen	**feminine Formen**
dobar sluga	dobre sluge

Daher hat sich auch Klaus im Lektionstext (grammatikalisch) völlig korrekt mit den Worten

Vidite, onaj budala!   - Schaut nur, dieser Dummkopf!

über den zu schnell fahrenden Autofahrer aufgeregt. Bei der folgenden Übung wiederholen Sie nebenbei noch einmal die Deklination der Adjektive und Pronomina.

Übung 9.11

Übersetzen Sie die folgenden Sätze ins Kroatische!

1. Sie haben einen ausgezeichneten Diener. - ....

2. Können Sie mir Ihre Kollegen zeigen? - ....

3. Ich möchte meinen alten Kollegen Geschenke aus Zadar mitbringen. - ....

....

4. Wie können wir aus diesem Feigling einen Helden machen? - ....

....

Maskuline Substantive auf –ao wie posao (Gen posla, Pl poslovi) haben wir schon im ersten Band behandelt. Diese endeten früher auf –al, so dass ein bewegliches a existiert. Ansonsten werden diese ebenso dekliniert wie die Substantive, die auf einen Konsonanten enden.

Etwas anders verhält es sich mit Substantiven auf –o oder -io, die sich von Fremdwörtern ableiten, wie etwa auto, vaterpolo oder radio. Unsere Tabellen enthalten die notwendigen Informationen.

Die Deklination von auto		
Fall	*Singular*	*Plural*
Nom	auto	auti
Gen	auta	auta
Dat	autu	autima
Akk	auto	aute
Vok	auto	auti
Lok	autu	autima
Instr	autom	autima

Die Deklination von radio		
Fall	*Singular*	*Plural*
Nom	radio	radiji
Gen	radija	radija
Dat	radiju	radijima
Akk	radio	radije
Vok	radio	radiji
Lok	radiju	radijima
Instr	radijom	radijima

Bei Substantiven wie auto sehen wir, dass, bis auf den stets gleich bleibenden Nominativ, Akkusativ und Vokativ (Singular), lediglich das endständige –o gestrichen wird und dann die Endungen Verwendung finden, die wir von der Deklination der „üblichen" maskulinen

Substantive schon kennen. Bei den Substantiven auf –io wird in allen Fällen (außer Nom, Akk, Vok Sg) der Konsonant j eingeschoben.

Deklination der Maskulina auf andere Vokale

Substantive fremder Herkunft auf –i, wie beispielsweise Verdi oder Suzuki, werden wie radio unter Einschieben des Konsonanten j vor der Endung dekliniert, also Suzuki, Suzukija, Suzukiju, Suzuki, …

Außerdem gibt es maskuline Fremdworte, die auf –u, –e oder gar auf –y enden, obwohl es den Konsonanten y im kroatischen Alphabet gar nicht gibt. In diesen Fällen werden einfach die passenden Endungen angehängt, auch wenn dies beim Sprechen (für deutsche Ohren) seltsam klingt. Ein Beispiel in Form des berühmten Apachenhäuptlings gefällig? Winnetou, Winnetoua, Winnetouu, Winnetoua, …

Wir werden Sie nicht allzu intensiv mit diesen Sonderfällen der Deklination behelligen. Aber schließlich sind Sie mit dem Lernen des Kroatischen schon weit genug vorangeschritten, um beispielsweise kroatische Zeitschriften zu lesen oder Annoncen zu studieren. Dann werden Sie unweigerlich mit der Deklination von Fremdwörtern konfrontiert.

Übung 9.12

Übersetzen Sie die folgenden Sätze ins Kroatische!

1. Der Reifen dieses Autos ist beschädigt. - ....

2. Tosca ist eine Oper Giacomo Puccinis. - ....

Kroatisch	Deutsch
opera	Oper

3. Branka hat eine interessante Sendung über Verdi im Radio gehört. - ....

4. Warum fahren wir nicht mit dem Zug, sondern mit unseren Autos zu den Plitwitzer Seen? – ....

5. Bist du schon in Tokio gewesen? - ....

6. Ist Lima die Hauptstadt von Peru? - ....

7. In der Jugend habe ich viele Bücher Karl Mays gelesen. - ....

― ― ― ― ― ― ― ― ― ― ― ― ― ― ― ― ―

Sie haben sich eine kleine Erholung in Form eines Sprichworts verdient. In diesem kommen sogar drei maskuline Substantive auf –a vor.

Sprichwort

Radije bih bio optimista i budala nego pesimista i u pravu.

Kroatisch	Deutsch
optimist(a) (m)	Optimist
pesimist(a) (m)	Pessimist

Himmelsrichtungen

In der aktuellen Lektion haben sich Klaus und Gerhard zunächst verfehlt, weil der eine Eingang zu den Plitwitzer Seen nördlich (sjerverni /-a/-o) vom anderen liegt. Wir merken uns die kroatischen Namen für Himmelsrichtungen und die der zugehörigen Adjektive anhand der folgenden Tabelle.

sjever / sjeverni	istok / istočni	jug / južni	zapad / zapadni
Norden / nördlich	Osten / östlich	Süden / südlich	Westen / westlich

Möchten Sie eine Richtung noch genauer angeben? Kein Problem! Beispielsweise wird der Nordwesten mit sjeverozapad bezeichnet. Offensichtlich verbindet der Vokal o die beiden Namen der Himmelsrichtungen.

Zusammensetzen von Himmelsrichtungen

sjever → sjever**o**zapad ← zapad

In gleicher Weise werden auch die Adjektive gebildet, beispielsweise sjeverozapadni (nordwestlich). Beachten Sie, dass man bei der Kennzeichnung der geographischen Lage die entsprechenden Adverbien verwenden muss!

Biograd je smješten 30 kilometara jugoistočno od Zadra. — Biograd liegt 30 Kilometer südöstlich von Zadar.

Übrigens: Wir behandeln in unserem Wiederholungsteil am Ende dieser Lektion in aller Kürze Adjektive und den Unterschied zu Adverbien.

Wir müssen uns noch merken, dass sowohl zur Angabe der Richtung (nach Norden) als auch des Orts (im Norden) die Präposition na verwendet wird. Zur Kennzeichnung der Ausgangslage dient die Präposition sa (von Norden aus).

Angabe

der Himmelsrichtung	des Orts	der Ausgangslage
na + Akkusativ	na + Lokativ	s(a) + Genitiv
na sjever – nach Norden	na sjeveru – im Norden	sa sjevera – von Norden

KROATISCH LERNEN? NEMA PROBLEMA! BAND 2

Übung 9.13

Übersetzen Sie die folgenden Sätze ins Kroatische!

	Kroatisch	Deutsch
1. Istrien ist eine Halbinsel im Westen Kroatiens. –	Istra	Istrien

....

2. Osijek liegt im Nordosten Kroatiens. – ....

3. Wir fahren von Süden nach Norden. – ....

4. Slowenien liegt westlich von Kroatien. – ....

5. Karlovac liegt 50 km südwestlich von Zagreb. – ....

6. Wie viele Kilometer nördlich von Heidelberg liegt Frankfurt? – ....

....

Übung 9.14

Bilden Sie aus den angegebenen Stichwörtern sinnvolle Sätze!

1. upaliti, Klaus, zaboraviti, odmorište, svjetlo – ....
....

2. živcirati se, Klaus, budala, preteći – ....
....

3. područje, Zagreb, ležati, Plitvička jezera, 140 km, južni – ....
....

4. tražiti, Jasmina, ruksak, sluga, – ....
....

5. nacionalni park, divlji, imati, medvjed, puno – ....
....

KROATISCH LERNEN? NEMA PROBLEMA! BAND 2

6. skriven, blago, špilja, roman, Karl May - ....
....

Übung 9.15

Lesen Sie nochmals aufmerksam den Text der Lektion und beantworten Sie dann, wie immer auf Kroatisch, die folgenden Fragen!

1. Zašto je Jasmina zlovoljna?
2. Kako je Klaus došao na ideju ići na Plitvice?
3. Koliko dugo traje vožnja do Plitvičkih jezera?
4. Zašto obitelj Berger ide na odmorište?
5. Zašto obitelji ne idu jednim autom?
6. Zašto se Klaus uzbuđuje?
7. Što se dogodilo u blizini Plitvičkih jezera?
8. Zašto obitelj Berger ne može naći Gerharda i njegovu obitelj?
9. Gdje su smještena Plitvička jezera?
10. Koliko jezera čini nacionalni park?
11. Što stoji u vodiču o vodi tih jezera?
12. Koji problem ima Jasmina kad ide kroz nacionalni park?
13. Zašto je Denis žedan? Što mu Klaus preporučuje?
14. Što mislite: Da li se bez brige može piti voda Plitvičkih jezera?
15. Što mislite: Ima li medvjeda na Plitvičkim jezerima?
16. Jesu li medvjedi opasni za ljude? Utemeljite Vaše mišljenje!
17. Što Klaus priča o filmu „Blago u srebrenom jezeru"?
18. Što nudi nacionalni park turistima koji neće ići pješice?

Kroatisch	Deutsch
uzbuđivati (se) (ipf), uzbuđujem	(sich) aufregen

Kroatisch	Deutsch
utemeljiti	begründen

Wiederholung (9)

Im Unterschied zu einem Adjektiv, das sich stets nach einem Substantiv richtet und es näher charakterisiert, beschreibt ein Adverb, wie sein Name schon ausdrückt, ein Verb. Eine (wie auch immer geartete Tätigkeit) wird durch ein Adverb präzisiert. Es gibt Antwort auf die Frage: Wie/in welcher Weise geschieht etwas? Ein Beispiel:

    Nataša gleda **dugo** televiziju.   - Natascha schaut lange fern.

Adverbien stimmen, wie im ersten Band (Seite 109) genauer beschrieben, in ihrer Form mit dem Neutrum des betreffenden Adjektivs überein. Das sollte als Kurzinformation genügen.

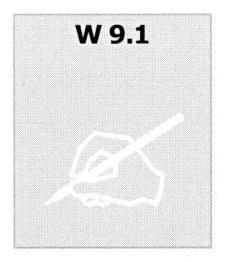

W 9.1

Übersetzen Sie die folgenden Sätze ins Kroatische!

1. Brigitte kann ausgezeichnet kochen. - ....

2. Das hast du gut gemacht. - ....

3. Die Polizei hat Klaus schnell geholfen. - ....

4. Ich kann mich nicht genau erinnern. - ....

5. Jasmina hat beim Tennisturnier nicht schlecht gespielt. - ....
....

6. Wolfgang fährt mit seinem Segelboot langsam vom Liegeplatz ab. - .....
....

Vokabelliste zur 9. Lektion

Kroatisch	Deutsch
baština	Erbe
blago	Schatz
budala (m)	Dummkopf
čak	sogar
divlji /-a/-e	wild
doprinijeti, doprinesem	beitragen
dotjerivati (ipf), dotjerurem	einrichten, ausfeilen
~ se	sich herrichten
eletičan /-čna/-o	elektrisch
ferije (f, Pl)	Ferien
gore	oben, oberhalb
granica	Grenze
grub /-a/-o	grob, derb
gumen /-a/-o	Gummi~
gumeni čamac	Schlauchboot
istočni /-a/-o	östlich, Ost~
istok	Osten
Istra	Istrien
izlaz	Ausgang, Ausfahrt
jug	Süden
južni /-a/-o	südlich, Süd~
kaskada	Kaskade
kazna	Strafe
konflikt	Konflikt
kontrola	Kontrolle
korito	Trog, hier: Flussbett
krasan /-sna/-sno	herrlich, prächtig
prekrasan	wunderhübsch
kristalan /-lna/-o	kristallen
kršiti	(ab)brechen
kukavica (m)	Kuckuck, Feigling
legendaran /-rna/-o	legendär
linija	Linie
međusobno	wechselseitig
medvjed	Bär
modrozelen /-a/-o	blaugrün
nadoknaditi	nachholen, ersetzen
nagrizati	anbeißen, (ver)ätzen
naići, naiđem (pf) nailaziti (ipf)	begegnen, antreffen
najzad	endlich
naslućivati (ipf), naslućujem	(er)ahnen, vorausahnen
neudoban /-bna/-o	unbequem, ungemütlich
nigdje	nirgendwo
nizati, nižem	(auf)reihen
odmorište	Rastplatz
opera	Oper
optimist(a) (m)	Optimist
osobito	besonders
oštetiti (pf)	beschädigen
otapati	(auf)lösen, schmelzen
pejzaž	Landschaft
pesimist(a) (m)	Pessimist

Plitvička jezera – Plitwitzer Seen

pitak /-tka/-o	trinkbar, Trink~
pjenušav /-a/-o	schaumig, Schaum~
pješačenje	Wanderung
planinski /-a/-o	gebirgig
Plitvice (f, Pl)	Plitwitze
Plitvički /-a/-o	Plitwitzer
po (+Dat)	hier: nach
područje	Gebiet
pomisliti	denken, sich vorstellen
posuditi	(aus)leihen
potok	Bach
prenoćiti	übernachten
preteći, pretečem	übertreffen, überholen
probuditi (pf)	(auf)wecken
proglasiti	bekannt machen, proklamieren
progutati	(ver)schlucken
puniti	füllen
radarski /-a/-o	Radar~
razgledanje	Besichtigung
razgledati	betrachten, besichtigen
rječica	Flüsschen
roman	Roman
ruksak	Rucksack
sjever	Norden
skriven /-a/-o	versteckt, verborgen
slap	Wasserfall
sluga (m)	Diener
špilja	Höhle, Grotte
spojiti	verbinden
srebren /-a/-o	silbern, Silber~
stijena	Fels(wand)
stres	Stress
šum	Rauschen
šuma	Wald
šuman /-mna/-o	rauschend
šumovit, -a/-o	bewaldet
suprotan /-tna/-o	entgegengesetzt
svud(a)	überall
teći, tečem	fließen, strömen
tijekom	im Laufe des/der
tisućljeće	Jahrtausend
trag	Spur, Fährte
ublaživati (ipf), ublažujem	lindern, mildern
ubrajati (ipf)	mitzählen, dazu rechnen
utemeljiti	begründen
uvrstiti	einreihen
uzbuđivati (se) (ipf), uzbuđujem	(sich) aufregen
vaditi	herausnehmen
vlak	Zug
zapad	Westen
zapadni /-a/-o	westlich, West~
zaštita	Schutz
zaustaviti (pf)	anhalten
žeđ (f)	Durst
životinja	Tier

10. Pisma iz Hrvatske – Briefe aus Kroatien

Pisma iz Hrvatske – Konversation

Obitelj Berger se poslije uspješnog dana vratila u apartman. Klaus, Denis i Jasmina su se raskomotili. Ulazeći u sobu Monika podsjeća svoju obitelj na njihove obaveze ...

Kroatisch	Deutsch
pismo	Brief
uspješan /-šna/-o	erfolgreich
raskomotiti se	es sich bequem machen
podsjećati	erinnern
obaveza	Verpflichtung
zar	etwa, vielleicht

Monika: Klause, trebali bismo zapravo napisati još nekoliko pisama.

Klaus: Zar nismo svima napisali razglednice?

Monika: Da, ali našim roditeljima još nismo napisali ni jedno pismo.

Klaus: Da, znam, oni bi se sigurno obradovali kad bi od nas dobili pismo.

Monika: Oni bi se osobito radovali kad bi dobili od Denisa barem jedno pismo.

Denis: Od mene?

Klaus: Da, od tebe. Ti si onaj koji uvijek dobija poklone od njih. Zato bi trebao sjesti pola sata i napisati im jedno pismo. To nije tako teško! Nitko ne traži od tebe da napišeš cijeli roman.

Denis: Zar se ne može bez toga?

Monika: Ti bi ih tvojim pismom mnogo obradovao.

Kroatisch	Deutsch
jednom	einmal
poruka	Botschaft, hier: SMS
privatan /-tna/-o	privat
indiskretan /-tna	indiskret
pisanje	Schreiben

Klaus: A Jasmina?

Monika: Ona bi isto mogla jednom umjesto kratkih mailova i poruka napisati pismo.

Jasmina: Oh, mora li to biti?

Monika: Da, to mora biti! Imaš li ideju komu bi mogla napisati pismo?

Jamina: Naravno, ali to je moja privatna stvar.

Monika: U redu. Nisam htjela biti indiskretna.

Jasmina: A vi? Komu ćete vi napisati pismo?

Monika: Napisat ću pismo svojoj prijateljici Sonji. Nju Hrvatska vrlo zanima.

Jasmina: Tata, zar ti nećeš pisati svojim prijateljima iz teniskog kluba?

Klaus: Ja ću radije pomoći Denisu u pisanju.

Mrmljajući kreću Denis i Jasmina na posao.

Denisovo pismo

Draga bako, dragi djede,

kako ste? Šteta što ste ostali kod kuće. Vama bi se ovdje sigurno dopalo. Lijepo smo se proveli. Skoro svakog dana igram nogomet sa prijateljima na plaži. Bili smo na izletu na Kornatima i vidjeli smo prave delfine. Tako rado bih plivao sa njima za okladu. U Biogradskoj luci sam pao u vodu ali se nisam povrijedio. Nije bilo ništa ozbiljno. Liječnici su mi pregledali glavu, oči, uši, nos, ruke, noge, leđa i sve je bilo u redu. Skoro svake večeri idemo u restoran. Tamo često dobijam ekstra veliku porciju pomfrita. Oprostite što vam ne mogu više pisati jer imam još puno obaveza. Radujem se što ćemo se uskoro vidjeti kod kuće. Djede, onda se možemo opet igrati mojom željeznicom.

Puno pozdrava od vašeg najdražeg unuka.

Denis

Napisavši pismo Denis izađe napolje.

Monikino pismo

Draga Sonja,

mi smo već duže od dva tjedna u Hrvatskoj. Stanujemo u jednom apartmanu kod jedne ljubazne obitelji koja nam u svemu rado pomaže. Ne znamo kako da im se zahvalimo za sve što su za nas učinili. Nije mi lako pisati vam o našem lijepom odmoru u Turnju jer znam da biste i vi rado ove godine bili ovdje na odmoru. Klaus i ja se odmaramo. Obično provodimo vrijeme na plaži, idemo plivati ili uživamo u miru ispod drveća. Išli smo na prelijepe izlete na Kornate i na Plitvička jezera. Da ste došli sa nama, sigurno bi se i Harryu bila svidjela priroda na Plitvičkim jezerima. On je kao i Klaus veliki obožavatelj starih filmova od Karla Maya. Imali smo malo neprilika kad smo bili na izletu na Kornatima. Pričajući sa kapetanom nismo primijetili kad je Denis iznenada nestao. Nepažnjom je pao u vodu u biogradskoj luci. Srećom su ga pronašli neki ljudi i odveli ga u bolnicu. Tamo ga je pregledao jedan ljubazni liječnik. Pričajući sa njim saznali smo da je studirao u Heidelbergu. Kakva slučajnost! Denisa je boljela glava. Popivši nekoliko tableta bilo mu je slijedećeg dana mnogo bolje. Jasmina me sada zabrinjuje. Postala je prava uvredljiva tinejdžerka. Često se buni i suprotstavlja svom ocu. Strašno nas nervira svojim neobičnim ponašanjem. Znam da ćeš sada pomisliti da ona nije više dijete. Ali se još često tako ponaša. Sprijateljila se sa Danielom. Uvijek ga zaljubljeno gleda a ja ne znam čemu sve to vodi. Daniel je ljubazni mladić ali on ima već 17 a Jasmina tek 13 godina. Skoro svake večeri se Brigitte

Kroatisch	Deutsch
oklada	Wette
ozbiljan /-jna/-o	ernst(haft)
pregledati	durchsehen, untersuchen
oko	Auge
nos	Nase
ruka	Hand
leđa (n, Pl)	Rücken
ekstra	extra
željeznica	Eisenbahn
unuk	Enkel
napolje	nach draußen
odmarati se (ipf)	sich erholen
obožavatelj	Bewunderer, Fan
neprilika	Unannehmlichkeit, Klemme
nepažnja	Unaufmerksamkeit
odvesti, odvedem	wegbringen, wegfahren
zabrinjavati (ipf), zabrinjujem	beunruhigen, Sorgen bereiten
postati (pf), postanem	werden, entstehen
uvredljiv /-a/-o	beleidigend, empfindlich
tinejdžerka	Teenagerin
buniti ~ se	aufwiegeln meutern
suprostavljati se (ipf)	sich widersetzen, trotzen
neobičan /-čna/-o	ungewöhnlich, seltsam
ponašanje	Benehmen, Verhalten
ponašati se	sich benehmen
sprijateljiti se	sich anfreunden
zaljubiti se	sich verlieben

ili ja raspravljamo sa njima. Uvijek im moramo postavljati granice. Uvijek žele ostati duže u disku nego što im mi dozvoljavamo. Ali o čemu ti ja pričam? Za dvije ili tri godine ćeš i ti imati isti problem sa svojom kćerkom. Budi sretna što je ona još mala i nije je uhvatio pubertet. Kako je Harry? Je li dobro podnio operaciju kuka? Želimo mu od sveg srca sve najbolje i brz oporavak! Nažalost se naš odmor bliži kraju i uskoro se vraćamo kući. Vrlo se radujemo što ćemo se uskoro vidjeti, zajedno piti kavu i na miru razgovarati.

Puno srdačnih pozdrava i od Klausa.

Monika

Jasminino pismo

Bok Katja,

iako sam ti već napisala nekoliko poruka, želim ti napisati još jedno pismo. Moji roditelji misle da je to dobra vježba za školu i da će se na taj način popraviti moj uspjeh u školi. Kakva besmislica! Strašno me nerviraju. Uvijek im nešto smeta kod mene, uvijek mi nešto brane, kao da sam ja malo dijete. Kad navečer idemo u restoran i ja želim poslije večere ići sa Danielom u disko, kažu da se moram vratiti do 23:00 sata. Ali noćni život tek tada pravo počinje. Osim toga izgleda da im se ne sviđa što se Daniel i ja zabavljamo. Iako je on tako sladak! Tebi isto sigurno nije uvijek lako sa tvojim strogim ocem. Inače je ovdje prelijepo. Ljubazni ljudi na plaži i jedan vrlo ljubazan stariji čovjek iz autokampa koji je Daniela i mene više puta provozao svojim čamcem. To je bilo cool. Prošlog vikenda sam sudjelovala na jednom teniskom turniru i osvojila treće mjesto. Isplatio se naš zajednički trening kod kuće. Kad se vratimo kući, pričat ću ti više o svemu a osobito o Danielu ...

Vidimo se uskoro

Jasmina

Kroatisch	Deutsch
raspravljati	verhandeln, diskutieren
postavljati (ipf)	aufstellen
disko	Disco
dozvoljavati	erlauben
pubertet	Pubertät
podnijeti (pf), podnesem	ertragen, aushalten
kuk	Hüfte
bližiti se	sich nähern
srdačan /-čna/-o	herzlich
iako	obwohl, wenn auch
sladak /-atka/-o	süß
vježba	Übung
braniti, branim	verbieten
zabavljati se (ipf)	sich vergnügen, amüsieren
strog /-a/o	streng, strikt
provozati	herumfahren, herumgondeln
prošli /-a/-o	vergangen
isplatiti (se)	(sich) auszahlen
zajednički /-a/-o	gemeinsam(es)
trening	Training

Grammatik und Übungen

Die Deklination von sav

Dieses Adjektiv kennen wir in der Formulierung *sve je u redu* schon aus dem ersten Band. Im aktuellen Text wünscht Monika *od svega srca* (von ganzem Herzen) dem Mann ihrer Freundin alles Gute. Wir lernen die Deklination von sav am besten wieder anhand einer Tabelle. Auf den Vokativ haben wir guten Gewissens verzichtet, da er wie so oft mit dem Nominativ identisch ist.

Die Deklination von sav						
	Singular			Plural		
	m	f	n	m	f	n
Nom	sav	sva	sve	svi	sve	sva
Gen	sveg(a)	sve	sveg(a)	svih		
Dat	svem(u)	svoj	svem(u)	svim(a)		
Akk	svega/sav	svu	sve	sve	sve	sva
Lok	svem(u)	svoj	svem(u)	svim(a)		
Instr	svim(e)	svom	svim(e)	svim(a)		

Die meisten Endungen werden Ihnen von der Deklination der Adjektive bekannt sein. Der Akkusativ im Singular hängt beim Maskulinum wieder davon ab, ob es sich um ein belebtes Objekt (svega) handelt oder nicht (sav). In einigen Fällen existieren kurze, unbetonte (sveg) und lange, betonte Formen (svega). Die langen Formen werden insbesondere dann bevorzugt, wenn eine besondere Betonung vorliegt oder sie die Funktion eines Substantivs übernehmen. So bedankt man sich beispielsweise in Kroatien mit *hvala na svemu* für alles.

Übung 10.1

Deklinations-Pingpong
Üben Sie wie gewohnt mündlich die Deklination von sav!

Übung 10.2

Übersetzen Sie die folgenden Sätze ins Kroatische!

1. Denis trifft alle seine Freunde am Strand. - ....
2. Alle Mails sind zurückgekommen. - ....
3. Haben wir nicht über alles gesprochen? - ....
4. Warum hast du allen deine Adresse gegeben? - ....
5. Ljilja will mit allen ihren Freundinnen ins Kino gehen. - ....
   ....
6. Davor ist mit aller Kraft zur Insel geschwommen. - ....

7. Wolfgang verbringt seinen Urlaub an der Adria, weil man da vor allem gut segeln kann. – ....

8. Jasmina schreibt allen Freundinnen je eine Ansichtskarte. - ....
....

9. Ist Pele der beste Fußballer aller Zeiten? - ....
....

Das Gerundium I (Partizip Präsens Aktiv)

Seien Sie ohne Sorge! Der Begriff klingt viel komplizierter, als er wirklich ist. Wir schauen uns zunächst einmal den dritten einleitenden Satz im Konversationstext genauer an.

| Ulazeći u sobu Monika podsjeća svoju obitelj na njihove obaveze. | - | Ins Zimmer herein kommend erinnert Monika ihre Familie an ihre Pflichten. |

Die kroatische Form **ulazeći** (herein kommend) dient offensichtlich als Ersatz für einen durch eine Konjunktion eingeleiteten Nebensatz. Im Kroatischen wie auch im Deutschen könnte der oben stehende Satz auch wie folgt ausgedrückt werden.

| Kada ulazi u dnevnu sobu, Monika podsjeća svoju ovitelj na njihove obaveze. | - | Als sie ins Wohnzimmer hereinkommt, erinnert Monika ihre Familie an ihre Pflichten. |

Bevor wir uns die verschiedenen Möglichkeiten des Einsatzes von Gerundien ansehen, lernen wir, wie diese Verbformen im Kroatischen gebildet werden. Wir gehen aus von der dritten Person Plural (Präsens) des betreffenden Verbs und ergänzen einfach die Endung –ći. Die folgende kleine Übersicht verdeutlicht den Sachverhalt

Infinitiv	3. Person Plural Präsens	Gerundium I
govoriti	(oni) govore	govore**ći**
plivati	plivaju	plivaju**ći**
nestajati	nestaju	nestaju**ći**

Wir merken uns außerdem noch folgendes.

Das Gerundium I

➢ wird nur von imperfektiven Verben gebildet

➢ wird in seiner Form nicht verändert

➢ drückt die Gleichzeitigkeit einer Handlung mit dem zugehörigen Hauptsatz aus

Bevor Sie selbst an der Reihe sind, geben wir Ihnen noch einige Beispiele samt möglicher Übersetzungen ins Deutsche.

Čitajući novine Matko sluša radio.	Zeitung lesend hört Matko Radio. Während er Zeitung liest, hört Matko Radio.
Vraćajući se kući Denis je bio vrlo sretan.	Nach Hause zurück kommend war Denis sehr glücklich. Als er nach Hause zurückkam, war Denis sehr glücklich.
Marko ne ide plivati bojeći se morskih pasa.	Sich vor Haien fürchtend geht Marko nicht schwimmen. Marko geht nicht schwimmen, weil er sich vor Haien fürchtet.
Šetajući ulicom sreo je Moniku.	Auf der Straße spazieren gehend traf er Monika. Während er auf der Straße spazieren ging, traf er Monika.
Čekajući Denisa Monika je zaspala u dnevnoj sobi.	Auf Denis wartend schlief Monika im Wohnzimmer ein. Während Monika auf Denis wartete, schlief sie im Wohnzimmer ein.
Pišući pismo Klaus se sjećao svojih prijatelja iz Njemačke.	Einen Brief schreibend erinnerte sich Klaus an seine Freunde aus Deutschland. Während Klaus einen Brief schrieb, erinnerte er sich an seine Freunde aus Deutschland.

Übung 10.3

Übersetzen Sie die folgenden Sätze ins Kroatische! Verwenden Sie dabei das Gerundium I!

1. Als Monika und Denis Delfinen begegneten, freuten sie sich. - ....

....

2. Weinend ging der kleine Junge nach Hause. - ....

....

Kroatisch	Deutsch
plakati, plačem	weinen

3. Während Jasmina einen Brief schrieb, hörte sie Radio. - ....

....

4. Als Monika und Brigitte in Zadar einkauften, wurden sie

müde. – ....

Kroatisch	Deutsch
umoriti se	ermüden, müde werden

....

5. Während Klaus auf Monika wartet, trinkt er ein großes Bier vom Fass. - ....

....

6. Als der kroatische Arzt in Heidelberg wohnte, hat er ausgezeichnet Deutsch gelernt. –

....

7. Während Klaus auf dem Balkon schlief, bekam er einen Sonnenbrand. - ....

....

8. Als wir nach Senj reisten, trafen wir unsere Freunde aus Heidelberg. - ....

....

9. Während Jasmina Tennis gespielt hat, hat sie an Ihren Freund Daniel gedacht. - ....

....

10. Als Jure mir im Garten geholfen hat, hat er die ganze Zeit gesungen. - ....

....

Kroatisch	Deutsch
pjevati	singen

11. Davor lernt die neuen Wörter am besten, indem er sie laut liest. - ....

....

Die Sätze der Übung 10.3 zeigen Ihnen, dass die Gerundien je nach inhaltlichem Zusammenhang in zeitlichem (während, als), kausalem (weil, da), konditionalem (wenn - dann) oder auch modalem (indem, dadurch dass) Sinn verwendet werden kann.

Übung 10.4

Nehmen Sie sich ein Blatt Papier zur Hand und formen Sie die übersetzten Sätze 1, 4, 5, 7, 8 und 9 der Übung 10.3 in ein Satzgefüge mit Haupt- und Nebensatz um!

Beachten Sie, dass bei Verwendung des Gerundiums das Subjekt des Hauptsatzes identisch mit dem des Nebensatzes ist! In den anderen Fällen haben wir gar keine Wahl: der Nebensatz muss durch eine Konjunktion ausgedrückt werden. Hierzu ein Beispiel:

Kad je **obitelj** Berger stigla u Turanj, **Jure** ju je pozdravio.

Subjekt des Nebensatzes   Subjekt des Hauptsatzes

Adjektivische Verwendung des Gerundium I

Das Gerundium I kann bei einigen Verben auch als Adjektiv verwendet werden. Dann wird es, genau wie im Deutschen, dekliniert und richtet sich in seinen Formen nach dem zugehörigen Substantiv. Einige in dieser Weise verwendete Gerundien kennen Sie schon: Das vom Verb *slijediti* (folgen) abgeleitete *slijedeći* (folgend, nächst) wird sehr häufig verwendet, ebenso das von *moći* (können) abgeleitete *mogući* (möglich). In der 5. Lektion hat Klaus einen passenden Reifen (*odgovarajuća guma*) benötigt.

Übung 10.5

Übersetzen Sie die folgenden Sätze ins Kroatische!

1. Das wäre möglich. - ....

2. Zvonko hat in der laufenden (=gehenden) Woche viel Arbeit. - ....
....

3. Der Vater hat seinen schlafenden Sohn geweckt. - ....

4. Als ich zum Bahnhof kam, sah ich den abfahrenden Bus. - ....
....

Die Deklination von otac

Ahnen Sie es schon? Natürlich, es liegt wieder einmal ein bewegliches a vor. Doch nicht genug damit! Der Konsonant t verschmilzt in allen Fällen außer dem Nominativ mit dem nachfolgenden c. Außerdem haben wir es im Plural mit der Erweiterung durch die Silbe –ev – zu tun, und nicht zuletzt erfolgt im Vokativ Singular und im gesamten Plural die erste Palatalisierung (aus c wird č, da der Vokal e folgt). Also sieht unsere Tabelle wie folgt aus.

Die Deklination von otac		
	Singular	**Plural**
Nom	otac	očevi
Gen	oca	očeva
Dat	ocu	očevima
Akk	oca	očeve
Vok	oče	očevi
Lok	(o) ocu	(o) očevima
Instr	ocem	očevima

Übung 10.6

Deklinations-Pingpong
Üben Sie wie gewohnt mündlich die Deklination von otac!

Lautveränderungen: Konsonantenverschmelzung und Assimilation

Wir nehmen das Substantiv otac zum Anlass, ein letztes Mal über Lautveränderungen zu schreiben. Streicht man das bewegliche a, so folgen zwei Konsonanten (hier c und t) direkt aufeinander. In einigen Fällen führt dies zu einer Lautveränderung. Als Grundregel für das Aufeinanderfolgen zweier Konsonanten halten wir fest:

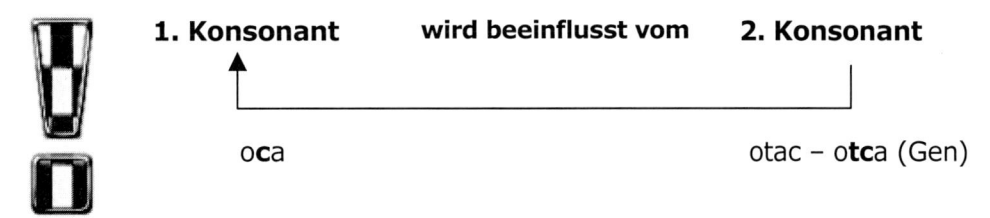

1. Konsonant wird beeinflusst vom **2. Konsonant**

o**c**a   otac – o**tc**a (Gen)

Im Fall von otac haben wir es sogar mit einem kompletten Ausfall des ersten Konsonanten zu tun. Etwas allgemeiner gilt für den **Konsonantenausfall**:

Die Konsonanten **t** und **d** entfallen,
> wenn ihnen ein **c** oder **č** folgt
> wenn sie zwischen zwei Konsonanten stehen, von denen der erste s, š, z, oder ž ist

Beispiele aus früheren Lektionen für den zweiten Teil der angesprochenen Regel sind die Adjektive *bolestan (m) – bolesna (f)* oder auch *izvrstan (m) – izvrsna (f)*.

In der aktuellen Lektion hat Klaus mit den Worten *to nije tako teško* Denis ermuntert, einen Brief zu schreiben. Teško ist die neutrale Form zu težak. Hier hat das Wegfallen des beweglichen a eine Angleichung (**Assimilation**) der Konsonanten bewirkt. Doch der Reihe nach! Wir unterscheiden stimmlose und stimmhafte Konsonanten. In der folgenden Übersicht haben wir stimmlose und entsprechende stimmhafte Konsonanten gegenüber gestellt.

stimmlos	p	t	k	č	ć	š	s
stimmhaft	b	d	g	dž	đ	ž	z

Wie schon oben erwähnt, bestimmt stets der zweite Konsonant, was mit dem ersten geschieht. Dabei wird also stets der erste Konsonant angeglichen, und zwar so, dass entweder beide stimmlos oder beide stimmhaft werden. Die folgende Tabelle enthält einige Beispiele.

Wort	Herkunft	1. Konsonant	2. Konsonant		Angleichung des 1. Konsonanten
sla**tk**a (f)	sla**d**ak	stimmhaft	stimmlos	→	stimmlos (-**tk**-)
vra**pc**a (Gen)	vra**b**ac	stimmhaft	stimmlos	→	stimmlos (-**pc**-)

| narudžba | naručiti (+ba) | stimmlos | stimmhaft | → | stimmhaft (-džb-) |
| svagdašnji | svaki dan | stimmlos | stimmhaft | → | stimmhaft (-gd-) |

Auch einige Zahlwörter fallen unter diese Regeln. Bei *šezdeset* (aus šest + deset) fällt zunächst das t weg (Konsonantenausfall), und danach erzwingt das stimmhafte d die Angleichung des stimmlosen s zum stimmhaften Konsonanten z. Betrachten wir pe*d*eset (aus pe**t** + **d**eset), so erfolgt nach Assimilation (pe**dd**eset) auch noch eine Verschmelzung (**Kontraktion**) der beiden d zu einem einzigen. Eine noch eingehendere Betrachtung möchten wir Ihnen im Rahmen dieses Bandes ersparen.

Das Gerundium II

Schon das Gerundium I wird in der gesprochenen Sprache, ähnlich wie im Deutschen, eher selten eingesetzt. Allerdings ist seine Verwendung in der Schriftsprache, auch beispielsweise in Zeitungen, durchaus üblich.
Noch seltener werden Sie das Gerundium II antreffen. Dennoch haben wir in unseren Briefen ein Beispiel eingearbeitet. Monika schreibt unter anderem über Denis:

| Dobivši nekoliko tableta bilo mu je bolje slijedećeg dana. | - | Nachdem er einige Tabletten erhalten hatte, ging es ihm am nächsten Tag besser. |

Sie sehen schon an diesem Beispiel, dass das Gerundium II eine Handlung beschreibt, die vor der eigentlichen Handlung des Hauptsatzes stattfindet. Es wird daher auch als Verbaladverb der Vergangenheit bezeichnet. Daher wundert es uns auch nicht, dass bei seiner Bildung (im Unterschied zum Gerundium I) perfektive Verben zum Einsatz kommen, da diese eine abgeschlossene Handlung kennzeichnen. Wir merken uns:

Das Gerundium II

➢ wird nur von perfektiven Verben gebildet

➢ wird in seiner Form nicht verändert

➢ drückt die Vorzeitigkeit einer Handlung gegenüber dem zugehörigen Hauptsatz aus

Die Bildung des Gerundium 2 orientiert sich – anders als beim Gerundium I – am Infinitivstamm. Wenn dieser auf einen Vokal endet, wird an den Stamm einfach die Silbe –vši angehängt. Auch hier bieten wir eine kleine Tabelle zur Verdeutlichung an.

Infinitiv	Infinitivstamm	Gerundium II
pogledati	pogleda-	pogleda**vši**
viknuti	viknu-	viknu**vši**
uzeti	uze-	uze**vši**

Es gibt jedoch auch Verben, deren Infinitivstamm auf einen Konsonanten endet. Hier wird an den Infinitivstamm die Endung –avši angehängt, um eine Häufung von Konsonanten zu vermeiden. Auch das sehen wir uns an einigen Beispielen genauer an.

Infinitiv	Infinitivstamm	Gerundium II
reći	rek-	rek**avši**
pomoći	pomog-	pomog**avši**

Beachten Sie, das hier wieder die früheren Infinitive und ihre Stämme (rek-ti, pomog-ti) ausschlaggebend sind. Schauen Sie sich gegebenenfalls zum Vergleich noch einmal an, was wir bei diesen Verben über die Bildung des Partizip Perfekt auf Seite 9 geschrieben haben!

Die von ići/doći abgeleiteten Verben bilden das Gerundium II, indem an den Perfektstamm die Endung –avši angehängt wird. Unsere letzte Übersicht zur Bildung der neuen Formen sieht so aus:

Infinitiv	Perfektstamm	Gerundium II
doći	doš-	doš**avši**
izaći	izaš-	izaš**avši**

Jetzt sind Sie wieder an der Reihe – endlich!

Übung 10.7

Übersetzen Sie ins Kroatische! Verwenden Sie das Gerundium II!

1. Nachdem wir alle Sachen für den Urlaub gekauft hatten, kehrten wir nach Hause zurück. - ....

2. Nachdem sie in der Disco angekommen war, begrüßte Jasmina ihre Freunde. - ....

3. Nachdem er aus dem Boot gestiegen war, fühlte sich der Tourist besser. - ....

4. Als Monika die Badetücher gekauft hatte, war sie zufrieden. - ....
....

5. Als er sein Auto mit kaputtem Reifen erblickt hatte, begann Klaus laut zu werden. - ....

Kroatisch	Deutsch
galamiti	laut werden, lärmen

6. Weil sie sich verspätet hatten, erhielten sie keine Karten. - ....

....

7. Die Gäste begrüßten Jure und gingen ins Apartment. - ....

....

Wir haben oben betont, dass das Gerundium II verwendet wird, um die Vorzeitigkeit einer Handlung auszudrücken. Im Deutschen kann man zur Einleitung des Nebensatzes die Konjunktionen *nachdem (kroatisch: pošto)* oder *als* mit dem Plusquamperfekt (der Vorvergangenheit) verwenden, zuweilen (Satz 6) ist auch ein kausaler Aspekt (weil) enthalten. Es können außerdem, wie der letzte Satz der Übung 10.7 zeigt, zwei durch die Konjunktion *und* verbundene Hauptsätze gebildet werden. Auch im Kroatischen gibt es das Plusquamperfekt. Dieses wird jedoch sehr selten benutzt und in der Regel durch das Perfekt ersetzt. Daher entfällt eine Behandlung des Plusquamperfekt im Rahmen unseres Lehrbuchs.

Übung 10.8

Nehmen Sie sich ein Blatt Papier zur Hand und übersetzen Sie die Sätze der Aufgabe 10.7 ohne Verwendung des Gerundium II! Verwenden Sie auch im Nebensatz das Perfekt!

Zum Schluss dieses Grammatikkapitels geben wir Ihnen noch eine Vokabel mit auf den Weg. Bildet man das Gerundium II von biti, so erhalten wir regelgemäß *bivši*. Dieses wird häufig adjektivisch in der Bedeutung *früher* oder *ehemalig* verwendet.

Die Deklination von oko und uho

Keine Sorge! Es wird nicht viel Neues zu lernen geben, denn im Singular verhalten sich beide Substantive wie „normale" Neutra, so dass unsere linke Tabelle beinahe überflüssig ist. Im Plural sieht die Sache anders aus. Beide Substantive sind plötzlich feminin und werden (bis auf den Genitiv) wie Feminina der i-Deklination behandelt.

Die Deklination von oko und uho im Singular		
Nom	oko	uho
Gen	oka	uha
Dat	oku	uhu
Akk	oko	uho
Lok	(u) oku	(u) uhu
Instr	okom	uhom

Die Deklination von oko und uho im Plural		
Nom	oči	uši
Gen	očiju	ušiju
Dat	očima	ušima
Akk	oči	uši
Lok	očima	ušima
Instr	očima	ušima

Den Vokativ haben wir uns schon wieder gespart, da er mit dem Nominativ identisch ist. Üben Sie zunächst mechanisch die Deklination von oko bzw. uho, beispielsweise mit einem Partner im bewährten Deklinations-Pingpong.
Eine weitere Übung zu den neuen Formen kann nicht schaden.

Übung 10.9

Ergänzen Sie die passenden Formen der Substantive oko bzw. uho!

1. Marko ima pjesak u .... (oči).
2. Matko gleda u .... (Sonjine plave oči).
3. Neno ne može dobro čuti na .... (desno uho).
4. Koliko .... (oči) vidite na ovoj slici?
5. Jedna zanimljiva priča je došla do .... (naše uši).
6. Imam neku lijepu glazbu u .... (svoje uši).

Kroatisch	Deutsch
glazba	Musik

Nach so viel rezeptivem Lernen sollten Sie selbst wieder ein wenig kreativ sein.

Übung 10.10

Schreiben Sie selbst einen fiktiven Brief aus dem Urlaub! Sie können ähnliche Themen wählen wie sie in den Briefen der Familie Berger vorkommen, jedoch sind Ihrer Fantasie keine Grenzen gesetzt. Der Brief sollte wenigstens aus 6 bis 10 Sätzen bestehen. Lesen Sie anschließend den Brief Ihrer Lerngruppe und Ihrem Lehrer zur Korrektur vor!

Damit es nicht sofort mit trockener Grammatik weiter geht, haben wir wieder eine Redewendung ausgesucht. Das Substantiv pamet (f) könnte Ihnen zum Anlass dienen, sich zur Wiederholung mit der i- Deklination zu beschäftigen.

Sprichwort

Bolje slijep očima nego slijep pameću.

Besser (man ist) blind mit (auf) den Augen als blind mit dem Verstand.

Kroatisch	Deutsch
slijep /-a/-o	blind
pamet (f)	Verstand

Der Konditional II

In ihrem Brief an ihre Freundin schreibt Monika über den Besuch der Plitwitzer Seen. Unter anderem taucht da der folgende Satz auf.

Da ste došli sa nama, sigurno bi se isto Harryu bila svidjela priroda na Plitvičkim jezerima. — Wenn ihr mit uns gekommen wäret, hätte bestimmt auch Harry die Natur an den Plitwitzer Seen gefallen.

Wie Sie erkennen, wird durch den Konditional II die Möglichkeit einer Handlung in der Vergangenheit ausgedrückt. Man nennt ihn daher auch Konditional der Vergangenheit. Sehen Sie erforderlichenfalls noch einmal nach, was wir über den Konditional I auf den Seiten 91 ff geschrieben haben! Anhand unseres Mustersatzes können wir auch erkennen, wie der Konditional II gebildet wird.

Die Bildung des Konditional II

Aorist von biti	+	Partizip Perfekt von biti	+	Partizip Perfekt des Verbs
(ja) bih		bio/bila/bilo		rekao/rekla/reklo

ich hätte gesagt

Alternativ kann man sich die Bildung des Konditional II auch so merken: Der Konditional I von biti (ja bih bio/bila) wird durch das Partizip Perfekt (rekao/rekla) des betreffenden Verbs ergänzt. Natürlich müssen wir, wie das Beispiel zeigt, beide Partizipien dem Subjekt des Satzes angleichen.

Übung 10.11

Üben Sie die Bildung des Konditional II anhand folgender kleiner Übersetzungsaufgaben!

er hätte gewusst		du hättest gewünscht	
sie hätte angeschaut		wir wären gekommen	
sie hätten gemeint		ihr hättet bestellt	
ich wäre losgegangen		es hätte gespielt	

Der Konditional II wird relativ selten verwendet. Ab und zu werden irreale Satzkonstruktionen in der Vergangenheit mit Hilfe des Konditional II ausgedrückt. Wir geben Ihnen zunächst ein einfaches Beispiel.

Da sam to znao, bio bih ostao ispod suncobrana.
Ako bih bio to znao, bio bih ostao ispod suncobrana.
- Wenn ich das gewusst hätte, wäre ich unter dem Sonnenschirm geblieben.

Schon beim Konditional I haben wir uns ein entsprechendes Schema gemerkt (sehen Sie nochmals auf der Seite 95 nach), das seine prinzipielle Gültigkeit auch beim Konditional der Vergangenheit behält.

Irreale Konditionalsätze der Vergangenheit		
	Nebensatz	**Hauptsatz**
mit ako / kad	Konditional II	Konditional II
mit da	Perfekt	Konditional II

Übung 10.12

Übersetzen Sie die folgenden irrealen Bedingungssätze ins Kroatische! Verwenden Sie die Konjunktion *kad* bei den Sätzen 1, 4 und 5 und die Konjunktion *da* bei den Sätzen 2 und 3!

1. Wenn Jure Zeit gehabt hätte, wäre er gekommen. - ....
   ....

2. Wenn du mehr gearbeitet hättest, hätte sich deine Mutter gefreut. - ....
   ....

3. Wenn Marko einen Hund gehabt hätte, wäre er öfter spazieren gegangen. - ....
   ....

4. Wenn Jasmina und Daniel früher zurückgekehrt wären, hätte sich Klaus nicht über sie geärgert. - ....
   ....

5. Wenn Marija gewusst hätte, dass heute schönes Wetter ist, hätte sie ihre Sonnenbrille mitgenommen. - ....
   ....

Wir haben gegen Ende dieser Lektion wieder mündliche Übungen für Sie auf Lager.

Übung 10.13

Rollenspiel
Wir schlagen Ihnen wieder Szenen vor, die Sie mit einem Partner nachspielen können: Klaus und Jasmina diskutieren, wie lange Jasmina mit Daniel in der Disco bleiben kann. Klaus berät Denis (inhaltlich) beim Schreiben eines Briefs an die Großeltern. Jasmina diskutiert mit Denis, was im Urlaub am schönsten/schlechtesten war.

Übung 10.14

Beantworten Sie mündlich die folgenden Fragen zum Text der Lektion!

1. Što Monika preporučuje svojoj obitelji ulazeći u dnevnu sobu?
2. Kako reagiraju Jasmina i Denis?
3. Denis ne želi pisati pismo. Kako Klaus argumentira potrebu za pisanjem pisma?
4. Što mislite? Da li bi Klaus rado bio pisao pismo?
5. Što Klaus radi umjesto toga?
6. Što je Denis radio svakog dana?
7. Je li se Denis jako povrijedio u biogradskoj luci?
8. Kako Denis objašnjava zašto je njegovo pismo tako kratko?
9. Što Denis želi raditi sa svojim djedom?
10. Što Monika piše o Danici i Juri?
11. Što Monika i Klaus obično rade cijeli dan?
12. Zašto se Monika brine za Jasminu?
13. Kakav problem ima Sonjin muž?
14. Što Jasmina piše o svojim roditeljima?
15. Što Jasmina piše o Danielu?
16. Što bi bili Jasmina i Daniel radili da nisu morali ići na izlet sa svojim roditeljima?
17. Što mislite: Koji dan je bio najljepši za Jasminu? Imate li razne prijedloge?

Kroatisch	Deutsch
argumentirati	argumentieren
potreba	Bedarf

Wiederholung (10)

Nachdem wir Sie in dieser Lektion mit zahlreichen Deklinationen gestresst haben, behandelt unsere Wiederholung diesmal die Konjugation der Verben moći und htjeti.

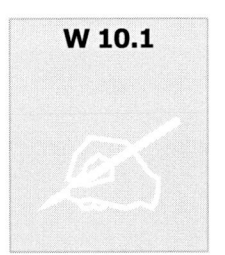

W 10.1

Übersetzen Sie die folgenden Sätze ins Kroatische!

1. Denis will keinen Brief schreiben. - ....

2. Können wir eine Karte für das Theater erhalten? - ....
....

3. Ich kann morgen zu den Plitwitzer Seen fahren. - ....

4. Ich werde Ihnen alles sagen, was ich weiß. - ....

5. Warum willst du mir nicht erzählen, wo du gestern warst? - ....
....

6. Die Touristen wollten lieber zu Fuß gehen als mit dem Zug fahren. - ....

....

7. Könnt ihr mir sagen, wie viel Uhr es ist? - ....

8. Gestern konnte das Boot nicht zu den Kornaten fahren, weil das Wetter schlecht war. - ....

....

9. Ivica ist erst 8 Jahre alt, kann aber schon gut schreiben und lesen. - ....

....

Haben Sie alle Sätze bewältigt? Auch den letzten Satz? Da waren wir nämlich gemein und haben versucht, Sie aufs Glatteis zu führen. Anstelle des Verbs moći verwenden wir hier besser znati (wissen, bewandert sein mit), da es hier um die Fähigkeit des Schreibens und Lesens geht.

Vokabelliste zur 10. Lektion

Kroatisch	Deutsch
argumentirati	argumentieren
bivši /-a/-e	früher, ehemalig
bližiti se	sich nähern
braniti, branim	verbieten
buniti	aufwiegeln
~ se	meutern
disko	Disco
doživljaj	Erlebnis
dozvoljavati	erlauben
ekstra	extra
galamiti	laut werden, lärmen
glazba	Musik
iako	obwohl, wenn auch
indiskretan /-tna/-o	indiskret
isplatiti (se)	(sich) auszahlen
izaći, izađem (pf)	herausgehen
kuk	Hüfte
leđa (n,Pl)	Rücken
mogući /-a/-e	möglich
napolje	nach draußen
narudžba	Bestellung
neobičan /-čna/-o	ungewöhnlich, seltsam
nepažnja	Unaufmerksamkeit
neprilika	Unannehmlichkeit, Klemme
nos	Nase
obaveza	Verpflichtung
obožavatelj	Bewunderer, Fan
odmarati se (ipf)	sich erholen
odvesti, odvedem	wegbringen, wegfahren
oklada	Wette
oko	Auge
ozbiljan /-jna/-o	ernst(haft)
pamet (f)	Verstand
pisanje	Schreiben
pismo	Brief
pjevati	singen
plakati, plačem	weinen
podnijeti (pf), podnesem	ertragen, aushalten
podsjećati	erinnern
ponašanje	Benehmen, Verhalten
ponašati se	sich benehmen
poruka	Botschaft, SMS
postati (pf), postanem	werden, entstehen
postavljati (ipf)	aufstellen
potreba	Notwendigkeit, Bedarf
pregledati	durchsehen, untersuchen

privatan /-tna/-o	privat	tinejdžerka	Teenagerin
prošli /-a/-o	vergangen	trening	Training
provozati (se)	herumfahren, herumgondeln	umoriti se	ermüden, müde werden
pubertet	Pubertät	unuk	Enkel
putovati, putujem	reisen	upamćivati (ipf), upamćujem	sich merken
raskomotiti se	es sich bequem machen	uspješan /-šna/-o	erfolgreich
raspravljati	verhandeln, diskutieren	uvredljiv /-a/-o	beleidigend, empfindlich
ruka	Hand	vježba	Übung
sladak /-tka/-o	süß	zabavljati se (ipf)	sich vergnügen, amüsieren
slijep /-a/-o	blind		
sprijateljiti se	sich anfreunden	zabrinjavati (ipf), zabrinjujem	beunruhigen, Sorgen bereiten
srdačan /-čna/-o	herzlich		
strog /-a/o	streng, strikt	zajednički /-a/-o	gemeinsam
suprostavljati se (ipf)	sich widersetzen, trotzen	zaljubiti se	sich verlieben
		zar	etwa, vielleicht
svagdašnji /-a/-e	alltäglich	željeznica	Eisenbahn

11. Spremanje za odlazak – Vorbereitung zur Abfahrt

Spremanje za odlazak – Konversation

Obitelj Berger je malo tužna. Svi su se okupili radi rješavanja nekoliko problema prije njihovog odlaska.

Klaus:	Kakva šteta! Sutra je naš zadnji dan u Turnju.
Monika:	Da, ja bih rado ostala duže. Mnogo toga će mi nedostajati, čak i cvrčanje cvrčaka.
Klaus:	Sutra imamo mnogo posla.
Monika:	Istina! Napravila sam si jednu listu za kupovinu, …
Klaus:	Ah, to je strašno. Kupovina?
Monika:	Bez brige! Ovog puta nećemo ići u Zadar u kupovinu. Mislila sam da bismo trebali kupiti neke sitnice koje ne možemo lako nabaviti u Njemčkoj.
Klaus:	Na primjer Šljivovicu, Julišku, …
Monika:	Med, Paški sir, domaći rum, …
Klaus:	Zar ne možemo dobiti med i sir usput? To se prodaje uz cestu na putu prema Njemačkoj.
Monika:	Možda. Vidjet ćemo. Molim te, pobrini se za auto!
Klaus:	Da, naravno! Provjerit ću stanje ulja i vode. Onda ću pitati Juru kako se može odavde najbrže izaći na autocestu.

Kroatisch	Deutsch
spremanje	Vorbereitung
odlazak	Abfahrt, Abreise
tužan /-žna/-o	traurig
okupiti (pf)	(an)sammeln
~ se	sich versammeln
radi (+Gen)	wegen, zwecks
rješavanje	Lösung
nedostajati (ipf), nedostajem	fehlen
cvrčanje	Zirpen
cvrčak	Grille
sitnica	Kleinigkeit
primjer	Beispiel
rum	Rum
domaći /-a/-e	(ein)heimisch
usput	nebenbei, unterwegs
ulje	Öl

Monika: Nisi li htio usput svratiti u jedno termalno lječilište?

Klaus: Da, zapravo u Krapinske Toplice. To je poznato termalno lječilište. Ali se nalazi 45 kilometara sjeverozapadno od Zagreba, među brežuljcima Hrvatskog Zagorja. To nije usput. Možda slijedeće godine ...

Monika: Meni odgovara, ako jedan dan prije kraja odmora dođemo kući i možemo na miru raspakirati i složiti stvari. Još nešto: Klause, vidjela sam u Filipjakovu lijep frizerski salon.

Klaus: Za tebe ili za mene?

Monika: Naravno za mene. Ti sa tvojim velikim tjemenom ...

Klaus: U redu, već sam i mislio da se zbog sporog rasta moje kose to ne isplati. A Jasmina: Što ćeš ti sutra raditi?

Jasmina: Željela bih kupiti jednu lijepu ogrlicu sa malim staklenim delfinom. Vidjela sam je u Biogradu. I još neke sitnice ...

Kroatisch	Deutsch
svratiti (se)	abbiegen, einkehren, einen Abstecher machen
termalan /-na/-o	Thermal~
lječilište	Kurort
toplice (f,Pl)	Thermalbad
brežuljak	Hügel, Anhöhe
odgovarati (ipf)	(be)antworten, entgegnen, hier: zusagen, passen
raspakirati	auspacken
frizerski /-a/-o	Friseur~
salon	Salon
tjeme (Gen tjemena)	Scheitel
spor /-a/-o	langsam, träge, hier: spärlich
rast	Wuchs
kosa	Haar
staklen /-a/-o	gläsern
budući da	weil, da

Monika: Slažem se. Ali kako misliš otići u Biograd? Mi te ne možemo odvesti.

Jasmina: Nema problema. Otići ću autobusom.

Monika: Denise, a što ti imaš u planu?

Denis: Srest ću se sa prijateljima i igrat ćemo nogomet.

Slijedećeg dana. Budući da Klaus mora još nešto srediti, ide Juri.

Jure: Ne izgledate sretno.

Klaus: S jedne strane smo malo tužni što moramo sutra ići nazad. Ovdje je tako lijepo. Ali s druge strane, Denis se na primjer raduje što će uskoro vidjeti svoju baku i svojeg djedu koji ga maze. Ali ja sam Vas htio nešto pitati.

Jure: Pitajte!

Klaus: Kako se može odavde najbrže izaći na autocestu?

Jure: Vozite najbolje Jadranskom magistralom do Sukošana.

Kroatisch	Deutsch
maziti	verwöhnen
brojan /-jna/-o	zahlreich
tvornica	Fabrik

Klaus: Ne do Zadra?

Jure: Ne, tu je ujutro velika gužva zbog brojnih tvornica. Bolje je ako skrenete desno u Sukošanu prema autocesti. Onda imate samo još nekoliko kilometara

	do autoceste.
Klaus:	U redu. Još nešto: sutra trebamo nešto kupiti, kao na primjer ...
Jure:	Rakiju?
Klaus:	Na primjer!
Jure:	To možete kupiti sutra u samoposluzi u Turnju ili u Filipjakovu.
Klaus:	Fino. Sad ostaje još jedan veliki problem.
Jure:	Pogađam: Sigurno želite platiti. Je li to Vaš veliki problem?
Klaus:	Da. Kad možemo to uraditi?
Jure:	Možete poći sada sa mnom u moj ured. Sve sam već spremio.
Kaus:	Moja žena će sada poći sa Vama i uzet će novac sa sobom.
Jure:	Tako, tako, kod Vaše žene je novac. Ona je dakle šefica.
Klaus:	Nikad!
Jure:	Uvijek!
Klaus:	Ponekad!
Jure:	Uvijek!
Klaus:	Često, ... većinom.

Kroatisch	Deutsch
rakija	Schnaps
samoposluga	Selbstbedienungsladen
fin /-a/-o	fein, zart, anständig
pogađati, pogađam	(er)raten
većina	Mehrheit
većinom	meistens, überwiegend
diskusija	Diskussion
susjedni /-a/-o	Nachbar~
par	Paar
započeti (pf), započnem	beginnen
razgovor	Unterhaltung

Obitelj Berger provodi svoju zadnju večer u omiljenom restoranu. Jasmina je poslije jela i poslije uobičajene diskusije oko toga kad se mora vratiti kući, krenula u disko. Za susjednim stolom je upravo sjeo jedan par iz Njemačke. Primijetivši kako susjedi žele naručiti na hrvatskom jeziku, Monika i Klaus su započeli razgovor sa njima.

Klaus:	Kao što sam čuo, vi učite hrvatski jezik?
Susjeda:	Da, ali Hrvatski je vrlo težak.
Monika:	Razumijem, mi smo prije isto imali puno teškoća.
Susjeda:	I kako ste uspjeli naučiti tako dobro hrvatski? Vi odlično govorite hrvatski.
Monika:	Bili smo vrlo motivirani, imali smo isto dobre učitelje i nabavili smo si odličan udžbenik.
Susjeda:	Zanimljivo! A kako se zove taj odlični udžbenik?
Klaus:	„Kroatisch lernen? Nema problema!"

Kroatisch	Deutsch
susjeda	Nachbarin
teškoća	Schwierigkeit
motivirati	motivieren
udžbenik	Lehrbuch
nazdraviti	zuprosten
častiti	ehren, bewirten hier: einladen

Susjed: To ne zvuči loše. Nazdravimo! Ja častim!

Klaus: Zašto da ne? Vrlo rado!

Budući da je konobar u blizini susjed može odmah naručiti.

Susjed: Molim Vas, donesite nam dva velika piva i pola litre crnog vina!

Monika: Ispričajte što ste sve ovdje radili, gdje ste sve bili!

Slijedećeg jutra. Klaus se ne osjeća dobro zbog toga što je jučer malo više popio. Ide u kupaonicu, promatra se iznenađeno u ogledalu.

Klaus: Kako mi je loše kad se pogledam u ogledalu! Izgledam kao da me je auto pregazio. Cijelu noć sam loše sanjao.

Monika: Što si sanjao?

Klaus: Sanjao sam da su lopovi ušli u naš stan i sve ukrali. Kad sam ih ugledao, letjeli su sa svim stvarima kroz otvoreni prozor. Odletjeli su tako brzo kao da su imali krila.

Monika: Tako, tako, lopovi! Odletjeli su! Taj strašni san bi ti trebao biti pouka. Nisi mogao prestati piti sa svojim novim prijateljima.

Klaus: Da, da, imaš pravo. Kajem se zbog toga. Ali daj mi, molim te, jednu tabletu protiv glavobolje.

Monika: Evo, izvoli! Jesi li im dao našu vizitnu kartu?

Klaus: Da, ... ne, ... ne znam točno.

Monika: Hmmm. Mislim da je bolje da ja vozim prvih nekoliko kilometara.

Jasmina: To ja isto mislim.

Klaus: Jasmina! Ne trebaju mi sada takvi komentari!

Monika: Smiri se, Klause! Jasmina nije to ozbiljno mislila.

Klaus: Nadajmo se da nije!

Monika: Sigurno! Najbolje bi bilo kada biste sada svi pošli sa prtljagom prema autu dok ja još jednom provjerim da li je ovdje sve u redu. Denise, jesi li bacio smeće?

Denis: Oprosti, to sam zaboravio.

Klaus: Hajde, uradi to sada!

Kroatisch	Deutsch
ogledalo	Spiegel
kao da	als ob
pregaziti	durchschreiten, überfahren
sanjati	träumen
san (Gen sna)	Traum
lopov	Dieb, Gauner
stan	Wohnung
ukrasti, ukradem	stehlen
letjeti, letim	fliegen
odletjeti, odletim	wegfliegen, abfliegen
krilo	Flügel
pouka	Lehre, Belehrung
prestati, prestanem	aufhören, Halt machen
kajati se, kajem se	bedauern, bereuen
vizitni /-a/-o	Visiten~
komentar	Kommentar
prtljag	Gepäck
smeće	Abfall, Müll

U apartmanu je najzad sve u redu. Obitelj Berger nije ništa zaboravila. Suđe je oprano, smeće je bačeno, štednjak je isključen. Ispred kuće čekaju Danica i Jure. Klaus im daje ključeve od apartmana.

Kroatisch	Deutsch
suđe	Geschirr
štednjak	Herd
oprostiti se	hier: sich verabschieden
ljeto	Sommer
proljeće	Frühling
sezona	Saison
zahvaljivati (se) zahvaljujem	(sich be)danken
gostoljubivost (f)	Gastfreundschaft

Klaus: Vrijeme je brzo prošlo. Sada se moramo oprostiti ...

Danica: Šteta! Dođite opet slijedećeg ljeta!

Klaus: Naravno! A možda još i slijedećeg proljeća.

Danica: To bi nam bilo drago. Ovdje počinje sezona već u travnju.

Monika: Danice, Jure! Došli smo kao vaši gosti a sada – sada odlazimo kao prijatelji. Zahvaljujemo vam se na gostoljubivosti i pomoći – na svemu.

Danica: Nema na čemu!

Jure: Nema problema! Sretan put! I vozite oprezno!

Kroatisch	Deutsch
mahati, mašem	winken
zamicati, zamičem	entwischen, verschwinden
zavoj	Verband (med.) hier: Kurve

Dok obitelj Berger odlazi, Danica, Jure i ostali novi prijatelji im mašu. Najzad zamiče auto obitelji Berger iza jednog zavoja.

Grammatik und Übungen

Wegen – zbog oder radi?

Wir beginnen unseren Grammatikteil mit relativ leichter Kost. Die Präposition *wegen* kann im Kroatischen je nach logischem Zusammenhang mit *zbog* oder *radi* übersetzt werden. Wir machen den Unterschied an zwei Beispielen klar. In der 7. Lektion „erklärt" Jasmina, warum sie zu spät zum vereinbarten Treffpunkt gekommen ist:

Zbog radova na putu morali smo obići put. – Wegen Straßenarbeiten mussten wir einen Umweg gehen.

Der Sachverhalt ist eindeutig: Die Präposition zbog gibt die Ursache (kausaler Aspekt) für das verspätete Eintreffen an. Noch klarer wird der kausale Aspekt, wenn der Sachverhalt durch einen Nebensatz ausgedrückt werden soll: *Weil* Straßenarbeiten stattfanden, mussten wir einen Umweg gehen.
Anders sieht es bei folgendem Satz aus der aktuellen Lektion aus:

Svi se okupili radi rješavanja nekoliko problema ... — Sie alle haben sich wegen der Lösung einiger Probleme versammelt ...

Die Präposition radi wird in diesem Satz verwendet, um einen Zweck, ein Ziel (finaler Aspekt) zu beschreiben. Wir drücken auch hier die Aussage durch einen Nebensatz aus: Sie hat sich versammelt, um einige Probleme zu lösen. Wir merken uns also:

zbog (+Gen) — **radi (+Gen)**

wegen — wegen, zwecks

kausaler Aspekt (weil) — finaler Aspekt (um zu, damit)

Übung 11.1

Übersetzen Sie die folgenden Sätze ins Kroatische! Notieren Sie anschließend noch eine entsprechende Aussage mit Hilfe eines Haupt- und eines Nebensatzes! Zur Sicherheit geben wir Ihnen ein Beispiel.

Wegen der lauten Musik kann Neno nicht schlafen. – Zbog glasne glazbe Neno ne može spavati. Neno ne može spavati jer je glazba glasna.

1. Wegen schlechten Wetters kann die Fähre nicht nach Rijeka abfahren. - ....

Kroatisch	Deutsch
otploviti	abfahren (eines Schiffs)

....

2. Familie Berger ist wegen des Einkaufs von Souveniren nach Zadar gefahren. - ....

....

Kroatisch	Deutsch
suvenir	Souvenir

3. Familie Berger ist wegen der schönen Natur zu den Plitwitzer Seen gefahren. - ....

....

....

4. Die Polizei hat den Wagen angehalten wegen des alkoholisierten Zustands seines Fahrers. - ....

Kroatisch	Deutsch
alkoholizirati	alkoholisieren

....

5. Monika ist wegen des Vergleichs der Preise in verschiedene Geschäfte gegangen. - ....

Kroatisch	Deutsch
usporediti (pf)	vergleichen
usporeðenje	Vergleich

....

6. Wolfgang ist wegen des Segelns ans Meer gefahren. - ....

....

Nicht immer kann man eindeutig festlegen, auf welche der beiden Präpositionen die Wahl fallen sollte. In der zweiten Lektion sagte beispielsweise der behandelnde Arzt im Gespräch mit Denis' Eltern:

| Trebali smo mu snimiti rame zbog točne dijagnoze. | - | Wir mussten seine Schulter aufnehmen wegen einer genauen Diagnose. |

Durch die Verwendung von zbog steht der kausale Zusammenhang (weil die Ärzte eine genaue Diagnose haben wollen) im Vordergrund. Die Verwendung von radi an Stelle von zbog wäre hier ebenso gut möglich. Jetzt müsste der Satz final gedeutet werden: Um später eine genaue Diagnose in den Händen zu haben, wurde eine Aufnahme der Schulter gemacht.

― ― ― ― ― ― ― ― ― ― ― ― ― ―

Das Reflexivpronomen

Genau genommen kennen Sie dieses Pronomen, zumindest im Akkusativ, schon seit den ersten Lektionen unseres ersten Bands. Damals haben wir nämlich Verben wie nadati se, vratiti se oder tuširati se kennen gelernt. Während sich im Deutschen das Pronomen je nach Subjekt des Satzes verändert (ich dusche *mich*, du duschst *dich*, er duscht *sich*, ...), werden im Kroatischen stets unabhängig vom Subjekt die gleichen Formen verwendet (ja se tuširam, ti se tuširaš, on se tušira, ...). Im Kroatischen wird dieses Reflexivpronomen immer dann verwendet, wenn es sich auf das Subjekt des Satzes bezieht. Natürlich kommt das Reflexivpronomen nicht nur im Akkusativ vor. Beispielsweise sagt Monika (eher umgangssprachlich) unter Verwendung des Dativs in der aktuellen Lektion zu Klaus:

Napravila sam **si** (Dat) jednu listu ... - **Ich** habe **mir** eine Liste gemacht...

Ist die handelnde Person nicht gleichzeitig Objekt des Satzes, werden die bekannten Personalpronomina verwendet. Sehen Sie sich dazu das folgende Beispiel an!

Ona **mi** je napravila jednu listu. - **Sie** hat **mir** eine Liste gemacht.

Zunächst lernen wir die Formen anhand einer Tabelle. Keine Sorge, sie ist nicht allzu umfangreich. Außerdem werden Ihnen die Endungen bekannt vorkommen, beispielsweise von der Deklination der Personalpronomina.

Die Deklination des Reflexivpronomens		
	betont	unbetont
Nom	-	-
Gen	sebe	se
Dat	sebi	si
Akk	sebe	se
Lok	sebi	
Instr	sobom	

Spremanje za odlazak – Vorbereitung zur Abfahrt

Das Reflexivpronomen kann nicht im Nominativ vorkommen, ebenso wenig im Vokativ. Außerdem sind die Formen unabhängig davon, ob das Subjekt im Singular oder im Plural steht. Auch das Geschlecht spielt keine Rolle. Wieder einmal gibt es betonte (lange) und unbetonte (kurze) Formen. Die langen Formen werden nach Präpositionen verwendet und dann, wenn eine besondere Hervorhebung beabsichtigt ist. Wir merken uns:

Verwendung des Reflexivpronomens

Subjekt des Satzes	Objekt des Satzes	Verb
Ja	se	tuširam

In der folgenden Aufgabe werden Sie die neuen Reflexivpronomina, zur Übung manchmal aber auch die „alten" Personalpronomina verwenden müssen.

Übung 11.2

Übersetzen Sie die folgenden Sätze ins Kroatische!

1. Vesna sitzt im Zimmer und spricht allein mit sich selbst. - ....
   ....

2. Gestern habe ich euch in Filipjakov gesehen. - ....
   ....

3. Was wollen Sie über sich schreiben? - ....

4. Die anderen Gäste haben uns überrascht angesehen. - ....
   ....

5. Klaus hat sich einen neuen Hammer gekauft. - ....

6. Wir haben uns gestern im Kino getroffen. - ....

7. Monika hat für sich einen guten Friseursalon in Zadar gefunden. - ....
   ....

8. Denis freut sich, weil er bald wieder mit seinem Großvater spielen kann. - ....
   ....

9. Habt ihr euch einen schönen Platz im Restaurant reserviert? - ....
   ....

10. Monika hat ihre Familie um sich herum versammelt. - ....

11. Sehen wir euch in einer Stunde am Strand? - ....

12. Willst du dir keinen neuen Badeanzug kaufen? - ....

....

Übung 11.3

Nehmen Sie sich ein Blatt Papier zur Hand und setzen Sie die Verbformen (und erforderlichenfalls die entsprechenden Subjekte) der Sätze 2, 3, 4, 9, 11 und 12 der Übung 11.2 vom Singular in den Plural bzw. umgekehrt!

Übung 11.4

Bilden Sie mit den gegebenen Stichwörtern vollständige Sätze! Verwenden Sie, wo sinnvoll, das Reflexivpronomen!

1. Monika, trebati, kupiti, nešto, odlazak - ....

....

2. Monika, lista, napraviti. - ....

3. Gdje, prodavati, med, sir. - ....

4. Jasmina, ogrlica, željeti, kupiti, Biograd, stakleni delfin. - ....

....

5. Jure, Klaus, razgovarati, brz, put, autocesta - ....

....

Bei dem letzten Satz haben wir wieder einmal versucht, Sie aufs Glatteis zu führen. Da das Verb razgovarati im Kroatischen nicht reflexiv ist, kommt in diesem Satz kein Reflexivpronomen vor (*razgovarati* allein heißt schon *sich unterhalten*).

━━━

Adjektive – bestimmte und unbestimmte Form

Dieses Kapitel haben wir auf die lange Bank geschoben, nicht zuletzt deshalb, weil sich eine Unterscheidung der Adjektive (bestimmte bzw. unbestimmte Form) je nach ihrer Verwendung erst nach längerem Sprachgebrauch aufdrängt. Im aktuellen Text lesen wir beispielsweise:

... nabavili smo si **odličan** udžbenik.	-	... wir haben uns **ein ausgezeichnetes** Lehrbuch beschafft.
A kako se zove taj **odlični** udžbenik?	-	Und wie heißt **dieses ausgezeichnete** Lehrbuch?

Im ersten Satz ist das Lehrbuch noch nicht näher bestimmt (im Deutschen wird dies durch den unbestimmten Artikel *ein* deutlich), daher wird die unbestimmte Form (odličan, hier im Akk) verwendet. Anders sieht die Situation in der darauffolgenden Frage aus. Jetzt wird nach dem Titel eines ganz bestimmten Buchs gefragt; besonders betont wird dies außerdem durch Verwendung des Demonstrativpronomens taj. Bevor wir näher auf die Verwendung der bestimmten und unbestimmten Formen eingehen, stellen wir sie in einer Tabelle gegenüber.

Adjektive in der bestimmten und unbestimmten Form (Singular)					
bestimmt			**unbestimmt**		
m	f	n	m	f	n
Nom novi	nova	novo	**nov**	**nova**	**novo**
Gen novog	nove	novog	**nova**	**nove**	**nova**
Dat novom	novoj	novom	**novu**	**novoj**	**novu**
Akk novog/novi	novu	novo	**nova/nov**	**novu**	**novo**
Lok novom	novoj	novom	**novu**	**novoj**	**novu**
Instr novim	novom	novim	**novim**	**novom**	**novim**

Der Deutlichkeit halber haben wir die neuen unbestimmten Formen durch Fettdruck hervorgehoben. Wie Sie bestimmt sofort gesehen haben, sind bei den unbestimmten Formen die Endungen der maskulinen und neutralen Formen (bis auf den Instrumental) mit denen der entsprechenden Substantive identisch. Die femininen Formen sind in ihrer Schreibweise identisch mit den bestimmten Formen, unterscheiden sich von ihnen jedoch in der Betonung. Beispielsweise ist im Nominativ der bestimmten Form bei nova der Akzent auf der ersten Silbe lang fallend und die zweite Silbe endet lang, während in der unbestimmten Form die erste Silbe kurz fallend ist. Alles klar? Bestimmt nicht. Hier hilft nur eines, wenn Sie es ganz genau wissen wollen: Lassen Sie sich von Ihrem Kroatischlehrer die unterschiedlichen Akzentuierungen vorsprechen!

Für den Plural benötigen wir keine neue Tabelle, denn hier sind die unbestimmten Formen in allen Fällen und allen Geschlechtern mit den bestimmten identisch und unterscheiden sich wiederum nur in der Betonung. Anhand der folgenden Übersicht machen wir uns klar, wann die bestimmten und wann die unbestimmten Formen der Adjektive verwendet werden.

Verwendung der bestimmten Form	*Verwendung der unbestimmten Form*	*Beispiele*
	als **Teil des Prädikats** in Verbindung mit einer Form des Hilfsverbs biti.	Udžbenik je **nov**. Auto je **lijep**.
	als **Attribut**, wenn das zugehörige Substantiv noch nicht näher bezeichnet ist	Obitelj Berger ima **nov** karavan.

als **Attribut**, wenn das zugehörige Substantiv genau bestimmt ist, insbesondere nach **Demonstrativpronomina** und **Possessivpronomina**		**Novi** karavan izgleda vrlo dobro. Bili smo na ovom **lijepom** otoku.
	Nach den **Zahlwörtern dva, tri, četiri** (im Gen Sg)	Mate naručuje dva **velika** piva.

Übung 11.5

Deklinations-Pingpong

Üben Sie wie gewohnt die Deklination der Adjektive in der bestimmten und unbestimmten Form! Wählen Sie wenigstens vier verschiedene Beispiele!

Orientieren Sie sich bei der nächsten Übung an der Tabelle über die Verwendung der bestimmten und unbestimmten Formen der Adjektive!

Übung 11.6

Übersetzen Sie die folgenden Sätze ins Kroatische!

1. Jasmina hat einen neuen Freund. - ....

2. Spielst du mit deinem neuen Tennisschläger besser als mit deinem alten? - ....

3. Zadar ist eine schöne Stadt. - ....

4. Der Dieb hat Marijas neuen Fernseher gestohlen. - ....

5. Ist das der schöne Friseursalon, über den wir gesprochen haben? - ....

6. Klaus hat vier große Biere und zwei kleine Schliwowitz getrunken. - ....

7. Die Kirche befindet sich auf einem malerischen Hügel. - ....

8. Haben Sie schon in diesem ausgezeichneten Restaurant gegessen? - ....

....

9. Die kroatische Sprache ist schwer, schwerer als Englisch - ....

....

10. Dinamo Zagreb ist einer der zwei bekanntesten Fußballclubs Kroatiens. - ....

....

11. Verena hat drei große Brüder. - ....

12. Wie viele Flaschen dieses hervorragenden trockenen Weines möchten Sie kaufen? - ....

....

Haben Sie sich an die unbestimmten Formen hinreichend gewöhnt? Seien Sie jetzt nicht enttäuscht, wenn wir Ihnen sagen, dass vor allem in der Umgangssprache häufig die bestimmten Formen (anstelle der unbestimmten) verwendet werden, allerdings auch mit entsprechender Betonung.

Es wird wieder Zeit, dass Sie selbst kreativ werden und sich im Sprechen üben.

Übung 11.7

Bildbeschreibung

Beschreiben Sie das Bild auf Seite 173! Fertigen Sie sich dazu einen Stichwortzettel an und tragen Sie dann in freier Rede vor, was Sie alles auf dem Bild erkannt haben!

Zur Erholung haben wir ein kleines Sprichwort parat, das (richtigerweise) die unbestimmte Form der Adjektive dobar und loš verwendet.

Sprichwort

Navika je dobar sluga, ali loš gospodar.

Kroatisch	Deutsch
navika	Gewohnheit
gospodar	Herr, Gebieter

Die Jahreszeiten

Im Konversationstext tauchten bereits zwei Jahreszeiten (Frühling und Sommer) auf. Wir merken uns die kroatischen Namen der Jahreszeiten anhand der folgenden kleinen Tabelle.

proljeće	ljeto	jesen (f)	zima
Frühling	Sommer	Herbst	Winter

Beachten Sie, dass der Herbst (jesen) im Kroatischen feminin ist und daher seine Fälle nach der i-Deklination gebildet werden.

Bevor sich Übungen und ein klein wenig Grammatik anschließen, geben wir Ihnen noch ein Sprichwort mit auf den Weg, das in ähnlicher Form auch im Deutschen existiert.

Sprichwort

Jedna lasta ne čini proljeće.

Kroatisch	Deutsch
lasta	Schwalbe

Zeitangaben mit Akkusativ oder Genitiv

Wir fassen einige Details zusammen, die Sie zum größten Teil, verteilt auf frühere Lektionen, bereits kennen. Sehr häufig kamen in unseren Lektionstexten Formulierungen wie *slijedećeg dana* (am folgenden Tag) vor. Danica lädt Ihre Gäste mit den Worten *dođite opet slijedećeg ljeta* ein, im nächsten Sommer wieder zu kommen. Auf der anderen Seite haben wir gelernt, dass bei Zeitangaben häufig die Präposition u mit dem Akkusativ verwendet wird, beispielsweise *u nedjelju* (am Sonntag). Auch wenn die Dauer einer Handlung beschrieben wird, verwenden wir den Akkusativ (*čekamo već jedan sat*). Studieren Sie zum besseren Überblick die folgende Tabelle!

\multicolumn{3}{c}{**Verwendung des Genitivs und Akkusativs bei Zeitangaben**}		
Genitiv	zur Angabe einer bestimmten Zeit in Verbindung mit einem Adjektiv oder Demonstrativpronomen	prošle godine ovog četvrtka
Akkusativ	zur Angabe eines bestimmten Zeitpunkts mit der Präposition u	u ponedjeljak
	zur Beschreibung einer Zeitdauer	vožnja će trajati jedan dan

Übung 11.8

Übersetzen Sie die folgenden Sätze ins Kroatische!

1. Zvonko fährt jeden Sommer mit seiner ganzen Familie ans Meer. - ....
....

2. Die Fahrt von Zadar nach Rijeka dauert viele Stunden. - ....
....

3. Am Montag werden wir nach Deutschland aufbrechen. - ....
....

4. Letztes Wochenende hat Jasmina beim Turnier ausgezeichnet gespielt. - ....

....

5. Jeden Tag badet Matko im Meer. - ....

....

Kroatisch	Deutsch
kupati se	baden

6. Am nächsten Freitag muss Vesna mit dem Bus nach Hause fahren. - ....

....

7. Jeden Herbst fährt Familie Berger mit einem befreundeten Paar nach Slowenien. - ....

....

Wir möchten Sie noch auf eine wichtige Kleinigkeit hinweisen, deren Nichtbeachtung unter Umständen massive Verständigungsprobleme nach sich ziehen kann. Wenn Sie beispielsweise am Beginn einer Woche etwas für den Samstag der gleichen Woche verabreden möchten, sagen sie *ove subote ...* (diesen Samstag). Wenn Sie von *slijedeće subote* sprechen, wird Ihr Gegenüber Sie erst am Samstag der folgenden Woche erwarten.

In der folgenden Übung haben wir versucht, einige der angesprochenen Grammatikteile unterzubringen.

Übung 11.9

Lückentext

Ergänzen Sie die fehlenden Formen! Zur Auswahl stehen Ihnen die folgenden Wörter: lijepog – subotu – ništa – slijedećeg – nogometaša – kući – velika – večeri – lijepi – rođendan – svakog – izvrsna – raduje – željeznicu - obavezama

Denisov deveti rođendan

Poslije svog .... odmora u Turnju obitelj

Berger se vratila .... dana Denis

treba ići u školu. U petak i u ....

treba uraditi puno zadaća. Ali u nedjelju se vrlo ....

.... jer ne treba .... raditi za školu. Uz to Denis slavi svoj deveti

.... Pozvao je puno rođaka i prijatelja. „Sretan rođendan", želi

mu njegov djed. Denis je od njega dobio novu lokomotivu za svoju ....

Kakav .... poklon! Denis se igra svojom novom lokomotivom do ....

.... Poslije .... jela Klaus i Monika su iznenadili

Denisa trikoom sa autogramima poznatih .... „Tata, mama, gdje

Kroatisch	Deutsch
zadaća	(Haus)Aufgabe
lokomotiva	Lokomotive
triko (Gen trikoa)	Trikot
autogram	Autogramm
nogometaš	Fußballspieler
tajna	Geheimnis

ste to dobili?" pita Denis. „Nećemo ti to reći. To je naša ………………. tajna." Denis je vrlo uzbuđen tako da ne može dobro spavati. Ali ……………………….. dana počinje opet normalni život sa mnogim …………………………………………….. .

Übung 11.10

Nehmen Sie sich ein Blatt Papier zur Hand und übersetzen Sie den Text der Übung 11.9! Alternativ können Sie den Text zusammen mit einem Partner oder einer Lerngruppe auch mündlich übersetzen.

Bevor wir das Kapitel über Zeitangaben und Jahreszeiten schließen, weisen wir auf eine häufig verwendete Form hin. Wenn im Sommer üblicherweise immer das gleiche passiert, verwendet man die Form *ljeti* an Stelle von *ovog ljeta* (was *in diesem speziellen Sommer* bedeuten würde). In der Regel entsteht durch die Form *ljeti* ein imperfektiver Aspekt, was auch durch die Verwendung des entsprechenden imperfektiven Verbs ausgedrückt werden muss. Wir geben Ihnen noch ein Beispiel.

Ljeti obično idem u Hrvatsku na odmor a zimi ostajem kod kuće. - Im Sommer fahre ich gewöhnlich nach Kroatien in den Urlaub, aber im Winter bleibe ich zu Hause.

Verwendung perfektiver und imperfektiver Verben

Der Kreis schließt sich. Ein letztes Mal werden wir Sie mit dem Verbaspekt behelligen. Auf Seite 12 haben wir die grundsätzlichen Regeln für die Verwendung perfektiver und imperfektiver Verben behandelt. Abweichend davon überlegen wir uns zunächst, wann imperfektive Verben in der Vergangenheit verwendet werden können. Als beispielsweise Jasmina ihren Eltern von dem Bootsausflug mit Wolfgang erzählt, sagt sie unter anderem:

Kasnije smo ronili i skupljali školjke. - Später sind wir getaucht und haben Muscheln gesammelt.

Hier wird das imperfektive Verb *skupljati* (an Stelle des perfektiven *skupiti*) im Perfekt verwendet, um den Vorgang des Sammelns zu betonen. Übrigens: Auch das Verb *roniti* ist imperfektiv. Ein weiteres Beispiel:

Svakog tjedna Ivan je dolazio kući. - Jede Woche kam Ivan nach Hause.

Diesmal wird durch das imperfektive Verb (*dolaziti* an Stelle von *doći*) eine sich in der Vergangenheit wiederholende Handlung beschrieben. Aller guten Dinge sind drei, schauen wir uns also das folgende Satzgefüge an!

Dok je Ivica gledao televiziju, Nada je ušla u dnevnu sobu. - Während Ivica fern sah, kam Nada ins Wohnzimmer herein.

In diesem Beispiel ist eine Handlung in der Vergangenheit noch nicht beendet (ausgedrückt durch die den Nebensatz einleitende Präposition *dok*), während eine zweite Handlung (abschließend) eingetreten ist. Wir fassen zusammen:

Verwendung imperfektiver Verben in der Vergangenheit

> zum Ausdruck einer **nicht abgeschlossenen Handlung** in der Vergangenheit, zur Betonung eines in der Vergangenheit andauernden Vorgangs
> zum Ausdruck einer sich in der Vergangenheit **wiederholenden Handlung**

Nachdem wir das geklärt haben, besprechen wir, wann wir perfektive Verben im Präsens verwenden können. Schon im ersten Band sagt Monika zu Jasmina:

| Kad dođes u apartman, ne zaboravi obući kratke hlaće ... | - | Wenn du ins Apartment kommst, vergiss nicht Shorts anzuziehen ... |

Damals mussten wir die Form *dođeš* des perfektiven Verbs *doći* unkommentiert lassen. Durch den mit *kad* eingeleiteten Nebensatz wird jedoch ein perfektiver Aspekt impliziert: Nachdem Jasmina ins Apartment gekommen ist (abgeschlossene Handlung), soll sie Shorts anziehen. Und noch ein Beispiel, in dem durch Verwendung des perfektiven Verbs (schon wieder *doći*) nicht der Verlauf einer Handlung, sondern das Resultat im Vordergrund steht:

| Nemam ništa protiv Njemačke da dođe do finala ... | - | Ich habe nichts dagegen, dass Deutschland ins Finale kommt. |

Zuweilen kann sogar in Hauptsätzen ein perfektives Verb (im Beispiel *ustati* und *otići*) im Präsens stehen, wenn dadurch ein vergangenes Ereignis beschrieben werden soll:

| Robert rano ustane i ode u grad. | - | Robert stand früh auf und fuhr in die Stadt. |

Verwendung perfektiver Verben in der Gegenwart

> vorwiegend **in Nebensätzen**, in denen der **Abschluss einer Handlung** ausgedrückt werden soll, häufig mit den Präpositionen wie *kad* oder *da*
> in Hauptsätzen, wenn eigentlich die **Vergangenheit** gemeint ist

Übung 11.11

Übersetzen Sie die folgenden Sätze ins Kroatische! Achten Sie auf die richtige Verwendung der imperfektiven bzw. perfektiven Verbform!

1. Während Jasmina eine Halskette kaufte, entdeckte Daniel eine elegante Sonnenbrille. - ....

....

2. Ich brauche 20 Minuten, um zum Bahnhof zu kommen. - ....

....

3. Wenn der Bus im Bahnhof ankommt, müssen wir uns beeilen. - ....

....

4. Jeden Morgen hat Klaus die Zeitung gelesen. - ....

....

5. Während Marija ihre Hosen anzog, klingelte das Telefon. - ....

....

6. Während Monika und Klaus Denis suchten, telefonierte Jure mit der Polizei. - ....

....

7. Mehrere Male habe ich die Filme Karl Mays gesehen. - ....

....

8. Jetzt ist es möglich, dass wir unser Gespräch fortsetzen. - ....

....

9. Casanova war ein Abenteurer, der sich oft im

   Mittelpunkt von Skandalen befand. - ....

   ....

   ....

Kroatisch	Deutsch
avanturist	Abenteurer
skandal	Skandal
intervju (m), Gen intervjua	Interview

10. Blanka Vlašić sagte in einem Interview: „Am wichtigsten ist es, dass ich gesund bleibe." - .....

....

Sie haben es geschafft! Zum Abschluss unserer 11. Lektion kommen Sie wieder selbst zum Sprechen.

Übung 11.12

Rollenspiel: Wir schlagen Ihnen einige Szenen vor, die Sie mit einem Partner nachspielen sollten. Inzwischen sind Sie bestimmt Profi genug, um sich nicht zu eng am Text der Lektion orientieren zu müssen.
Monika und Klaus beratschlagen, was sie alles vor der Abreise organisieren müssen. Klaus unterhält sich mit Jure über den Urlaub in Turanj. Die neuen Tischnachbarn im Lokal erzählen Monika, was sie alles im Urlaub erlebt und unternommen haben.

Übung 11.13

Lesen Sie noch einmal aufmerksam den Text der aktuellen Lektion und beantworten Sie dann die folgenden Fragen zum Text!

1. Zašto je obitelj Berger tužna?
2. Što obitelj Berger želi kupiti u Turnju ili u Filipjakovu?
3. Što se može kupiti usput?
4. Koje obaveze ima Klaus zadnjeg dana odmora?

5. Zašto obitelj Berger neće svratiti u Krapinske Toplice?
6. Gdje se nalaze Krapinske Toplice?
7. Tko će ići u frizerski salon a tko neće? Zašto?
8. Zašto Jasmina želi ići u Biograd?
9. Kako će ona tamo doći?
10. Što ima Denis u planu?
11. Kako se može od Turnja najbrže izaći na autocestu?
12. Koji veliki problem ima Klaus prije odlaska?
13. Što Jure kaže o Klausovoj ženi? Zašto? Kako Klaus reagira?
14. Kako je obitelj Berger našla nove prijatelje?
15. Što im Monika preporučuje za učenje hrvatskog jezika?
16. Kako je Klaus slijedećeg jutra? Zašto?
17. Što je Klaus sanjao?
18. Što je bio Denisov zadatak? Je li ga obavio?
19. Želi li obitelj Berger doći u Turanj slijedeće godine? Znate li kada?
20. Kada počinje sezona u Turnju?
21. Što Monika kaže Danici i Juri prije odlaska?
22. Što Jure preporučuje vozaču?

Wiederholung (11)

Das im aktuellen Lektionstext vorkommende Wort *tjeme* ist Anlass für eine kurze Wiederholung der Deklination der Substantive, die in allen Fällen außer dem Nominativ und Akkusativ Singular eine Erweiterung erfahren. Besonders geläufig sind die Wörter *vrijeme* (Gen *vremena*) und *ime* (Gen *imena*). Eine Erweiterung erfährt auch das Wort *dijete* im Singular (Gen *djeteta*; aber Plural: *djeca, djece* ...). Schauen Sie erforderlichenfalls noch einmal in einer Grammatik oder im ersten Band auf Seite 126 nach!

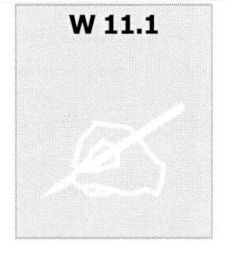

W 11.1

Übersetzen Sie die folgenden Sätze ins Kroatische!

1. Geben Sie dem Kind eine Tafel Schokolade! - ....

2. Warum trägst du den Scheitel auf der rechten Seite? - ....
....

3. Monika und ihre Freundin unterhalten sich über ihre Kinder. - ....
....

4. Von Zeit zu Zeit nervt sie uns. - ....

5. Wie viele Namen haben Sie? - ....

Vokabelliste zur 11. Lektion

Kroatisch	Deutsch
alkoholizirati	alkoholisieren
autogram	Autogramm
avanturist	Abenteurer
brežuljak	Hügel, Anhöhe
brojan /-jna/-o	zahlreich
budući da	weil, da
častiti	ehren, bewirten, einladen
cvrčak	Grille
cvrčanje	Zirpen
diskusija	Diskussion
doduše	allerdings
domaći /-a/-e	(ein)heimisch
fin /-a/-o	fein, zart, anständig
frizerski /-a/-o	Friseur~
gospodar	Herr, Gebieter
gostoljubivost (f)	Gastfreundschaft
intervju (m), Gen intervjua	Interview
ivičnjak	Bordstein, Straßenrand
jesen (f)	Herbst
kajati se, kajem se	bedauern, bereuen
kao da	als ob
komentar	Kommentar
kosa	Haar
krilo	Flügel
krivina	Kurve
kupati se	baden
lasta	Schwalbe
letjeti, letim	fliegen
lječilište	Kurort
ljeto	Sommer
lokomotiva	Lokomotive
lopov	Dieb, Gauner
mahati, mašem	winken
maziti	verwöhnen
motivirati	motivieren
navika	Gewohnheit
nazdraviti	zuprosten
nedostajati (ipf) nedostajem	fehlen
nogometaš	Fußballspieler
odgovarati (ipf)	(be)antworten, entgegnen, zusagen, passen
odlazak	Abfahrt, Abreise
odletjeti, odletim	wegfliegen, abfliegen
ogledalo	Spiegel
okupiti ~ se	(an)sammeln sich versammeln
oprostiti se	hier: sich verabschieden
otploviti	abfahren (eines Schiffs)
par	Paar
pogađati, pogađam	(er)raten
pouka	Lehre, Belehrung
pozvati, pozovem	(her)rufen, einladen
pregaziti	durchschreiten, überfahren
prestati, prestanem	aufhören
primjer	Beispiel
proljeće	Frühling
prtljag	Gepäck
radi (+Gen)	wegen, zwecks
rakija	Schnaps
raspakirati	auspacken
rast	Wuchs
razgovor	Unterhaltung
regulirati	regulieren
rješavanje	Lösung
rum	Rum
salon	Salon
samoposluga	Selbstbedienungsladen
san (Gen sna)	Traum
sanjati	träumen
sezona	Saison
sitnica	Kleinigkeit
skandal	Skandal
smeće	Abfall, Müll
spor /-a/-o	langsam, träge, spärlich
spremanje	Vorbereitung
staklen /-a/-o	gläsern
stan	Wohnung

Spremanje za odlazak – Vorbereitung zur Abfahrt

štednjak	Herd
suđe	Geschirr
susjeda	Nachbarin
susjedni /-a/-o	Nachbar~
suvenir	Souvenir
svratiti (se)	abbiegen, einkehren, einen Abstecher machen
tajna	Geheimnis
termalan /-lna/-o	Thermal~
teškoća	Schwierigkeit
tjeme (Gen tjemena)	Scheitel
toplice (f,Pl)	Thermalbad
triko (Gen trikoa)	Trikot
tužan /-žna/-o	traurig
tvornica	Fabrik
udžbenik	Lehrbuch
ukrasti, ukradem	stehlen
ulje	Öl
usporeÄ‘enje	Vergleich
uspoređivati (ipf), uspoređujem	vergleichen
usput	nebenbei, unterwegs
većina	Mehrheit
većinom	meistens, überwiegend
vizitni /-a/-o	Visiten~
zadaća	(Haus)Aufgabe
zadatak	Aufgabe
zahvaljivati (se), (ipf), zahvaljujem	(sich be)danken
zamicati, zamičem	entwischen, verschwinden
započeti, započnem	beginnen
zavoj	Verband (Medizin) Kurve
zima	Winter

KROATISCH LERNEN? NEMA PROBLEMA!

12. Treći test – dritter Test

Sie haben es beinahe geschafft. Unser letzter großer Test führt Sie zunächst schwerpunktmäßig durch die Grammatik der Lektionen 9 bis 11. Überprüfen Sie gleich, ob Sie noch fit sind im Gebrauch der Pronomina *koji* und *čiji*!

Übung 12.1

Übersetzen Sie ins Kroatische!

1. Gestern habe ich Jure getroffen, dessen Haus in der Nähe von Biograd liegt. - ....

2. Ich würde gerne mit Mario, den ich gestern kennengelernt habe, Tennis spielen. - ....

3. Hast du den Fußballer gesehen, von dem ich ein Autogramm bekommen habe? - ....

4. Er soll sofort Wolfgang rufen, dessen Segelboot in Jures Hafen liegt! - ....

5. Auf der Insel Brač gibt es einen bekannten Strand, welcher „Zlatni Rat" heißt. - ....

6. Wir waren in Zadar, in dessen Altstadt sich die bekannte Kirche Sveti Donat befindet. - ....

7. Familie Berger hat ihren Urlaub in Turanj verbracht, in

    dessen Umgebung es viele Möglichkeiten der Unterhaltung

    gibt. - ....

    ....

Kroatisch	Deutsch
okolina	Umgebung, Umwelt

8. Denis hat gute Ideen gehabt, von denen ein halbes Jahr später nichts übrig geblieben ist. - .. ..

9. Familie Berger hat die Kornaten besichtigt, auf denen die Leute nur im Sommer wohnen. - ... .

KROATISCH LERNEN? NEMA PROBLEMA! BAND 2

10. Gestern habe ich im Fernsehen ein Interview mit Ivan Ljubičić gesehen, das sehr interessant war. - ....

Bei der nächsten Übung beschäftigen wir Sie mit der Deklination verschiedener Substantive und Adjektive, aber auch mit dem Gerundium I und II.

Übung 12.2

Übersetzen Sie ins Kroatische! Verwenden Sie, wenn möglich, die passende Form des Gerundiums!

1. Wenn wir uns auf dem Hügel neben der Kirche befinden, können wir alles bis zu den Kornaten sehen. – ....
....

2. Als ich ins Zimmer hereinkam, traf ich Ivica. - ....

3. Nachdem wir von Pula aufgebrochen waren, haben wir in Rovinj Ivan getroffen. - ....
....

4. Nachdem ich den Film „Schatz im Silbersee" gesehen hatte, wollte ich auf jeden Fall zu den Plitwitzer Seen fahren. - ....
....

5. Als Wolfgang mit dem Boot nach Westen fuhr, sah er einen schönen Sonnenuntergang. - .....
....

6. Während er Musik von Verdi hört, fährt Klaus mit seinem Auto in eine Radarkontrolle. - ....
....

7. Nachdem wir an unserem Ziel angekommen waren, waren wir sehr glücklich. - ....
....

8. Von der Disko zurückkommend traf Jasmina ihre Eltern, welche wegen der späten Zeit nicht gerade begeistert waren. - ....
....

9. Während die Mutter ihrer kleinen Tochter aus einem Buch vorlas, schaute der Vater fern. - ...
....

KROATISCH LERNEN? NEMA PROBLEMA!

Natürlich haben Sie sofort bemerkt, dass im letzten Satz von einem Gerundium keine Rede sein kann, da das Subjekt des Hauptsatzes nicht mit dem des Nebensatzes identisch ist.

Alle Sätze der Übung 12.2 können auch ohne die Verwendung des Gerundiums übersetzt werden, allerdings benötigen Sie dann die entsprechenden Konjunktionen.

Übung 12.3

Nehmen Sie ein Blatt Papier zur Hand und übersetzen Sie die Sätze 1 bis 8 der Übung 12.2 jeweils mit einem Haupt- und Nebensatz, also ohne dabei das Gerundium zu verwenden!

In der nächsten Übung gängeln wir Sie nicht mit einer langweiligen Übersetzung, sondern möchten Ihrer Kreativität freien Lauf lassen.

Übung 12.4

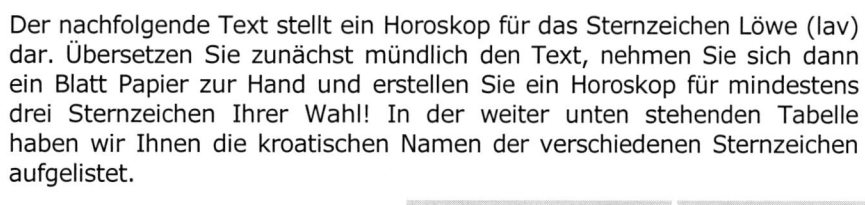

Der nachfolgende Text stellt ein Horoskop für das Sternzeichen Löwe (lav) dar. Übersetzen Sie zunächst mündlich den Text, nehmen Sie sich dann ein Blatt Papier zur Hand und erstellen Sie ein Horoskop für mindestens drei Sternzeichen Ihrer Wahl! In der weiter unten stehenden Tabelle haben wir Ihnen die kroatischen Namen der verschiedenen Sternzeichen aufgelistet.

Lav: Vaš partner će Vam biti nestrpljiv i ljubomoran. Trenutno ne možete ništa popraviti. Ostanite mirno i pričekajte bolje dane!

Kroatisch	Deutsch
partner	Partner
nestrpljiv -a/-o	ungeduldig
ljubomoran /-rna/-o	eifersüchtig

jarac	vodenjak	ribe	ovan	bik	blizanci
Steinbock	Wassermann	Fische	Widder	Stier	Zwillinge
rak	**lav**	**djevica**	**vaga**	**škorpion**	**strijelac**
Krebs	Löwe	Jungfrau	Waage	Skorpion	Schütze

Haben Sie Konditional I und II noch im Griff? Mit der folgenden Aufgabe werden wir Sie noch einmal testen.

Übung 12.5

Übersetzen Sie die folgenden Sätze ins Kroatische!

1. Ich würde sehr gerne Zagreb besichtigen. - ....

2. Familie Berger würde länger in Turanj bleiben, wenn sie mehr Zeit hätte. - ....
....

3. Wenn Klaus die Radarkontrolle gesehen hätte, wäre er langsamer gefahren. - ....

Treći test – dritter Test

4. Würdest du mir dieses Buch leihen? - ....

Kroatisch	Deutsch
pozajmiti (pf)	(aus)leihen

5. Wenn ihr die Zeitung lesen würdet, wüsstet ihr, was in der Welt geschehen ist. - ....

6. Die Mehrheit der Deutschen würde lieber ein neues Auto kaufen als das alte zu reparieren. –

7. Es wäre besser, wenn Sie die Wahrheit sagen würden. - ....

Damit Sie nicht nur nach Kommando übersetzen, haben wir uns nachfolgend einige kreative Aufgaben für Sie ausgedacht.

Übung 12.6

Schauen Sie sich nebenstehende Fotografie eines Plakats an! Erzählen Sie dann Ihrer Lerngruppe mit eigenen Worten, wofür auf dem Plakat geworben wird! Beginnen Sie etwa wie folgt:

„Jučer sam vidio zanimljiv plakat. Snimio sam ga ..."

Übung 12.7

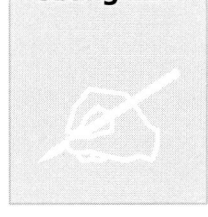

Sehen Sie sich die Bilder (samt Texten) in der nachfolgenden Tabelle an! Verfassen Sie zu wenigstens 5 Bildern einige Sätze, die Ihnen beim Anblick dieser Bilder einfallen!

Nachdem wir Ihnen in den vorangegangenen Lektionen einige Informationen über Zagreb und Zadar gegeben haben, folgen nun Daten über weitere Städte Kroatiens. Hierbei haben Sie ausgiebig Gelegenheit, Ihre Fähigkeiten im Sprechen unter Beweis zu stellen.

Übung 12.8

Wir geben Ihnen zu bekannten Städten Kroatiens einige Daten mit auf den Weg. Fertigen Sie sich zur jeweiligen Stadt einen Stichwortzettel an und tragen Sie dann einige Fakten in freier Rede vor! Natürlich können Sie, wenn Sie wollen, weitere Fakten über die genannten Städte zusammentragen; Ihrem Elan sind keine Grenzen gesetzt.

Dubrovnik

- an der Küste im Süden Dalmatiens, „Perle der Adria", etwa 50.000 Einwohner
- 1997 von der UNESCO in die Liste des Weltkulturerbes aufgenommen
- fast 2 km lange und bis zu 6 m breite, begehbare Stadtmauern
- Hauptpromenade (Stradun), Kirche des hl. Blasius (Sv. Vlaho), Kathedralen, Museen
- im Franziskanerkloster älteste Apotheke Europas
- Rolandsäule (Orlandov stup), Symbol einer freien Stadt
- Städtepartnerschaft mit Bad Homburg

Osijek

- wirtschaftliches und kulturelles Zentrum Slawoniens, im Nordosten Kroatiens, etwa 122.000 Einwohner
- viele Museen und Theater, Universität
- zoologischer Garten mit Aquarium ist größter Zoo Kroatiens
- Bekannte Söhne der Stadt: Branko Lustig (geb. 1932; Filmproduzent in Hollywood, gewann zwei Oskars), Davor Šuker (geb. 1968; Fußballer)

- Die Einwohner nennen die Badestrände an der Save „Copa Cabana" von Osijek
- Städtepartnerschaft mit Pforzheim

Pula

- größte Stadt der Halbinsel Istrien, etwa 60.000 Einwohner
- kulturelles und wirtschaftliches Zentrum Istriens
- Wahrzeichen der Stadt ist die Arena, eines der größten von Römern erbauten Amphitheater
- nahe der Stadt befindet sich der Nationalpark Brijuni, bestehend aus 14 Inseln
- 1870 wurde hier das erste Schifffahrtsmuseum der Welt eingerichtet

Slika: Heide Scheck

Split

- größte und bedeutendste Stadt Dalmatiens, etwa 195.000 Einwohner
- der berühmte Palast des römischen Kaisers Diokletian (erbaut um 300) bildet einen Teil der Altstadt
- Kathedrale Sveti Duje in der Altstadt
- In der Meštrović-Galerie befinden sich viele Werke des berühmten Bildhauers Ivan Meštrović
- bekannte Persönlichkeiten aus Split sind u.a. Ivan Meštrović (1883-1962), der Tennisspieler Nikola Pilić (geb. 1939), Blanka Vlašić (geb. 1983, Leichtathletin, 2007 Weltmeisterin im Hochsprung)
- Städtepartnerschaft mit Berlin-Wilmersdorf

Wenn Ihnen diese Informationen noch nicht genug sind, können Sie Ihre Kenntnisse mit Hilfe des Internets oder von Reiseführern vertiefen. Weitere interessante Städte wie Poreč, Rovinj, Rijeka, Opatija, Šibenik oder Inseln wie Brač oder Korčula sind lohnende Objekte. Doch nun zu unserer nächsten Kreativübung!

Übung 12.9

Der folgende Dialog ist der Anfang einer Geschichte von einer kleinen herrenlosen Katze. Schreiben Sie den Dialog nach eigenen Ideen weiter und spielen Sie ihn mit Ihren Lernpartnern mit verteilten Rollen nach!

Mala mačka Mimi

Monika i Klaus su se vratili kasno kući. Jasmina ih je čekala kod kuće.

		Kroatisch	Deutsch
Jasmina:	Kako je bilo u restoranu?	ukusan /-sna/-o	geschmackvoll, lecker
Monika:	Odlično. Jelo je bilo ukusno. Za desert smo imali palačinke. Bile su vrlo ukusne.	namjeran /-rna/-o	absichtlich, vorsätzlich
Klaus:	Gdje je Denis?	ovamo	hierher
Jasmina:	On je u sobi. Našao je jednu mačku.		
Klaus:	Gdje je našao mačku?		

Jasmina: Bila je ispred šatora.

Klaus: Denise, dođi ovamo!

Denis: Tata, vidi moju mačku! Nije li slatka?

Klaus: Da, da. Ali to nije tvoja mačka. Jesi li pitao Juru, da li zna čija je to mačka?

Denis: Da, pitao sam ga i rekao mi je da je smijem zadržati. Netko ju je sigurno namjerno ostavio blizu šatora. Dao sam joj već mlijeko - i ime: Mimi.

Monika: U redu, ali: Je li Mimi čista i zdrava?

...

Übung 12.10

Ergänzen Sie in folgendem Text die fehlenden Wörter! Wir bieten Ihnen folgende Auswahl:

odmora – stari – do – izišli – trajektom – redovnika – dosadno – sela – pretpostavili – kroz – natpise – brežuljku

Kroatisch	Deutsch
samostan	Kloster
kapela	Kapelle
redovnik	Mönch
glagoljski /-a/-o	glagolitisch
natpis	Aufschrift, Inschrift

U samostanu

Jeste li već bili u jednom samostanu? Na kraju ……………..……. obitelj Berger je išla …………………… na izlet na otok Pašman. U blizini ………………… Tkon nalazi se ………………… benediktinski samostan. Smješten je na ……………………………….. Ćokovac uz kapelu Svete Kuzne i Damjana. Jedan od 8 ……………………………. je vodio obitelj Berger ………………… samostan i pokazao joj stare glagoljske ……………………………. . Monika i Klaus su već ……………………………. da bi to za Jasminu i Denisa bilo ……………………………. . Zato su poslije pola sata ……………………….. vani. Sa brežuljka su imali divan pogled na more, čak …………….. Velebita.

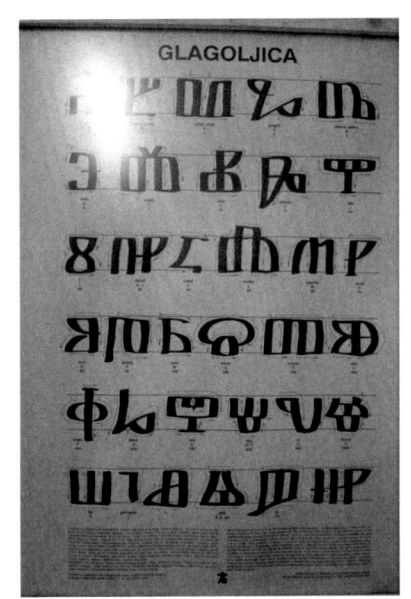

Slika: Arnold Schaffrik

KROATISCH LERNEN? NEMA PROBLEMA! BAND 2

Übung 12.11

Übersetzen Sie mündlich oder schriftlich den Text der Übung 12.10! Bei Interesse informieren Sie sich über die Wurzeln der glagolitischen Schrift und tragen Sie einiges darüber Ihrer Lerngruppe vor!

Nun möchten wir Ihre Augen erfreuen mit einem Foto, aufgenommen auf dem Weg zum o.g. Benediktinerkloster auf der Insel Pašman, natürlich nicht ganz ohne einen Hintergedanken. Sie ahnen es schon: es wird sich eine Aufgabe für Sie anschließen.

Slika: Arnold Schaffrik

Übung 12.12

Bildbeschreibung

Fertigen Sie sich zu obigem Bild einen Stichwortzettel an und beschreiben Sie dann mündlich mit wenigstens 6 Sätzen, was Sie alles auf dem Bild sehen!

Die Deklination von mati und kći

Im gesamten ersten und zweiten Band haben wir die Substantive *majka* und *kćerka* für *Mutter* bzw. *Tochter* verwendet. Diese hatten insbesondere den Vorteil, dass wir uns keine großen Gedanken bei der Deklination machen mussten, wenn man einmal davon absieht, dass beispielsweise im Dativ von *majka* (*majci*) Palatalisation stattfindet. Es sind jedoch in Teilen Kroatiens auch die oben genannten Wörter *mati* (Mutter) und *kći* (Tochter) gebräuchlich. Mit den beiden folgenden Tabellen beschließen wir den grammatikalischen Teil unseres Buches. Die Lateiner unter Ihnen werden sich über die offensichtliche Herkunft des Substantivs *mati* (lateinisch *mater*) freuen.

200   Treći test – dritter Test

KROATISCH LERNEN? NEMA PROBLEMA!

Die Deklination von mati

Fall	Singular	Plural
Nom	mati	matere
Gen	matere	matera
Dat	materi	materama
Akk	mater	matere
Vok	mati	matere
Lok	materi	materama
Instr	materom	materama

Die Deklination von kći

Fall	Singular	Plural
Nom	kći	kćeri
Gen	kćeri	kćeri
Dat	kćeri	kćerima
Akk	kćer	kćeri
Vok	kćeri	kćeri
Lok	kćeri	kćerima
Instr	kćeri / kćerju	kćerima

Die Deklination von *mati* entspricht weitgehend der Deklination der femininen Substantive auf –a, wenn man an den „Stamm" *mater* die entsprechenden Endungen anhängt. Ausnahmen bilden nur der Nominativ, Akkusativ und Vokativ Singular. Die Deklination von *kći* wird Sie vermutlich an die i-Deklination erinnern, wenn man einmal vom Nominativ Singular absieht. Und da ist Sie endlich - Ihre letzte Aufgabe in diesem Buch.

Übung 12.13

Deklinations-Pingpong

Üben Sie, wie gewohnt, die Deklination von mati und kći!

Vokabelliste zur 12. Lektion

Kroatisch	Deutsch
glagoljski /-a/-o	glagolitisch
kapela	Kapelle
kći (f), Gen kćeri	Tochter
ljubomoran /-rna/-o	eifersüchtig
mati (f), Gen matere	Mutter
namjeran /-rna/-o	absichtlich, vorsätzlich
natpis	Aufschrift, Inschrift
nestrpljiv -a/-o	ungeduldig
okolina	Umgebung, Umwelt
ovamo	hierher
partner	Partner
pozajmiti	(aus)leihen
redovnik	Mönch
samostan	Kloster
ukusan /-sna/-sno	köstlich

KROATISCH LERNEN? NEMA PROBLEMA! BAND 2

Lösungen der Übungen

Im folgenden Abschnitt haben wir für die schriftlichen Übungsaufgaben, soweit möglich, Lösungen zusammengestellt. Widerstehen Sie aber der Versuchung, allzu früh von diesem Angebot Gebrauch zu machen, sondern bearbeiten Sie die Aufgaben zunächst so weit wie möglich selbstständig! Bei der Bearbeitung der einen oder anderen Aufgabe könnte Ihre Lösung (etwas) anders aussehen als die hier vorgeschlagene. Vergleichen Sie, falls möglich, Ihre Aufgabenbearbeitung zunächst mit der Ihres Übungspartners oder eines Kursteilnehmers!

Lektion 1 Tražimo Denisa

Übung 1.1
1. Jasmina hat Eis gekauft. – *Jasmina je kupila sladoled.*
2. Jure und Danica sind in Turanj geblieben. – *Jure i Danica su ostali u Turnju.*
3. Das Kind ist nicht im Meer geschwommen. – *Dijete nije plivalo u moru.*
4. Wann bist du in Zagreb gewesen? – *Kada si bio/bila u Zagrebu?*
5. Die Verkäuferinnen sind sehr nett gewesen. – *Prodavačice su bile vrlo ljubazne.*
6. Dieser Ausflug war sehr schön. – *Ovaj izlet je bio vrlo lijep.*
7. Marko hat langsam gesprochen. – *Marko je govorio polako.*
8. Wann haben die Frauen Radio gehört? – *Kada su žene slušale radio?*

Übung 1.2
1. Monika und Klaus sind in die Bank hineingegangen. – *Monika i Klaus su ušli u banku.*
2. Marija hat Geld gefunden. – *Marija je našla novac.*
3. Der Bus ist um 9:00 abgefahren. – *Autobus je otišao u 9 sati.*
4. Nada und Vesna sind nicht gekommen. – *Nada i Vesna nisu došle.*
5. Das Kind ist aus dem Zimmer herausgegangen. – *Dijete je izašlo iz sobe.*

Übung 1.3
1. Die Touristen sind in Senj angekommen. – *Turisti su stigli u Senj.*
2. Ljilja hat ein T-Shirt angezogen. – *Ljilja je obukla majicu.*
3. Das Boot hat den Anker um 16:00 Uhr gelichtet. – *Čamac je digao sidro u 16:00 sati.*
4. Das Kind hat sich auf die Luftmatratze gelegt. – *Dijete je leglo na zračni madrac.*
5. Die Frau konnte Klaus nicht helfen. – *Žena nije mogla pomoći Klausu.*

Übung 1.4
1. *Turist je stigao u Senj.*
2. -
3. *Čamci su digli sidra.*
4. *Djeca su legla na zračne madrace.*
5. *Žene nisu mogle pomoći Klausu.*

Übung 1.6
1. Jučer smo *radili* cijeli dan.
2. Danica *je živjela* u Rijeci.
3. Turisti *su se vratili* u 20 sati.
4. Neno *se tuširao* poslije sporta.
5. Jasmina i Monika *su legle* na krevet.
6. Denis *je htio* ići na izlet.
7. Djeca nisu *rekla* gdje *su vidjela* Denisa.
8. Marina *je izašla* iz banke.
9. Zašto *su* Klaus i Monika *bili* na plaži?

KROATISCH LERNEN? NEMA PROBLEMA!

Übung 1.7
1. Der Lehrer erklärt den Kindern, warum der Autobus spät angekommen ist. – *Učitelj objašnjava djeci zašto je autobus došao kasno.*
2. Die Touristen kommen ins Apartment zurück. – *Turisti se vraćaju u apartman.*
3. Der Gast zahlt dem Kellner die Rechnung. – *Gost plaća konobaru račun.*
4. Die Polizei wird den Touristen helfen. – *Policija će pomoći turistima.*
5. Ein kleiner Junge hat Monika geholfen. – *Mali dječak je Moniki pomogao.*
6. Komm ins Zimmer herein! – *Uđi u sobu!*
7. Josip bleibt lange in der Post. – *Josip ostaje dugo u pošti.*
8. Die Kinder haben geschrieen. – *Djeca su viknula.*
9. Warum ist deine Tochter verschwunden? - *Zašto je nestala tvoja kćerka?*
10. Wer ist zum Strand aufgebrochen? - *Tko je krenuo na plažu?*
11. Warum drehst du dich nicht um, wenn ich dich rufe? - *Zašto se ne okreneš kad te zovem?*

Übung 1.8
1. *Učitelji objašnjavaju djeci zašto je autobus došao kasno.*
2. *Turist se vraća u apartman.*
3. *Gosti plaćaju konobaru račun.*
4. -
5. *Mali dječaci su pomogli Moniki.*
6. *Uđite u sobu!*
7. -
8. *Dijete je viknulo.*
9. *Zašto su nestale tvoje kćerke?*
10. -
11. *Zašto se ne okrenete kad vas zovem?*

Übung 1.9
1. Mario nije došao na vrijeme. On je *zakasnio*.
2. Monika i Klaus *gledaju* televiziju.
3. Nada želi *popiti* samo čašu crnog vina.
4. Marko je *popušio* jednu cigaretu.
5. Prodavačica je *napisala* turistu koliko koštaju cipele.
6. Monika je *izgubila* svoj novčanik.

Übung 1.10
1. Was haben Sie in der Tasche? – *Što imate u torbi? Imam novčanik u torbi.*
2. Wen suchen Monika und Klaus? – *Koga traže Monika i Klaus? Oni traže Denisa.*
3. Mit wem waren Sie im Kino? – *S kim ste bili u kinu? Bio/bila sam sa mojom sestrom u kinu.*
4. Womit beschäftigen Sie sich nach der Arbeit? – *Čime se bavite poslije posla? Učim hrvatski.*
5. Was gibt es nicht auf dem Tisch? - *Čega nema na stolu? Nema vina na stolu.*
6. Wem haben Sie eine Ansichtskarte geschrieben? – *Komu ste napisali razglednicu? Mojoj prijateljici sam napisao razglednicu.*
7. Über wen haben Sie gestern gesprochen? – *O komu ste jučer razgovarali? Razgovarao sam o šefu.*
8. Womit telefonieren die Kinder? – *Čime djeca telefoniraju? Telefoniraju mobitelom.*
9. Womit fährt Ihr Freund in den Urlaub? – *Čime putuje Vaš prijatelj na odmor? On putuje karavanom na odmor.*
10. Womit schreiben Sie? – *Čime pišete? Pišem olovkom.*

Übung 1.11

Nom	itko	netko	nitko	išta	ništa
Gen	ikoga	nekoga	nikoga	ičega	ničega
Dat	ikomu	nekomu	nikomu	ičemu	ničemu
Akk	ikoga	nekoga	nikoga	išta	ništa
Lok	(o) ikomu	(o) nekomu	ni (o) komu	(o) ičemu	ni (o) čemu
Instr	(s) ikim(e)	(s) nekim(e)	ni (s) kim(e)	(s) ičim(e)	ni (s) čim(e)

Übung 1.12
1. Einige Touristen haben ein Boot. – *Nekoliko turista ima čamac.*
2. Wenige Häuser sind alt. – *Malo kuća je staro.*
3. Viele Kinder haben Fußball gespielt. – *Puno djece je igralo nogomet.*
4. Wie viele Touristen essen im Restaurant? – *Koliko turista jede u restoranu?*
5. Wie viele freie Zimmer gibt es im Hotel? – *Koliko slobodnih soba ima u hotelu?*
6. Wie viele Minuten brauchen Sie zum Bahnhof? – *Koliko minuta trebate do kolodvora?*

Übung 1.13
1. U konobi sjedi obitelj Berger i pije. Klaus diže čašu i kaže: *Živjeli!*
2. Vaš prijatelj dolazi prekasno. Vi kažete: *Ne mari ništa!/Nema veze!*
3. Vi želite ići na izlet. Vaš sin nije gotov. Vi kažete: *Hajde!*
4. Konobar je zaboravio Vaše pivo. On kaže: *Oprostite!*
5. Vaše prijateljice ulaze u Vašu kuću. Vi kažete: *Dobro došle!*
6. Vi trebate pomoć u autokampu. Jure kaže: *Nema problema!*
7. Vi kažete: Hvala lijepa, Danice! Ona odgovara: *Nema na čemu!*

Übung 1.14
1. Zašto se Monika i Klaus nalaze u Biogradu? – *Oni traže tamo njihovog sina Denisa.*
2. Gdje traže Monika i Klaus Denisa prije nego što krenu na plažu? – *Oni traže Denisa u blizini luke.*
3. Kako je Klaus došao na ideju tražiti Denisa na plaži? – *Jedna žena mu je rekla da neka djeca tamo igraju nogomet.*
4. Kako se osjeća Monika, kad su stigli na plažu? – *Ona se osjeća loše jer Denis nije ni tamo.*
5. S kim razgovaraju Monika i Klaus na plaži? – *Oni razgovaraju s malim dječakom.*
6. Koliko djece zna nešto o Denisu? – *Samo jedno djece zna nešto o Denisu.*
7. Što zna mali dječak o ljudima, koji su poveli Denisa? – *On samo zna da su bili muškarci.*
8. Što može dječak opisati? – *Dječak može opisati auto.*
9. Što radi Klaus kad pretpostavlja da je Denis već kod kuće? – *Klaus zove Juru.*
10. O čemu razgovaraju Klaus i Jure? – *Klaus želi provjeriti da li je Denis kod kuće. Jure mu kaže da Denis nije ni u apartmanu ni u autokampu.*
11. Gdje se sreću Monika, Klaus i Jure? U koliko sati? – *Oni se sreću na autobusnom kolodvoru, točno u 19 sati.*
12. Koliko dugo traje vožnja od Turnja do Biograda? – *Vožnja traje samo 15 minuta.*
13. Gdje se nalazi policijska uprava? – *Ona se nalazi u blizini autobusnog kolodvora, na drugom katu jedne zgrade.*
14. Koje informacije daju službenici Juri? – *Denis se malo povrijedio i nalazi se u bolnici.*
15. Je li bolnica daleko od policijske zgrade? – *Nije, udaljena je manje od dva kilometra od policijske uprave.*
16. Što mislite: Što se dogodilo Denisu? – *Imao je nesreću.*

KROATISCH LERNEN? NEMA PROBLEMA!

Übung 1.16
Opet u Turanj
Ana se jako raduje. Prije pet sati je *stigla* u Turanj i *podigla* svoj šator na lijepom mjestu u sjeni. Sada *leži* na zračnom madracu i *ne* treba više ništa raditi. Za vrijeme vožnje *popila* je puno vode, a večeras želi ići u konobu *piti* odlično crno *vino*. Njezin prijatelj Mirko radi tamo kao *konobar*. On nije *vidio* Anu dva mjeseca, jer ona živi u *Njemačkoj*. Kad Ana *uđe* u konobu, Mirko se raduje što je opet vidi. Večeras nije konoba puna, tako da Mirko ima dovoljno *slobodnog* vremena. Poslije dugog pozdravljanja Ana i Mirko *razgovaraju*. „Koliko dugo je *trajala* vožnja do Turnja?" – „Dugo, oko *šesnaest* sati." – *Čime* si se vozila?" – *„Autobusom*. Bio je klimatiziran i vrlo *ugodan*. Ali ni ja ni drugi ljudi *nismo* dobro *spavali*. Na sreću imala sam ljubaznog *susjeda*." – „O čemu ste *pričali*?" – „O zanimanju i odmoru. Nažalost je izaš*ao* iz autobusa već u Rijeci." – „U redu. Ti si ovdje, to je najvažnije. Počnimo *razgovarati* o nama!"

W 1.1
1. Franjo und Goran sind zufrieden. – *Franjo i Goran su zadovoljni.*
2. Seid ihr aus Sarajevo? – *Jeste li iz Sarajeva?*
3. Bin ich hier in Zagreb? – *Jesam li ovdje u Zagrebu?*
4. Denis, dein Hemd ist nass! – *Denise, tvoja majica je mokra!*
5. Ist der Kellner nett? – *Je li konobar ljubazan?*
6. Seid ohne Sorge! – *Budite bez brige!*
7. Warum bist du nicht im Zelt? – *Zašto nisi u šatoru?*
8. Ist das Boot nicht schön? – *Zar čamac nije lijep?*
9. Geht es uns gut? – *Jesmo li dobro?*

Lektion 2 U bolnici

Übung 2.1

gegebene Form	Fall	entsprechende Form mit		
		noć	**ljubav**	**radost**
ženi	Dat Sg, Lok Sg	noći	ljubavi	radosti
prijatelje	Akk Pl	noći	ljubavi	radosti
stolu	Dat Sg, Lok Sg	noći	ljubavi	radosti
plažama	Dat Pl, Lok PL, Instr Pl	noćima	ljubavima	radostima
autobusom	Instr Sg	noću	ljubavlju	radošću
konobara	Gen Sg, Akk Sg, Gen Pl	noći, noć, noći	ljubavi, ljubav, ljubavi	radosti, radost, radosti
morem	Instr Sg	noću	ljubavlju	radošću
kampova	Gen Pl	noći	ljubavi	radosti

Übung 2.2
1. Vesna ist ohne ein Wort abgefahren. – *Vesna je otišla bez riječi.*
2. Zvonko hat sein Boot mit Liebe gebaut. – *Zvonko je s ljubavlju gradio svoj čamac.*
3. Danica hat vom Morgen bis zum Abend gearbeitet. – *Danica je radila od jutra do večeri.*
4. Mit solchen Gedanken bist du nicht glücklich. – *S takvim mislima nisi sretan.*
5. Neno wünscht den Gästen viel Freude. – *Neno želi gostima puno radosti.*
6. Das sind schlechte Nachrichten. – *To su loše vijesti.*
7. Was sich der Mensch in der Jugend wünscht, das erlangt er im Alter. - *Što čovjek u mladosti želi, to u starosti dobije.*

Übung 2.4
1. Jasmina je *mlađa* od Denisa.
2. Moje vino je *suše* nego tvoje.
3. Luka je mlad. On je *najmlađi* gost u autokampu.
4. Daniel pliva *brže* od Denisa.
5. Skuša je *skuplja* nego Bečki odrezak.
6. Moje jelo je *ljuće* nego tvoje.
7. Otok Pag je *duži* nego otok Rab.
8. To je *najskuplje* piće u ovom restoranu.

Übung 2.6
1. Familie Berger geht mit ihm ins Restaurant. – *Obitelj Berger ide sa njim u restoran.*
2. Wir treffen sie im zweiten Stock. – *Srećemo ih na drugom katu.*
3. Ich werde ihn gerne besuchen. – *Ja ću ga rado posjetiti.*
4. Wann wirst du mir dieses Buch zurückgeben? – *Kad ćeš mi vratiti tu knjigu?*
5. Er hat es schon auf der Straße gehört. – *On ga je već čuo na ulici.*
6. Ich habe dir alles erzählt. – *Sve sam ti pričao.*
7. Ohne dich möchte ich nicht leben. – *Bez tebe ne želim živjeti.*
8. Für mich ist das nicht wichtig. – *Za mene to nije važno.*
9. Wir sprechen nicht über dich, sondern über ihn. – *Ne govorimo o tebi nego o njemu.*
10. Gib ihr dieses Handtuch! – *Daj joj ovaj ručnik!*
11. Warum siehst du nicht mit mir diesen Film an? – *Zašto ne gledaš sa mnom ovaj film?*

Übung 2.8
1. Der Arzt gibt uns ein Rezept. – *Liječnik nam daje recept.*
2. Gestern haben wir euch gesehen. – *Jučer smo vas vidjeli.*
3. Wir wünschen euch schnelle Besserung. – *Želimo vam brz oporavak.*
4. Niemand hat über sie gesprochen. – *Nitko nije o njima govorio.*
5. Das können Sie mit uns nicht machen. – *To ne možete raditi s nama.*
6. Ich bitte Sie, bringen Sie uns die Speisekarte! – *Molim Vas, donesite nam jelovnik!*
7. Der Kellner bringt ihnen die Getränke. – *Konobar im donosi pića.*
8. Wir können mit ihnen besser arbeiten. – *Možemo s njima bolje raditi.*
9. Wir freuen uns mit Ihnen. – *Radujemo se sa Vama.*
10. Wir haben lange nichts über euch gehört. – *Nismo dugo ništa čuli o vama.*
11. Ohne sie möchten wir nicht abfahren. – *Bez njih ne želimo otići.*
12. Haben wir sie in Zagreb getroffen? – *Jesmo li ih vidjeli u Zagrebu?*

Übung 2.9
1. bolnice, uprava, im, dala, je, račun – *Uprava bolnice im je dala račun.*
2. razgovarati, mi, vi, o – *Mi smo o vama razgovarali.*
3. biti, ja, vratiti, on, knjiga – *Ja sam mu vratio knjigu.*
4. davati, liječnik, ona, injekcija – *Liječnik joj daje injekciju.*
5. to, vi, za, biti, opasan – *To je opasno za vas.*
6. ti, ja, sa, kino, u, ići – *Ja idem sa tobom u kino.*
7. problem, mi, biti, velik, to – *To je veliki problem za nas.*
8. liječnik, pričati, biti, oni, boravak, u, o, Heidelberg – *Liječnik im je pričao o svom (ugodnom) boravku u Heidelbergu.*

KROATISCH LERNEN? NEMA PROBLEMA!

9. brinuti se, ja, on, isto – *Ja se isto brinem za njega.*

Übung 2.10
1. Komm möglichst schnell zurück! - *Vrati se što brže!*
2. Wir bleiben möglichst lange in Turanj. – *Ostajemo što duže u Turnju.*
3. Denis möchte so kurz wie möglich im Krankenhaus bleiben. – *Denis želi što kraće ostati u bolnici.*
4. Goran möchte sein Boot möglichst teuer verkaufen. – *Goran želi prodati svoj čamac što skuplje.*
5. Jasmina möchte möglichst gut Tennis spielen. – *Jamina želi što bolje igrati tenis.*
6. Ljilja versucht jetzt, so hoch wie möglich zu springen. – *Ljilja sada proba skočiti što više.*
7. Mario hat versucht, möglichst tief zu tauchen. – *Mario je probao roniti što dublje.*

Übung 2.11
1. Zašto Jure ne može dopratiti obitelj Berger u bolnicu? – *On ne smije parkirati ispred bolnice.*
2. Što su Monika i Klaus morali uraditi kad su stigli na prijem? – *Morali su čekati i ispuniti formular.*
3. Što se dogodilo sa Denisom u luci? – *On je pao i povrijedio se.*
4. Zašto su liječnici snimili njegovo rame? – *Liječnici su trebali točnu dijagnozu.*
5. Što je Denis dobio poslije dijagnoze? – *Dobio je injekciju i tabletu jer je imao glavobolju.*
6. Kako se osjećao Denis, kad je ugledao svoje roditelje? – *On se jako obradovao.*
7. Zašto se obitelj Berger ne može zahvaliti ljudima, koji su pomogli Denisu? – *Oni nisu ostavili ni ime ni adresu ni broj telefona.*
8. Otkud zna liječnik govoriti njemački jezik? – *On je studirao dva semestra u Heidelbergu.*
9. Kakvu odjeću nosi Denis u bolnici? Zašto? – *On nosi bolničku odjeću. Njegova odjeća je mokra i prljava jer je pao u vodu.*
10. Što treba obitelj Berger uzeti na prijemu bolnice? – *Obitelj Berger treba uzeti potvrdu o boravku i račun.*
11. Znate li kako je u Njemačkoj, kada se prvi put dođe u bolnicu? – *Treba se isto prijaviti kao u Hrvatskoj.*
12. Što se onda mora raditi? – *Onda morate čekati liječnika.*
13. Zašto Monika nije dobro spavala? – *Ona se jako brinula o Denisu.*
14. Što mora Monika kupiti u ljekarni? – *Monika mora kupiti tablete protiv glavobolje i kremu za rame.*
15. Što mora obitelj Berger raditi sa Denisom nekoliko dana poslije njegovog boravka u bolnici? – *Denis treba nekoliko dana njezin nadzor zato što mora mirovati.*

W 2.1
1. Wir sorgen uns um unser Geld. – *Brinemo se o svom novcu.*
2. Magst du heute noch dieses Buch lesen? – *Želiš li već danas čitati ovu knjigu?*
3. Ich höre alles, was du sagst. – *Čujem sve što kažeš.*
4. Jure und Danica haben viel Arbeit. – *Jure i Danica imaju puno posla.*
5. Möchtest du mich begleiten? – *Želis li me dopratiti?*
6. Bringen Sie mir ein Glas Wein! – *Donesite mi čašu vina!*
7. Deine Freundin sieht sehr gut aus. – *Tvoja prijateljica izgleda vrlo dobro.*
8. Gib mir den Teller! – *Daj mi tanjur!*
9. Marko kauft ein T-Shirt. – *Marko kupuje majicu.*
10. Trink das Bier aus! – *Popij pivo!*
11. Schau das schöne Bild an! – *Pogledaj lijepu sliku!*
12. Verkaufen Sie dieses Haus? – *Prodajete li ovu kuću?*
13. Ich möchte nichts mehr hören. – *Ne želim ništa više čuti.*
14. Darf ich ins Kino gehen? – *Smijem li ići u kino?*

Lektion 3 Teniski turnir

Übung 3.1

zu verwendendes Adjektiv (im Nom)	an das Substantiv angepasste Adjektiv	Fall (Sg)
potreban	potrebnim novcem	Instr
divan	divnoj sobi	Dat, Lok
zanimljiv	zanimljivom izletu	Dat, Lok
jak	jake protivnice	Gen
odličan	odličnom kondicijom	Instr
star	starog piva	Gen
prvi	prvu injekciju	Akk
hitan	hitnom pomoću	Instr
točan	točnoj dijagnozi	Dat, Lok
čist	čistom vodom	Instr
mali	mala sumnja	Nom
dobar	dobrog prijatelja	Gen, Akk
oštar	oštrom kamenju	Dat, Lok
loš	lošeg vremena	Gen
vruć	vruće piće	Nom, Akk
nov	novom liječniku	Dat, Lok

Übung 3.2

zu verwendendes Adjektiv (im Nom)	an das Substantiv angepasste Adjektiv	Fall (Pl)
divan	divnim sobama	Dat, Lok, Instr
zanimljiv	zanimlljive izlete	Akk
jak	jake protivnice	Nom, Akk
odličan	odličnim jelima	Dat, Lok, Inst
star	stari prijatelji	Nom
prvi	prvim susjedima	Dat, Lok, Inst
loš	loše vijesti	Nom, Akk
vruć	vruća pića	Nom, Akk
nov	novih liječnika	Gen

KROATISCH LERNEN? NEMA PROBLEMA!

Übung 3.4

gegebene Form	gesuchte Form	gegebene Form	gesuchte Form
veliku ribu	**velike ribe**	u lijepom moru	u lijepim morima
dobrih prijatelja	**dobrog prijatelja**	dobrim nožem	dobrim noževima
na lijepim plažama	na lijepoj plaži	u ugodnim šatorima	u ugodnom šatoru
nove kampove	nov kamp	odličnim servisom	odličnim servisima
na malom otoku	na malim otocima	zlovoljnog šefa	zlovoljnih šefova / zlovoljne šefove

Übung 3.5

1. Jasmina hat gegen gute Gegnerinnen gespielt. – *Jasmina je igrala protiv dobrih protivnica.*
2. Monika und Jasmina wollen nicht die armen Fische angeln. – *Monika i Jasmina neće loviti jadne ribe.*
3. Denis hat einen guten Arzt gehabt. – *Denis je imao dobrog liječnika.*
4. Hier gibt es viele schöne Strände. – *Ovdje ima puno lijepih plaža.*
5. Mario hat ausgezeichnete Ideen. – *Mario ima odlične ideje.*
6. Die Touristen schwimmen in sauberem Wasser. – *Turisti plivaju u čistoj vodi.*
7. Nada geht mit den besten Freundinnen ins Kino. – *Nada ide s najboljim prijateljicama u kino.*
8. Im Fernsehen gibt es heute keine interessante Übertragung. – *Na televiziji nema danas zanimljivog prijenosa.*
9. Jasmina und Klaus sind am Sonntag auf dem Tennisturnier.- *Jasmina i Klaus su u nedjelju na teniskom turniru.*
10. Jasmina hat einen besseren Aufschlag als Denis. – *Jasmina ima bolji servis od Denisa.*
11. Denis liegt mit 5 anderen Patienten im Zimmer. – *Denis leži sa pet drugih pacijenata u sobi.*
12. Martina fährt mit einem kleinen Boot nach Dugi Otok. – *Martina ide malim čamcem na Dugi Otok.*

Übung 3.6

Possessivpronomen					Substantiv	Fall
moj	tvoj	njegov	njezin	naš	prijatelj	Nom
moje	tvoje	njegove	njezine	naše	žene	Gen
moje	tvoje	njegovo	njezino	naše	selo	Nom/Akk
mojem	tvojem	njegovom	njezinom	našem	moru	Dat/Lok
mojeg	tvojeg	njegovog	njezinog	našeg	prijatelja	Gen/Akk
mojim	tvojim	njegovim	njezinim	našim	autobusom	Instr
mojoj	tvojoj	njegovoj	njezinoj	našoj	vodi	Dat/Lok
mojom	tvojom	njegovom	njezinom	našom	šeficom	Instr
mojeg	tvojeg	njegovog	njezinog	našeg	kolodvora	Gen
mojom	tvojom	njegovom	njezinom	našom	radošću	Instr

Übung 3.7
1. Monika i Klaus se brinu. *Njihov* sin nije kod kuće.
2. Jasmina se brine. *Njezina* protivnica ima odličan servis.
3. Kad se Klaus vraća na plažu, Jasmina leži na *njegovoj* ležaljci.
4. Monika kaže Jasmini: Nemoj piti *moju* limunadu!
5. Konobar pita gosta: Kad dolaze *Vaši* prijatelji?
6. Denis je zlovoljan. *Njegova* mačka leži na *njegovom* krevetu.
7. Prodavač kaže Klausu: Nisam nikad prodao *Vašem* sinu alkoholna pića.
8. Darko se ljuti. *Njegov* prijatelj Matko ide sa *njegovom* prijateljicom Nadom u kino.
9. Zvonko je uzbuđen. *Njegov* susjed se vozi *njegovim* čamcem.

Übung 3.8

Nom	**svoj** stol/prijatelj	**svoja** knjiga	**svoje** selo
Gen	svojeg stola	**svoje** knjige	svojeg sela
Dat	**svojem** stolu	svojoj knjizi	svojem selu
Akk	svoj stol/svojeg prijatelja	svoju knjigu	**svoje** selo
Lok	svojem stolu	svojoj knjizi	svojem selu
Instr	svojim stolom	svojom knjigom	svojim selom

Übung 3.10
1. Jure sitzt vor seinem Haus. – *Jure sjedi ispred svoje kuće.*
2. Gestern habe ich deinen Freund gesehen. – *Jučer sam vidio tvojeg prijatelja.*
3. Unser Ausflug war schön. – *Naš izlet je bio lijep.*
4. Wir möchten Ihr Auto kaufen. – *Želimo kupiti Vaš auto.*
5. Die Polizei hat ihre Freundin nicht gefunden. – *Policija nije našla njezinu prijateljicu.*
6. Darko geht mit seiner Freundin ins Restaurant. – *Darko ide sa svojom prijateljicom u restoran.*
7. Warum habt ihr euer Boot verkauft? – *Zašto ste prodali svoj čamac?*
8. In meinem Zimmer gibt es keinen Fernseher. – *U mojoj sobi nema televizora.*
9. Haben Sie mein Kind gesehen? – *Jeste li vidjeli moje dijete?*
10. Der Arzt muss sich um seine Patienten kümmern. – *Liječnik se mora brinuti o svojim pacijentima.*
11. Sie ist seine große Liebe. – *Ona je njegova velika ljubav.*
12. Dies ist unser Abend. – *To je naša večer.*

Übung 3.11

	m	f	n
Nom	**moji** (prijatelji)	**moje** (plaže)	**moja** (sela)
Gen	mojih		
Dat	mojim		
Akk	moje	moje	moja
Lok	mojim		
Instr	mojim		

KROATISCH LERNEN? NEMA PROBLEMA!

Übung 3.15
1. Zašto se Jasmina ne osjeća dobro? – *Slijedećeg vikenda Daniel neće biti u autokampu. Zato se Jasmina plaši da će joj biti dosadno.*
2. Kamo Gerhard ide sa svojom obitelji za vikend? Zašto? – *Gerhard ide u Split, jer želi tamo posjetiti prijatelje.*
3. Što preporučuje Monika Jasmini? – *Monika preporučuje da Jasmina ide na plažu gdje mladi igraju odbojku na pijesku.*
4. Što Klaus prvo prepuručuje? – *Klaus preporučuje pecanje na Vranskom jezeru.*
5. Što misli Jasmina o ovoj ideji? – *Jasmina misli da je to strašna ideja.*
6. Što je Klaus vidio na nekoliko plakata? – *On je vidio da se za vikend održava teniski turnir.*
7. Ima li Jasmina sa sobom sve stvari koje treba za tenis? – *Da.*
8. Zašto moraju Klaus i Jasmina biti u Biogradu prije 18:00? – *Moraju se prijaviti do 18 sati.*
9. Koliko kuna je Klaus platio za prijavu? – *Klaus je platio 150 kuna.*
10. Što mislite: Zašto je turnir zanimljiv za Jasminu? – *Sigurno Jasmina igra tenis i kod kuće i svakako je ovaj turnir dobar trening.*
11. Zašto ostaje Monika u Turnju za vrijeme teniskog turnira? – *Denis mora mirovati i treba još njezin nadzor.*
12. Što radi Denis poslije podne? – *On gleda televiziju kod Arnolda.*
13. Kako je Jasmina igrala u Biogradu? Je li ona imala uspjeha? – *Ona je osvojila treće mjesto. Mislim da je to veliki uspjeh.*
14. Što želi Jasmina jesti navečer? – *Ona želi jesti nešto sa tjesteninom.*
15. Zašto je Jasmina izgubila u polufinalu? – *Njezina protivnica je imala bolju kondiciju i bolji servis.*
16. Zašto se Klaus vraća bez Jasmine? – *Jasmina je ostala na teniskom turniru zato što je željela pogledati finalni susret.*
17. Što Danica i Monika žele spremati za večeru? – *One žele spremati ribu sa raznim prilozima.*

W 3.1
1. Denis hatte gestern viel Glück. – *Denis je jučer imao puno sreće.*
2. Die Speisekarte liegt unter dem Tisch. – *Jelovnik leži ispod stola.*
3. Für diese Arbeit brauchen wir zwei Stunden. – *Za ovaj posao trebamo dva sata.*
4. Wie lange dauert die Fahrt von Turanj nach Biograd? – *Koliko dugo traje vožnja od Turnja do Biograda?*
5. Die Fahrt dauert 15 Minuten. – *Vožnja traje 15 minuta.*
6. Hier gibt es wenig gute Tennisspieler. – *Ovdje ima malo dobrih tenisača.*
7. Klaus kauft 5 Flaschen Wein. – *Klaus kupuje 5 boca vina.*
8. Jasmina war besser als ihre Gegnerinnen. – *Jasmina je bila bolja od svojih protivnica.*
9. Monika bestellt zwei Flaschen Mineralwasser. – *Monika naručuje dvije boce mineralne vode.*
10. Mirko kauft 200 Gramm Salami. – *Mirko kupuje 200 grama salame.*
11. Wie viele Kilometer sind es von Zagreb nach Rijeka? – *Koliko kilometara ima od Zagreba do Rijeke?*
12. Dafür gibt es keine Belohnung. – *Za to nema nagrade.*

Lektion 4 Prvi test

Übung 4.1

gegebene Form	Fall	Genitiv Singular	Dativ Plural	Akkusativ Plural
odličnih pića	Gen Pl n	odličnog pića	odličnim pićima	odlična pića
svoja sela	Nom Pl n Akk Pl n	svojeg/svog sela	svojim selima	svoja sela

lijepu plažu	Akk Sg f	lijepih plaža	lijepim plažama	lijepe plaže
njezino jelo	Nom Sg n / Akk Sg n	njezinog jela	njezinim jelima	njezina jela
njihovi prijatelji	Nom Pl m	njihovog prijatelja	njihovim prijateljima	njihove prijatelje
tvoj posao	Nom Sg m / Akk Sg m	tvojeg/tvog posla	tvojim poslovima	tvoje poslove
razočaranoj ženi	Dat Sg f / Lok Sg f	razočarane žene	razočaranim ženama	razočarane žene
potrebnim novcem	Instr Sg m	potrebnog novca	potrebnim novcima	potrebne novce
našom radošću	Instr Sg f	naše radosti	našim radostima	naše radosti
u jeftinom hotelu	Lok Sg m	jeftinog hotela	jeftinim hotelima	jeftine hotele

Übung 4.2

imperfektives Verb		perfektives Verb	
Infinitiv	Form (Präsens)	Infinitiv	Form (Perfekt)
dolaziti	dolazim	doći	došao sam
nalaziti	nalazite	naći	vi ste našli
vraćati se	mi se vraćamo	vratiti se	mi smo se vratili
gledati	one gledaju	pogledati	one su pogledale
piti	ti piješ	popiti	ti si popila
gubiti	gubimo	izgubiti	izgubili smo
pomagati	ona pomažu	pomoći	ona su pomogla
stizati	stižemo	stići	stigli smo
ostajati	ona ostaje	ostati	ostala je
vikati	vičete	viknuti	viknuli ste

Übung 4.3

1. Monika und Klaus suchen ihren Sohn in Biograd. – *Monika i Klaus traže svog sina u Biogradu.*
2. Ein kleiner Junge erzählt, dass er ihren Sohn gesehen hat. - *Mali dječak priča da je vidio njihovog sina.*
3. Wie lange haben Sie Ihren Sohn gesucht? – *Koliko dugo ste tražili svog sina?*
4. Auf dem Polizeirevier haben die Beamten lange telefoniert. – *Na policijskoj upravi su službenici dugo telefonirali.*
5. Am Montag haben wir gute Nachrichten erhalten. – *U ponedjeljak smo dobili dobre vijesti.*
6. Sie haben Denis in einem großen Krankenhaus gefunden. – *Našli su Denisa u velikoj bolnici.*
7. Ein netter Arzt hat Denis eine Spritze gegen gefährliche Infektionen gegeben. – *Ljubazan liječnik je Denisu dao injekciju protiv opasnih infekcija.*
8. Monika und Klaus mussten ein Formular ausfüllen. Sie ärgerten sich wegen dieser Formalität. – *Monika i Klaus su morali ispuniti formular. Ljutili su se zbog te formalnosti.*

KROATISCH LERNEN? NEMA PROBLEMA!

9. Danke sehr für diese ausgezeichneten Informationen! – *Puno hvala na ovim odličnim informacijama!*
10. Ist die Familie Berger gut in Split angekommen? – *Je li obitelj Berger dobro stigla u Split?*
11. Klaus hat nicht mit Jasmina geangelt. – *Klaus nije lovio ribe sa Jasminom.*
12. Klaus hat Jasmina erklärt, wie sie am besten gegen ihre erste Gegnerin spielen soll. – *Klaus je Jasmini objasnio kako ona treba najbolje igrati protiv prve protivnice.*
13. Jasmina hat gegen starke Tennisspielerinnen gespielt. – *Jasmina je igrala protiv jakih protivnica.*
14. Sind diese Fische frisch? – *Jesu li ove ribe svježe?*
15. Kommen Sie vor 18:00 zur Anmeldung! – *Dođite prije 18 sati za prijavu.*
16. Kommt bis zum Abend zurück! – *Vratite se do večeri!*
17. Gewöhnlich steht Jasmina um 8:30 auf. – *Jasmina ustaje obično u pola devet.*
18. Gestern ist sie schon um 7:00 aufgestanden. - *Jučer je ustala već u sedam sati.*

Übung 4.4
1. Obitelj Berger je bila na izletu na Kornatima. *Gdje je bila obitelj Berger? Je li obitelj Berger bila na Kornatima?*
2. Klaus je išao s Jasminom u Biograd. *Tko je išao s Jasminom u Biograd? Kamo je Klaus išao s Jasminom?*
3. Klaus i Monika traže Denisa. *Koga traže Klaus i Monika? Tko traži Denisa?*
4. Konobar neće Jasmini nikad dati vino. *Što neće konobar dati Jasmini? Komu neće konobar dati vino?*
5. Gerhard i Brigitte razgovaraju o malim problemima. *O čemu razgovaraju Gerhard i Brigitte? Tko razgovara o malim problemima?*
6. Jasmina je igrala novim reketom. *Tko je igrao novim reketom? Čime je Jasmina igrala?*
7. Navečer nema kruha. *Čega nema navečer? Kada nema kruha?*
8. Ivo jede velikom žlicom. *Tko jede velikom žlicom? Jede li Ivo velikom žlicom?*
9. Ana i Dodo razgovaraju o svojem susjedu. *Tko razgovara o svojem susjedu? O komu razgovaraju Ana i Dodo?*

Übung 4.5
1. Branka hat nichts gesehen. – *Branka nije ništa vidjela.*
2. Zvonko hat irgendjemandem sein Boot gezeigt, aber er weiß nicht mehr, wem. – *Zvonko je pokazao nekomu svoj čamac, ali više ne zna komu.*
3. Wir haben niemandem unser Buch gegeben. – *Nismo nikomu dali svoju knjigu.*
4. Nada hat mit niemandem Deutsch gelernt. – *Nada nije ni s kim učila njemački.*
5. Haben Sie irgendetwas vergessen? – *Jeste li nešto zaboravili?*
6. Davor hat ein wenig Hilfe gebraucht. Deshalb hat er jemanden gesucht. – *Davor je trebao malo pomoći. Zato je tražio nekoga.*

Übung 4.6
1. Nada je našla <u>prijateljicu</u>. – *Nada <u>ju</u> je našla.*
2. Liječnik je dao <u>pacijentu</u> recept. - *Liječnik <u>mu</u> je dao recept.*
3. Vesna ide s <u>prijateljicom</u> u kino. - *Vesna ide s <u>njom</u> u kino.*
4. Kapetan vozi čamcem <u>turiste</u> na Kornate. - *Kapetan <u>ih</u> vozi čamcem na Kornate.*
5. Organizator turnira je dao <u>Jasmini</u> <u>nagradu</u>. - *Organizator turnira <u>joj</u> <u>ju</u> je dao.*
6. Jure je pozdravio <u>turiste</u>. - *Jure <u>ih</u> je pozdravio.*
7. Za <u>Danicu</u> to nije problem. – *Za <u>nju</u> to nije problem.*
8. Liječnici ne razgovaraju o <u>pacijentima</u>. - *Liječnici ne razgovaraju o <u>njima</u>.*
9. Ovdje nema ni <u>šefa</u> ni <u>šefice</u>. - *Ovdje nema ni <u>njega</u> ni <u>nje</u>.*
10. Jure ide s <u>turistom</u> na policiju. - *Jure ide s <u>njim</u> na policiju.*

Übung 4.7
1. Klaus ne vidi *veliku šansu* da Jasmina osvoji turnir.
2. Ona je *imala odlične* protivnice.
3. Ivan je *osvojio* puno *velikih turnira*.

Lösungen der Übungen

4. Jana nema *volje* ići sa *svojim prijateljem* na *pecanje*.
5. Denis vidi puno *djece* na *pješčanim plažama*.
6. Monika *mu* preporučuje nekoliko *stvari*, ali Denis to ne *želi* uraditi.
7. Zato mora gledati *televiziju* zbog *svoje povrede*.
8. Kad se Klaus *vratio* sa *turnira*, nije *imao dobru vijest*, jer je Jasmina *izgubila* u *polufinalu*.
9. Gerhard je *pogledao prvenstvo* i *uzbudio se*. Nijemci su *izgubili* od *Talijana*.
10. Denis se od *radosti* nije *mogao* smiriti.

Lektion 5 Trebamo novu gumu

Übung 5.1
1. Danica je *Jurina* žena.
2. Vidjeli smo *prijateljev* čamac.
3. Denis je *Monikin* sin.
4. U autokampu se nalazi *Gerhardov* karavan.
5. *Jasminina* protivnica je igrala vrlo dobro.
6. *Denisovo* stanje se stabiliziralo.
7. *Franjina* obitelj živi na Rabu.
8. Pogledali smo *Jurin* novi televizor.
9. Jasmina je *Denisova* sestra.
10. U luci se nalazi *Ivin* čamac.

Übung 5.2

	m (Pl)	f (Pl)	n (Pl)
Nom	Jurini	Jurine	Jurina
Gen	Jurinih	Jurinih	Jurinih
Dat	Jurinim	Jurinim	Jurinim
Akk	Jurine	Jurine	Jurina
Lok	Jurinim	Jurinim	Jurinim
Instr	Jurinim	Jurinim	Jurinim

Übung 5.3
1. Monika betrachtet Gerhards Caravan. – *Monika promatra Gerhardov karavan.*
2. Klaus' Bücher befinden sich auf dem Regal im Wohnzimmer. – *Klausove knjige se nalaze na polici u dnevnoj sobi.*
3. Ana geht mit Brankas Hund in die Stadt. – *Ana ide s Brankinim psom u grad.*
4. Die Gäste dürfen mit Marijas Boot fahren. – *Gosti smiju ići Marijinim čamcem.*
5. Auf Jures Campingplatz stehen viele Zelte. – *U Jurinom autokampu stoji puno šatora.*
6. Wir dürfen nicht Antes Patienten sehen. – *Ne smijemo vidjeti Antine pacijente.*
7. Gerhard und Klaus bringen Klaus' kaputten Reifen nach Biograd. – *Gerhard i Klaus donose Klausovu oštećenu gumu u Biograd.*
8. Der Kellner bringt Jasminas Lieblingsessen. – *Konobar donosi Jasminino omiljeno jelo.*
9. Monika liest eine interessante Nachricht in Gerhards Zeitung. – *Monika čita zanimljivu vijest u Gerhardovim novinama.*
10. Mario ist mit Ivos Freundinnen ins Kino gegangen. – *Mario je otišao s Ivinim prijateljicama u kino.*

KROATISCH LERNEN? NEMA PROBLEMA!

Übung 5.4
1. Monika je promatrala Gerhardov karavan.
2. Klausove knjige su se nalazile na polici u dnevnoj sobi.
3. Ana je išla s Brankinim psom u grad.
4. Gosti su smjeli ići Marijinim čamcem.
5. U Jurinom autokampu je stajalo puno šatora.
6. Nismo smjeli vidjeti Antine pacijente.
7. Gerhard i Klaus su donijeli Klausovu oštećenu gumu u Biograd.
8. Konobar je donio Jasminino omiljeno jelo.
9. Monika je pročitala zanimljivu vijest u Gerhardovim novinama.

Übung 5.5
1. Gerhard stoji pokraj *Jure*.
2. Turist pita *Karla* gdje se nalazi dobra radionica.
3. Idem s *Milanom* u centar grada.
4. Razgovarili smo o *Milanu*.
5. Jučer sam vidio *Stjepana* sa njegovim prijateljem *Antom*.
6. Donesite *Ivici* još malo vina!
7. Danica zna bolje kuhati od *Matka*.
8. Jesi li vidjela *Ivicu*, *Davora* ili *Juru*?

Übung 5.7

	Deklination weiblicher Vornamen auf -a	
Nom	Jasmina	Danica
Gen	Jasmine	Danice
Dat	Jasmini	Danici
Akk	Jasminu	Danicu
Vok	Jasmina	Danice
Lok	Jasmini	Danici
Instr	Jasminom	Danicom

Übung 5.8
1. Gerhard sjedi pokraj *Danice*.
2. Turist pita *Mariju* gdje se nalazi dobra radionica.
3. Idem s *Jasminom* u bolnicu.
4. Razgovarali smo o *Vesni*.
5. Jučer sam vidio Moniku sa njezinom prijateljicom *Anom*.
6. Donesite *Jeleni* još malo vode!
7. Danica zna bolje kuhati od *Ivane*.

Übung 5.9
1. Gerhard soll nicht so schnell fahren. – *Neka Gerhard ne vozi tako brzo.*
2. Schwimmt nicht zur Insel! – *Ne plivajte prema otoku!*
3. Sie sollen morgen früh aufstehen. – *Neka sutra ustaju rano.*
4. Trinken Sie dieses Glas aus! – *Popijte ovu čašu!*
5. Sie sollen sich freuen. - *Neka se raduju.*
6. Du sollst nicht rauchen. – *Nemoj pušiti!*
7. Wir sollen nicht zu viel essen. – *Nemojmo jesti previše.*
8. Sie soll nicht bis 22 Uhr arbeiten. – *Neka ona ne radi do 22 sati.*

Übung 5.10

1. Zašto je Gerhard došao već rano pred apartman obitelji Berger? - *On želi reći Klausu da mora pogledati njegov auto zato što je jedna guma oštećena.*
2. Gdje se Jure obično nalazi ujutro? - *Jure se obično nalazi u svom uredu.*
3. Što Jure preporučuje Klausu? - *Jure preporučuje ići u Biograd gdje ima dobar vulkanizer.*
4. Možete li Vi objasniti put do vulkanizera? – *Mogu: Na ulazu u Biograd trebate voziti desno do trećeg križanja. Tamo morate skrenuti lijevo, pa vozite još 100 metara do vulkanizera.*
5. Gdje se nalazi oštećena guma na putu do vulkanizera? – *Guma se nalazi u prtljažniku Gerhardovog auta.*
6. Po čemu Gerhard vidi da je Klaus nervozan? – *Klaus kaže Gerhardu da on mora oprezno voziti.*
7. Što je rekao mehaničar kada je vidio oštećenu gumu? – *On je ne može popraviti ali može nabaviti novu.*
8. Kad mogu Klaus i Gerhard uzeti novu gumu? - *Klaus i Gerhard mogu uzeti novu gumu oko 15 sati.*
9. Zašto Klaus želi nazvati Moniku? – *On joj želi reći da se neće vratiti do objeda.*
10. Što rade Klaus i Gerhard na promenadi? – *Oni objeduju u lijepom restoranu.*
11. Što rade mnogobrojni turisti u lučkoj kapetaniji? – *Oni čekaju tamo jer trebaju prijaviti svoje čamce.*
12. Što Klaus mora kontrolirati poslije 50 kilometara? – *Klaus mora kontrolirati da li je guma dobro namontirana.*
13. Koliko košta nova guma? – *Nova guma košta 320 kuna.*
14. Što još nudi mehaničar Gerhardu? – *On još nudi akumulator i ispušni lonac.*

W 5.1

1. 8 Bücher – *osam knjiga*
2. drei Kellner – *tri konobara*
3. 21 Tische – *dvadeset jedan stol*
4. 139 Boote – *sto trideset devet čamaca*
5. 302 Krankenhäuser – *tristo dvije bolnice*
6. 15 gute Nachrichten – *petnaest dobrih vijesti*
7. 47 ausgezeichnete Tennisspielerinnen – *četrdeset sedam odličnih tenisačica*
8. 600 schöne Campingplätze – *šeststo lijepih autokampova*
9. eine große Liebe – *jedna velika ljubav*
10. 17 rote Rosen – *sedamnaest crvenih ruža*
11. zwei gute Werkstätten – *dvije dobre radionice*

W 5.2

1. Haben Sie mehr als 200 Kuna? – *Imate li više od dvjesto kuna?*
2. Denis hat 11 Delfine gezählt. – *Denis je izbrojio jedanaest delfina.*
3. Zum Glück braucht Klaus nur einen neuen Reifen. – *Na sreću Klaus treba samo jednu novu gumu.*
4. Wir möchten 400 Euro wechseln. – *Želimo razmijeniti četiristo eura.*
5. Jure muss drei Stunden warten. – *Jure mora čekati tri sata.*
6. Jasmina hat vier Gegnerinnen besiegt. – *Jasmina je pobijedila četiri protivnice.*
7. In Biograd gibt es drei Tankstellen. – *U Biogradu ima tri benzinske postaje.*
8. Im Krankenhaus gibt es 161 Betten für die Patienten. – *U bolnici ima sto šezdeset jedan krevet za pacijente.*
9. Die Kornaten bestehen aus 147 kleinen und etwas größeren Inseln. – *Kornati se sastoje od sto četrdeset i sedam malih i malo većih otoka.*

Lektion 6 Jedrenje ili ronjenje?

Übung 6.1
čovjek - *čovječe*   duh – *duše*   drug – *druže*   vrag - *vraže*

Übung 6.2

		reći	vratiti
1. Pers. Sg.	(ja)	rekoh	vratih
2. Pers. Sg.	(ti)	reče	vrati
3. Pers. Sg.	(on, ona, ono)	reče	vrati
1. Pers. Pl.	(mi)	rekosmo	vratismo
2. Pers. Pl.	(vi)	rekoste	vratiste
3. Pers. Pl.	(oni, one, ona)	rekoše	vratiše

Übung 6.3
Jasmina je ušla prekasno u restoran. Odmah je ugledala svoju obitelj na terasi. Monika, Klaus i Denis već su zauzeli mjesto. Klaus je pitao: „Gdje si bila?" Jasmina je odgovorila: „Na plaži sa Danielom; oprostite što kasnim". Monika je rekla: „U redu, ali požuri sada i naruči piće!". Jasmina je naručila sok od rajčice, ali konobar je rekao da trenutno nema tog soka. Zato je Jasmina naručila sok od jabuke. Malo kasnije konobar je donio Jasmini piće. Svi su dignuli zadovoljno čaše i rekli: „Živjeli!"

Übung 6.6

		Aorist	Partizip Perfekt		
			m	f	n
1. Pers. Sg.	ja	bih	plivao	plivala	-
2. Pers. Sg.	ti	bi	plivao	plivala	-
3. Pers. Sg.	on	bi	plivao	-	-
	ona		-	plivala	-
	ono		-	-	plivalo
1. Pers. Pl.	mi	bismo	plivali	plivale	-
2. Pers. Pl.	vi	biste	plivali	plivale	-
3. Pers. Pl.	oni	bi	plivali	-	-
	one		-	plivale	-
	ona		-	-	plivala

Übung 6.7
1. Ich würde gerne ins Restaurant gehen. – *Rado bih išao u restoran.*
2. Du würdest lieber zu Hause bleiben. – *Ti bi radije ostao kod kuće.*

3. Das würde ich nicht sagen. – *To ne bih rekao.*
4. Morgen könnten wir Fußball spielen. – *Sutra bismo mogli igrati nogomet.*
5. Ihr würdet gerne Auto fahren. – *Rado biste vozili auto.*
6. Die Touristen würden im Meer schwimmen. – *Turisti bi plivali u moru.*
7. Das wäre eine ausgezeichnete Möglichkeit zum Tauchen. – *To bi bilo odlična mogućnost za ronjenje.*
8. Der Vater hätte gerne mehr Zeit für seine Familie. – *Otac bi rado imao više vremena za svoju obitelj.*
9. Glaubst du auch, dass Segeln billiger wäre als Tauchen? – *Misliš li i ti da bi jedrenje bilo jeftinije od ronjenja?*

Übung 6.8
1. Rado *bismo išli* u restoran.
2. Vi bis*te* radije *ostali* kod kuće.
3. To ne *bismo rekli*.
4. Sutra *bih mogao* igrati nogomet.
5. Ti *bi* rado *vozio* auto.
6. *Turist bi plivao* u moru.
7. -
8. -
9. *Mislite li i vi* da bi jedrenje bilo jeftinije od ronjenja?

Übung 6.9
1. Pogledala sam taj čamac. – *Bi li ti pogledala taj čamac?*
2. Nismo ušli u restoran. – *Ne biste li ušli u restoran?*
3. To nije odlična ponuda. – *Ne bi li to bila odlična ponuda?*
4. Jure rezervira lijepo mjesto u kampu. – *Bi li Jure rezervirao lijepo mjesto u kampu?*
5. Možemo danas ostati kod kuće. – *Biste li danas mogli ostati kod kuće?*
6. Ronjenje je interesantno. – *Bi li ronjenje bilo interesantno?*
7. Ivana radi kao konobarica. – *Bi li Ivana radila kao konobarica?*
8. Rado plivam u moru. – *Bi li ti rado plivao u moru?*
9. Jasmina i Denis mogu jedriti sa Wolfgangom. – *Bi li Jasmina i Denis mogli jedriti sa Wolfgangom?*

Übung 6.10
1. Wenn Jure Zeit hätte, würde er kommen. – *Kad bi Jure imao vremena, došao bi.*
2. Wenn ich mehr lernen würde, wäre ich der beste Student. – *Kad bih više učio, bio bih najbolji student.*
3. Wenn es bis Zagreb nicht so weit wäre, würden wir heute dorthin fahren. – *Ako do Zagreba ne bi bilo tako daleko, otišli bismo danas tamo.*
4. Wenn du mehr arbeiten würdest, würde sich deine Mutter freuen. – *Kad bi ti više radio, radovala bi se tvoja majka.*
5. Wenn Marko einen Hund hätte, müsste er mit ihm spazieren gehen. – *Kad bi Marko imao psa, morao bi šetati s njim.*
6. Wenn Denis nicht verschwunden wäre, müssten ihn seine Eltern nicht suchen. – *Kad Denis ne bi nestao, njegovi roditelji ga ne bi morali tražiti.*
7. Wenn ihr länger in der Sonne liegen würdet, würdet ihr einen Sonnenbrand bekommen. – *Kad biste ležali duže na suncu, dobili biste opeklinu od sunca.*
8. Die Studentinnen könnten besser lernen, wenn es leiser wäre. – *Studentice bi mogle bolje učiti, kad bi bilo tiše.*
9. Wenn der Wind stärker wäre, könnten wir besser segeln. – *Kad bi vjetar bio jači, mogli bismo bolje jedriti.*

Übung 6.11
1. *Da Jure ima vremena, došao bi.*
2. *Da ja više učim, bio bih najbolji student.*
3. *Da Zagreb nije tako daleko, otišli bismo danas tamo.*
4. -

5. *Da Marko ima psa, morao bi šetati s njim.*
6. *Da Denis nije nestao, njegovi roditelji ga ne bi morali tražiti.*
7. *Da ležite duže na suncu, dobili biste opeklinu od sunca.*
8. *Da je tiše, studentice bi mogle bolje učiti.*
9. *Da je vjetar jači, mogli bismo bolje jedriti.*

Übung 6.12
1. Ich gehe in die Schule, um Kroatisch zu lernen. – *Idem u školu da bih učio hrvatski.*
2. Wir fahren nach Zadar, um Kleidung zu kaufen. – *Idemo u Zadar da bismo kupili odjeću.*
3. Ihr geht in die Apotheke, um Tabletten zu kaufen. – *Idete u ljekarnu da biste kupili tablete.*
4. Der Vater liest seinen Kindern immer Geschichten vor, damit diese lieber ins Bett gehen. – *Otac uvijek čita svojoj djeci priče da bi radije išla u krevet.*
5. Du ziehst ein Hemd an, damit du keinen Sonnenbrand bekommst. – *Oblačiš majicu da ne bi dobio opeklinu od sunca.*
6. Die Touristen fahren ans Meer, um sich zu erholen. – *Turisti idu na more da bi se odmorili.*
7. Die Mutter kauft für ihren Sohn Tabletten, damit seine Kopfschmerzen so schnell wie möglich verschwinden. – *Majka kupuje za svog sina tablete da bi njegova glavobola što brže nestala.*

Übung 6.15
1. Klaus je našao svoju djecu. Njih *dvoje* je bilo u slastičarni.
2. Gdje su Klaus i Gerhard? – *Obojicu* sam vidio u konobi.
3. Na plaži se igraju djeca. Njih *četvero* je vrlo prljavo.
4. Monika i Klaus su u trgovini. Prodavačica prodaje njima *dvoma* lijepe stvari.
5. Obitelj Berger je u restoranu. Konobar donosi njima *četvorma* pića na račun kuće.
6. Jure, Neno i Marko idu u Zagreb. Njih *trojica* se jako raduju.
7. Jasmina i Daniel su jedrili. Za njih *dvoje* je to bilo prava avantura.

Übung 6.16
1. Što Monika i Klaus rade na plaži? – *Oni razgovaraju i gledaju zalazak sunca.*
2. O čemu razgovaraju? – *Razgovaraju o Denisu i – naravno – o Jasmini i Danielu, jer žele roniti.*
3. Zašto se Monika i Klaus ne slažu sa Jasmininom željom? – *Misle da je ronjenje opasno.*
4. Zašto su se oni za to odlučili? – *Hoće ići u Filipjakov, zato što tamo ima turistička agencija gdje mogu dobiti informacije o ronjenju u Hrvatskoj.*
5. Zašto Klaus ne može dopratiti Moniku u turističku agenciju? – *On će istovremeno igrati tenis sa Gerhardom.*
6. Gdje se nalazi agencija? – *Nalazi se u Filipjakovu.*
7. Što preporučuje službenica u turističkoj agenciji? – *Ona preporučuje ići u Biograd zato što tamo ima puno ronilačkih škola.*
8. Kako Jasmina reagira kad joj Monika kaže da ne smije ići na ronjenje? – *Ona je vrlo razočarana.*
9. Koji prijedlog ima Monika za Jasminu? – *Ona i Daniel bi mogli jedriti sa Wolfgangom koji nema posadu.*
10. Zašto je Wolfgang sam u autokampu? – *Njegova djeca su otišla kući.*
11. Što će Jasmina uzeti sa sobom na jedrenje? – *Jasmina će uzeti svoj kupaći kostim, svoju masku za ronjenje, svoju dihalicu i svoje peraje.*
12. Zašto Denis ne želi poći sa svojom sestrom? – *On se radije želi igrati sa svojim prijateljima na plaži.*
13. Gdje se nalazi Wolfgangova jedrilica? – *Jedrilica se nalazi u Jurinoj luci.*
14. Kako Klaus pomaže Jasmini prije polaska? – *Klaus drži uže dok Jasmina ne uđe.*
15. Što Jasmina priča o izletu? Sastavite najmanje 4 rečenice! – *Prvo su se vozili motorom. Onda su jedrili. Oni su naučili što znače „Steuerbord" i „Backbord". U podne su bacili sidro u malu uvalu. Wolfgang je skuhao špagete sa sosom od rajčice.*

16. Što mislite: Je li jedrenje opasno? A ronjenje? – *Jedrenje nije opasno dok je vjetar slab. Inače je potrebna dobra posada. Ronjenje je opasnije, zato nikad ne smiješ sam roniti.*

W 6.1
1. In der Bank gibt es drei Schalter. – *U banci ima tri šaltera.*
2. Jures Vorschläge sind ausgezeichnet. – *Jurini prijedlozi su odlični.*
3. Wir würden gerne in Rijeka wohnen. – *Rado bismo stanovali u Rijeci.*
4. Ich gebe meiner Mutter Geld zurück. – *Vraćam mojoj majci novac.*
5. Wir werden nicht über eine Fliege an der Wand reden. – *Nećemo govoriti o musi na zidu.*
6. In Jures Hafen befindet sich nur ein Segelboot. – *U Jurinoj luci se nalazi samo jedna jedrilica.*
7. Auf den dalmatinischen Inseln gibt es häufig kein Wasser. – *Na dalmatinskim otocima često nema vode.*

Lektion 7 Kupovina u Zadru

Übung 7.1

	Die Deklination von taj und onaj im Singular					
Nom	taj	ta	to	onaj	ona	ono
Gen	tog(a)	te	tog(a)	onog(a)	one	onog(a)
Dat	tom(e)	toj	tom(e)	onom(e)	onoj	onom(e)
Akk	tog(a)/taj	tu	to	onog(a)/onaj	onu	ono
Lok	tom(e)	toj	tom(e)	onom(e)	onoj	onom(e)
Instr	tim(e)	tom	tim(e)	onim(e)	onom	onim(e)

Übung 7.2
1. Monika will ein Handtuch kaufen. Die Verkäuferin fragt: „Möchten Sie dieses Handtuch hier?" - „Nein, das dort!" – *Monika hoće kupiti ručnik. Prodavačica pita: „Želite li ovaj ručnik?" - „Ne, taj!"*
2. Klaus und Gerhard unterhalten sich. Klaus sagt: „Gerhard, wollen wir morgen mit diesem Boot dort einen Ausflug machen?" – *Klaus i Gerhard razgovaraju. Klaus kaže: „Gerhard, hoćemo li tim čamcem sutra ići na izlet?"*
3. Brigitte befindet sich in der Bank. Sie fragt einen Angestellten: „Kann ich an diesem Schalter hier Geld tauschen?" – „Nein, an jenem dort!" – *Brigitte se nalazi u banci. Pita službenika: „Mogu li razmijeniti novac na ovom šalteru?" – „Ne, na onom!"*
4. Jasmina hat eine Katze gefunden und zeigt sie ihrer Mutter. „Kann ich diese Katze behalten?" - „Diese Katze? Nein, auf keinen Fall!" – *Jasmina je našla mačku i pokazuje ju svojoj majci. „Mogu li zadržati ovu mačku?" - „Tu mačku? Ne, ni u kom slučaju!"*
5. Der Polizist fragt Klaus: „Ist jener dort Ihr Sohn?" – *Policajac pita Klausa: „Je li onaj tamo Vaš sin?"*
6. Der Kellner fragt den Gast: „Ist das hier Ihr Bier?" – „Nein, ich hätte gerne diesen Saft dort!" – *Konobar pita gosta: „Je li ovo Vaše pivo?" - „Ne, imao bih rado taj sok!"*
7. „Kennen Sie Biograd?" – „Jene schöne Stadt an der Adria?" - *„Znate li Biograd?" – „Onaj lijepi grad na Jadranskom moru?"*
8. Gerhard fragt den Fahrer: „Fährt dieser Bus nach Split?" – „Nein! Sehen Sie jenen auf der anderen Seite der Straße? Dort müssen sie einsteigen." – *Gerhard pita vozača:*

„Ide li ovaj autobus u Split?"- „Ne! Vidite li onaj na drugoj strani ulice? Tamo morate ući."

9. Der Verkäufer hebt einige Bücher hoch. „Mit diesen Büchern wird Ihr Urlaub bestimmt nicht langweilig sein!" – *Prodavač diže nekoliko knjiga. „S ovim knjigama Vaš odmor zacijelo neće biti dosadan!"*

Übung 7.4

Infinitiv	1. Pers. Sg Präsens	Partizip Passiv		
		m (Sg)	f (Sg)	n (Sg)
uznemiriti	uznemirim	uznemiren	uznemirena	uznemireno
zaboraviti	zaboravim	zaboravljen	zaboravljena	zaboravljeno
uraditi	uradim	urađen	urađena	urađeno
voljeti	volim	voljen	voljena	voljeno
vidjeti	vidim	viđen	viđena	viđeno
posuditi	posudim	posuđen	posuđena	posuđeno
zadržati	zadržim	zadržan	zadržana	zadržano
obući	obučem	obučen	obučena	obučeno
naći	nađem	nađen	nađena	nađeno
organizirati	organiziram	organiziran	organizirana	organizirano
dignuti	dignem	dignut	dignuta	dignuto

Übung 7.6
1. Der Parkplatz ist besetzt. – *Parkiralište je zauzeto.*
2. Diese Zimmer hier sind reserviert. – *Ove sobe su rezervirane.*
3. Alle Tische im Restaurant sind besetzt. – *Svi stolovi u restoranu su zauzeti.*
4. Sie möchte das angebotene T-Shirt kaufen. – *Ona želi kupiti ponuđenu majicu.*
5. Mario erblickt seine Freunde durch die geöffnete Tür. – *Mario ugleda svoje prijatelje kroz otvorena vrata.*
6. Denis' Handy ist gefunden (worden). – *Denisov mobitel je nađen.*
7. Der Kellner bringt nicht die bestellten Getränke. – *Konobar ne donosi naručena pića.*
8. Vesna ist aufgeregter als Sanja. – *Vesna je uzbuđenija od Sanje.*
9. Das Boot fährt auf dem stürmischen (aufgewühlten) Meer. – *Čamac plovi na uzburkanom moru.*

Übung 7.7
Zadar – lijep grad na Jadranskom moru
Grad Zadar *smješten* je u samom srcu Jadrana te čini središte sjeverne Dalmacije kao upravni, privredni, *kulturni* i politički centar regije. U Zadru živi blizu 90000 *stanovnika*. Zbog njegove duge povijesti *može se* u Zadru pogledati puno znamenitosti. Crkva Svetog Donata iz 9. stoljeća *sagrađena* je na ostacima rimskog foruma. Ona je *najpoznatija* zgrada u Zadru ali samo jedna od brojnih *crkava* zanimljive arhitekture. Kod male *luke* Foša se nalaze monumentalna Kopnena *vrata* iz 1543. godine. Zadar je zadržao prometnu važnost - kroz grad prolazi Jadranska magistralna cesta, a u *njegovoj* blizini autocesta Zagreb - Split, *dovršena* 2005. Zračna luka Zadar nalazi se u Zemuniku. Ona je oko 14 km *udaljena* od

grada. Zadar je *zbratimljen* sa njemačkim *gradom* Fürstenfeldbruck. Originalni zadarski liker Maraschino *priprema se* po tradicionalnoj recepturi iz 16. *stoljeća*.

Übung 7.9
1. *Parkiralište će biti zauzeto.*
2. *Ove sobe će biti rezervirane.*
3. *Svi stolovi u restoranu će biti zauzeti.*
4. -
5. -
6. *Denisov mobitel će biti nađen.*
7. -
8. *Vesna će biti uzbuđenija od Sanje.*

Übung 7.10
1. Hier verkauft man Wein. – *Ovdje se prodaje vino.*
2. Heute wird das Museum geöffnet. – *Danas se otvara muzej.*
3. Wie sagt man auf Kroatisch? – *Kako se kaže na hrvatskom?*
4. Wie schreibt man auf Deutsch? – *Kako se piše na njemačkom?*
5. Das Boot wird aus dem Wasser gehoben. – *Čamac se diže iz vode.*
6. Hier versteht man auch Deutsch. – *Ovdje se razumije i njemački.*
7. Am Strand wird Volleyball gespielt. – *Na plaži se igra odbojka.*
8. Dieser Reifen wird nicht repariert. – *Ova guma se ne popravlja.*
9. Dieses Buch wird nicht gerne gelesen. – *Ova knjiga se ne čita rado.*
10. Im Pašman-Kanal kann man gut segeln. – *U Pašmanskom kanalu se može dobro jedriti.*

Übung 7.11
1. Ivo trägt eine neue Hose. – *Ivo nosi nove hlače.*
2. Gib ihm deine Kappe! – *Daj mu svoju kapu!*
3. Luka hat seinen weißen Hut verloren. – *Luka je izgubio svoj bijeli šešir.*
4. Wo sind meine schwarzen Schuhe? – *Gdje su moje crne cipele?*
5. In diesem Rock siehst du sehr gut aus. – *U ovoj suknji izgledaš vrlo dobro .*
6. Vesna trägt ein neues Kostüm. – *Vesna nosi nov kostim.*
7. Man trägt keine Strümpfe zu kurzen Hosen. – *Čarape se ne nose uz kratke hlače.*
8. Warum willst du dieses Hemd nicht anziehen? – *Zašto nećeš obući ovu košulju?*
9. Möchten Sie lieber einen Mantel oder eine Jacke? – *Želite li radije kaput ili jaknu?*
10. In diesem Pullover wird dir schnell warm sein. – *U ovom puloveru bit će ti brzo toplo.*
11. Warum gefällt dir mein T-Shirt nicht? – *Zašto ti se ne sviđa moja majica?*

Übung 7.13
Danas je
17. Juni	- *sedamnaesti lipnja*
23. Juli	- *dvadeset i treći srpnja*
8. Oktober	- *osmi listopada*
29. Februar	- *dvadeset i deveti veljače*
4. Mai	- *četvrti svibnja*
6. November	- *šesti studenog*
22. Dezember	- *dvadeset i drugi prosinca*
1. März	- *prvi ožujka*
2. Januar	- *drugi siječnja*
19. April	- *devetnaesti travnja*

Übung 7.14
1. Kad je rođen Vaš otac (22. August 1951) ? – *Rođen je dvadeset drugog kolovoza tisuću devetsto pedeset i prve.*
2. Kad je rođena Vaša majka (14. Februar 1960) ? – *Rođena je četrnaeste veljače tisuću devetsto šezdesete.*

KROATISCH LERNEN? NEMA PROBLEMA!

3. Kad je rođena tvoja sestra (4. März 1985)? - *Rođena je četvrtog ožujka tisuću devetsto osamdeset i pete.*
4. Kad je rođen tvoj brat (11. November 1978) ? – *Rođen je jedanaestog studenoga tisuću devetsto sedamdeset i osme.*
5. Kad su rođene tvoje mačke (8. April 2006; 9. Oktober 2007) ? – *Moje mačke su rođene osmog travnja dvije tisuće i šeste i devetog listopada dvije tisuće i sedme.*

Übung 7.17
1. Što Monika i Klaus rade navečer na plaži? –*Oni sjede na svojoj omiljenoj klupi i razgovaraju.*
2. Zašto Gerhard i Brigitte žele ići u Zadar? – *Oni žele pogledati stari dio grada i kupiti nekoliko stvari za svoje prijatelje u Njemačkoj.*
3. Kad se Gerhard treba vratiti kući? – *Gerhard se treba vratiti kući prije drugog rujna.*
4. Zašto oni idu u Zadar samo jednim autom? – *Zato što onda trebaju samo jedno mjesto za parkiranje.*
5. Kad odlaze u Zadar? – *Odlaze u 10 sati.*
6. Koliko dugo traje vožnja od Turnja do Zadra? - *Vožnja traje samo 20 minuta.*
7. Što Klaus ne smije zaboraviti poslije dolaska na parkiralište? – *On ne smije zaboraviti platiti i uzeti parkirnu kartu na parkirnom automatu.*
8. Kako se zove stara gradska luka? – *Zove se Foša.*
9. Što Jasmina preporučuje kad su stigli u gradsku luku? Zašto? – *Ona preporučuje ići odvojeno zato što ne želi ići sa svojim roditeljima.*
10. Zašto Klaus i Gerhard ne žele ići sa svojim ženama u muzej i kasnije u kupovinu? – *Zato što bi to bilo dosadno za njih.*
11. Koliko vremena imaju Klaus i Gerhard na raspolaganju? Što oni rade? – *Imaju više od 4 sata na raspolaganju. Idu u mali restoran, jedu i piju, tumaraju ulicama i provode kasnije vrijeme u internet-kafiću.*
12. Što je Monika kupila za Rolanda? Zašto? – *Ona je kupila knjigu o Zadru i njegovoj povijesti. Roland se mnogo zanima za povijest i staru kulturu.*
13. Kako je Brigitte uspjela sniziti cijenu ručnika? – *Ona je kupila dva i zato dobila popust.*
14. Znate li što su žene sve kupile? – *Kupile su puno odjeće.*
15. Kako je Klaus reagirao kad mu je Monika ispričala što je sve kupila? – *On se brine za blagajnu za odmor jer ne želi otići kući prije vremena.*
16. Što su djeca kazala zašto su zakasnila? – *Oni su morali ići zaobilaznicom zbog radova na putu.*
17. Što mislite: Da li im Klaus vjeruje? – *Mislim da im Klaus ne vjeruje.*
18. Što je Jasmina snimila svojim mobilnim telefonom? – *Snimila je morske orgulje.*
19. Koja je stara zgrada u Zadru najpoznatija? – *Najpoznatija zadarska zgrada je crkva Svetog Donata.*

W 7.1
1. Herr Berger ist der 6. Gast im Restaurant. – *Gospodin Berger je šesti gost u restoranu.*
2. Monika steht auf der Post am 3. Schalter. – *Monika stoji na pošti na trećem šalteru.*
3. Jasmina bekommt den dritten Preis beim Tennisturnier. – *Jasmina dobija treću nagradu na teniskom turniru.*
4. Wolfgang sucht schon in der 5. Bucht einen schönen Liegeplatz. – *Wolfgang traži već u petoj uvali lijep vez.*
5. Der 100. Gast des Abends bekommt ein Essen auf Rechnung des Hauses. – *Stoti gost večeri dobija jelo na račun kuće.*
6. Klaus' Auto ist das 342. auf dem Parkplatz. – *Klausov auto je tristo četrdeset i drugi na parkiralištu.*
7. Denis hat gestern den 21. Delfin gesehen. – *Denis je jučer vidio dvadeset i prvog delfina.*

W 7.2
Wagen – *kola (n, Pl)* Hose – *hlače (f, Pl)*
Orgel – *orgulje (f, Pl)* Zeitung – *novine (f, Pl)*

KROATISCH LERNEN? NEMA PROBLEMA! BAND 2

Lektion 8 Drugi test

Übung 8.1
1. Wir müssen Jure suchen. – *Moramo tražiti Juru.*
2. Hast Du Marijas Sohn gesehen? – *Jesi li vidio Marijinog sina?*
3. Zeige Ivo den kaputten Reifen! – *Pokazi Ivi oštećenu gumu!*
4. Jasminas Familie freut sich sehr. – *Jasminina obitelj se vrlo raduje.*
5. Am Strand sind viele von Denis' Freunden. – *Na plaži je puno Denisovih prijatelja.*
6. Hast du Danica schon unsere Dokumente gegeben? – *Jesi li već Danici dao naše isprave?*
7. Neno fährt mit Ivos Wagen in die Stadt. – *Neno se vozi Ivinim autom u grad.*
8. Mario fährt lieber mit Vesnas Auto als mit seinem eigenen. – *Mario se vozi radije Vesninim autom nego svojim.*
9. Wolfgangs Segelboot befindet sich in Jures Hafen. – *Wolfgangova jedrilica se nalazi u Jurinoj luci.*
10. Jasmina hat nicht Monikas Geduld. – *Jasmina nema Monikine strpljivosti/Monikinu strpljivost.*
11. Josip geht mit den Rosen aus Sonjas Garten zu seiner Freundin. – *Josip ide svojoj prijateljici sa ružama iz Sonjinog vrta.*
12. Sanja ist nicht mit Ivos Vorschlägen einverstanden. – *Sanja se ne slaže s Ivinim prijedlozima.*
13. Willst du nicht mit Marko dein Fahrrad reparieren? – *Nećeš li popraviti svoj bicikl s Markom?*

Übung 8.2
1. Rado sam u Vašem restoranu. - *Rado bih bio u Vašem restoranu.*
2. Radujemo se kad ste vi ovdje. – *Mi bismo se radovali kad biste vi bili ovdje.*
3. Da li ideš u kino? – *Da li bi ti išao u kino?*
4. Danica ide u crkvu. – *Danica bi išla u crkvu.*
5. Snimam Vas kad sjedite na toj stolici. – *Snimio bih Vas kad biste sjedili na toj stolici.*
6. Ništa nije bolje od toga. – *Ništa ne bi bilo bolje od toga.*
7. Djeca najčešće igraju nogomet. - *Djeca bi najčešće igrala nogomet.*
8. Možeti li mi rezervirati ovo lijepo mjesto? – *Biste li mi mogli rezervirati ovo lijepo mjesto?*
9. Jeste li tako ljubazni da dođete meni? – *Biste li bili tako ljubazni da dođete meni?*

Übung 8.3
1. Wenn du dich jetzt beeilen würdest, wären wir früher am Strand. – *Ako bi ti sada požurio, bili bismo ranije na plaži.*
2. Dein Chef wäre zufrieden, wenn du mehr arbeiten würdest. – *Tvoj šef bi bio zadovoljan, ako bi ti više radio.*
3. Wenn ihr abends nicht so lange fernsehen würdet, könntet ihr früher aufstehen. – *Da ne gledate navečer tako dugo televiziju, mogli biste ranije ustati.*
4. Wenn du vorsichtiger fahren würdest, würde ich mich besser fühlen. – *Ako bi ti vozio opreznije, osjećao bih se bolje.*
5. Wenn sie mehr trainieren würden, könnten sie den Wettkampf gewinnen. – *Kad bi više trenirali, mogli bi dobiti utakmicu.*

Übung 8.4
1. Gerhard und Klaus fahren nach Biograd, um einen neuen Reifen zu erhalten. – *Klaus i Gerhard idu u Biograd da bi dobili novu gumu.*
2. Familie Berger fährt nach Zadar, um Geschenke für ihre Nachbarn einzukaufen. – *Obitelj Berger ide u Zadar da bi kupila poklone za svoje susjede.*
3. Klaus liegt unter dem Sonnenschirm, damit er keinen Sonnenbrand bekommt. – *Klaus leži ispod suncobrana da ne bi dobio opeklinu od sunca.*
4. Denis muss im Zimmer bleiben, um sich zu erholen. – *Denis treba ostati u sobi da bi se odmorio.*

5. Jasmina hat immer ihr Handy dabei, damit sie ihre Freundinnen anrufen kann. – *Jasmina ima uvijek svoj mobitel kod sebe da bi mogla nazvati svoje prijateljice.*
6. Brigitte hat einen Reiseführer gekauft, damit sie sich besser in Zadar zurechtfinden kann. – *Brigitte je kupila vodič da bi se mogla bolje snaći u Zadru.*

Übung 8.5
1. biti, to, dobar – *To bi bilo dobro.*
2. ja, vrijeme, imati, jedrenje – *Ja bih imao vremena za jedrenje.*
3. prodati, mehaničar, Gerhard, nov, akumulator – *Mehaničar bi Gerhardu prodao nov akumulator.*
4. plaža, igrati, djeca, odbojka – *Djeca bi igrala odbojku na plaži.*
5. mi, susjedi, kupiti, ručnici, naš, za – *Mi bismo kupili ručnike za naše susjede.*
6. konoba, muževi, rado, ići, piti, alkoholna pića – *Muževi rado idu u konobu da bi pili alkoholna pića.*
7. vi, ići, ako, Zadar, puno, vidjeti, stvar, tamo, zanimljiv – *Ako biste vi išli u Zadar, vidjeli biste tamo puno zanimljivih stvari.*

Übung 8.6
1. Heute ist der 23.01.1987. – *Danas je dvadeset treći siječnja tisuću devetsto osamdeset sedme.*
2. Gestern war der 17.04.2008. – *Jučer je bio sedmanaesti travnja dvije tisuće osme.*
3. Morgen ist der 02.10.1994. – *Sutra je drugi listopada tisuću devetsto devedeset četvrte.*
4. Übermorgen ist der 28.02.2001. – *Preksutra je dvadeset osmi veljače dvije tisuće prve.*
5. Ivana ist am 12.08.1977 geboren. – *Ivana je rođena dvanaestog kolovoza tisuću devetsto sedamdeset i sedme.*
6. Dein Kind muss am 05.03.2007 zum Arzt gehen. – *Tvoje dijete mora ići liječniku petog ožujka dvije tisuće sedme.*
7. Wir werden am 24.06.2009 nach Kroatien fahren. – *Ići ćemo u Hrvatsku dvadeset četvrtog lipnja dvije tisuće devete.*
8. Dieser Parkplatz ist am 10.12.2007 geschlossen. – *Ovo parkiralište je zatvoreno desetog prosinca dvije tisuće sedme.*
9. Dieses Restaurant ist bis zum 15.05.2008 geschlossen. – *Ovaj restoran je zatvoren do petnaestog svibnja dvije tisuće osme.*
10. Ab dem 25.07.2003 ist dieser Platz auf Jures Campingplatz für Davor reserviert. – *Ovo mjesto u Jurinom autokampu je rezervirano za Davora od dvadeset petog srpnja dvije tisuće i treće.*
11. Dieses Buch wird am 19.11.2009 veröffentlicht werden. – *Ova knjiga će biti objavljena devetnaestog studenog dvije tisuće devete.*

Übung 8.7
luka – *(u) luci (Dat oder Lok Sg, 2. Palat.)*
duh – *duše (Vok Sg, 1. Palat.)*
čovjek – *čovječe (Vok Sg, 1. Palat.)*
muka – *(o) muci (Dat oder Lok Sg, 2. Palat.)*
bog – *bože (Vok Sg, 1. Palat.)*
junak – *junaci (Nom Pl, 2. Palat.)*
orah – *orasi (Dat Sg, 2. Palat.)*
noga – *(na) nozi (Dat oder Lok Sg, 2. Palat.)*

Übung 8.8
Zagreb – *glavni* grad Hrvatske
Zagreb je glavni grad Republike Hrvatske i najveći grad u Hrvatskoj po *broju* stanovnika. Prema popisu iz 2001. godine grad Zagreb ima skoro 800 000 *stanovnika*. Smješten je na obalama rijeke Save i ispod gore Medvednice. Zagreb je kulturno, znanstveno, privredno, *političko* i administrativno središte Republike Hrvatske sa *sjedištem* Sabora, Predsjednika i Vlade Republike Hrvatske. Gornji Grad je *najstariji* dio Zagreba i

najzanimljiviji za turiste. Zagrebačka katedrala sa *svojim* neogotičkim zvonicima je znamenje grada Zagreba. Kula Lotrščak, zgrada Hrvatskog Narodnog Kazališta, Zdenac života i Meštrovićev paviljon su samo neke od brojnih znamenitosti Zagreba. Sveučilište u Zagrebu je među *najstarijima* u Europi. *Osnovano* je 1669. Grad Zagreb nadležan je za 38 kulturnih institucija, najvažniji *su* Muzej grada Zagreba i Muzej za umjetnost i obrt. U prometnom centru nalazi se Trg bana Josipa Jelačića, lokalno poznat i kao Jelačić-plac ili samo Trg. Zagreb je grad *zelenih* parkova i šetališta. Kao velegrad Zagreb *nudi* bogatu gastronomiju, te puno klubova i diskoteka za noćni život. Zagreb je *zbratimljen* sa njemačkim *gradom* Mainzom od 1967. Nogometski klub Dinamo Zagreb je od osnivanja *sportski* simbol grada Zagreba i nogometni ponos *Hrvatske*.

Lektion 9 Plitvička jezera

Übung 9.2
1. Klaus je probudio Jasminu *koja* je dugo spavala.
2. Pogledao sam vašu kuću iza *koje* se nalazi mali vrt.
3. Marija sreće Danicu s *kojom* želi ići u grad.
4. Turisti su pogledali crkve o *kojima* su puno čitali u vodiču.
5. Klaus gleda slike znamenitosti *koje* je snimio u Zadru.
6. Ivana je studentica *koja* je Sanju posjetila.
7. Tamo je selo o *kojem* sam ti već pričao.
8. Denis je potražio djecu s *kojom* je igrao nogomet.
9. Darko je kod svog šefa *koji* je vrlo zadovoljan s njim.
10. Jure prilazi turistima *kojima* želi ponuditi apartmane u svojoj kući.
11. Vesna je kod prijatelja *kojem* je posudila jednu knjigu.
12. Jasmina ide do Wolfgangove jedrilice pokraj *koje* je jedan gumeni čamac.
13. Je li to bio tvoj prijatelj s *kojim* sam te jučer vidio?

Übung 9.4
4. *Turisti su pogledali crkvu o kojoj su puno čitali u vodiču.*
5. *Klaus gleda sliku znamenitosti koju je snimio u Zadru.*
6. -
7. *Tamo su sela o kojim sam ti već pričao.*
8. *Denis je potražio dijete s kojim je igrao nogomet.*
9. *Darko je kod svojih šefova koji su vrlo zadovoljni s njim.*
10. *Jure prilazi turistu kojem želi ponuditi apartman u svojoj kući.*
11. *Vesna je kod prijatelja kojim je posudila nekoliko knjiga.*
12. -
13. *Jesu li to bili tvoji prijatelji s kojima sam te jučer vidio?*

Übung 9.5
1. Familie Berger ist in Zadar. Zadar hat einen schönen alten Stadtteil. – *Obitelj Berger je u Zadru koji ima lijepi stari dio grada.*
2. Klaus fährt an die Plitwitzer Seen. Dort befindet sich ein großer Nationalpark. – *Klaus ide na Plitvička jezera na kojima se nalazi veliki nacionalni park.*
3. Täglich treffe ich Neno. Heute gehe ich mit ihm ins Kino – *Svakog dana srećem Nenu s kojim danas idem u kino.*
4. Familie Berger befindet sich an einem See. Auf diesem fährt ein Elektroboot. – *Obitelj Berger se nalazi na jednom jezeru na kojem plovi električni čamac.*
5. Wir warten auf den Zug. Wir wollen mit ihm nach Zagreb fahren. – *Čekamo vlak kojim ćemo ići u Zagreb.*
6. Vesna und Nada treffen ihre Lehrer. Erst gestern haben sie über sie gesprochen. – *Vesna i Nada sreću svoje učitelje o kojima su tek jučer razgovarale.*
7. Jasmina geht mit ihrem Freund segeln. Das war eine gute Idee. – *Jasmina ide sa svojim prijateljem na jedrenje što je bilo dobra ideja.*

8. Gerhard und Brigitte haben den Nationalpark Paklenica besichtigt. Dieser ist nicht weit von der Küste gelegen. – *Gerhard i Brigitte su razgledali nacionalni park Paklenica koji nije smješten daleko od obale.*

Übung 9.6
1. Welches ist Wolfgangs Segelboot? – *Koja je Wolfgangova jedrilica?*
2. Welches Kind hat meine Liege mitgenommen? – *Koje dijete je uzelo moju ležaljku?*
3. In welcher Straße befindet sich das Internet-Cafe? – *U kojoj ulici se nalazi internet-kafić?*
4. Mit welchem Schlüssel kann ich diese Tür öffnen? – *Kojim ključem mogu otvoriti ova vrata?*
5. Welchem Gast hat der Kellner kalte Suppe serviert? – *Kojem gostu je konobar servirao hladnu juhu?*
6. In welchem Restaurant haben wir gestern gegessen? – *U kojem restoranu smo jučer jeli?*
7. Mit welchen Kindern möchte Zdravko am liebsten spielen? – *S kojom djecom se želi Zdravko najradije igrati?*
8. Welches sind die schönsten Campingplätze an der Adria? – *Koji su najljepši autokampovi na Jadranskom moru?*
9. Mit welchem Bus müssen wir fahren? – *Kojim autobusom moramo ići?*

Übung 9.8
1. Wessen Boot ist das hier? – *Čiji je ovaj čamac?*
2. Wessen Kind hat mein Auto beschädigt? – *Čije dijete je oštetilo moj auto?*
3. Wessen Bücher liegen auf dem Boden? – *Čije knjige leže na podu?*
4. Wessen Uhr zeigt die genaue Zeit? – *Čiji sat pokazuje točno vrijeme?*

Übung 9.10
1. Posjetili smo nacionalni park *čiji* je pejzaž prekrasan.
2. Zadar je jedan stari grad *čije* znamenitosti su posjetili već mnogi turisti.
3. Jučer sam vidjela Josipa s *čijom* sestrom ću ići na odmor.
4. Mogu ti preporučiti ovog profesora iz *čije* knjige sam puno naučio.
5. Obitelj Berger je u apartmanu sa *čijeg* balkona ima divan pogled na more.
6. Znaš li u *čijem* novčaniku se nalazi naš novac?
7. Roger Federer je tenisač *čiji* su uspjesi legendarni.
8. Obitelj Berger je stigla na jezero Kaluđerovac u *čijoj* blizini se nalazi poznata špilja.

Übung 9.11
1. Sie haben einen ausgezeichneten Diener. – *Imate odličnog slugu.*
2. Können Sie mir Ihre Kollegen zeigen? – *Možete li mi pokazati Vaše kolege?*
3. Ich möchte meinen alten Kollegen Geschenke aus Zadar mitbringen. – *Želim svojim starim kolegama donijeti poklone iz Zadra.*
4. Wie können wir aus diesem Feigling einen Helden machen? – *Kako možemo učiniti junaka od ovog kukavice?*

Übung 9.12
1. Der Reifen dieses Autos ist beschädigt. – *Guma ovog auta je oštećena.*
2. Tosca ist eine Oper Giacomo Puccinis. – *Tosca je opera Giacoma Puccinija.*
3. Branka hat eine interessante Sendung über Verdi im Radio gehört. – *Branka je slušala na radiju zanimljivu emisiju o Verdiju.*
4. Warum fahren wir nicht mit dem Zug, sondern mit unseren Autos zu den Plitwitzer Seen? – *Zašte ne idemo vlakom nego svojim autima na Plitvička jezera?*
5. Bist du schon in Tokio gewesen? – *Jesi li već bio u Tokiju?*
6. Ist Lima die Hauptstadt von Peru? – *Je li Lima glavni grad Perua?*
7. In der Jugend habe ich viele Bücher Karl Mays gelesen. – *U mladosti sam čitao puno knjiga Karla Maya.*

Übung 9.13
1. Istrien ist eine Halbinsel im Westen Kroatiens. – *Istra je poluotok na zapadu Hrvatske.*

2. Osijek liegt im Nordosten Kroatiens. – *Osijek leži na sjeveroistoku Hrvatske.*
3. Wir fahren von Süden nach Norden. – *Idemo sa juga na sjever.*
4. Slowenien liegt westlich von Kroatien. – *Slovenija leži zapadno od Hrvatske.*
5. Karlovac liegt 50 km südwestlich von Zagreb. – *Karlovac leži pedeset kilometara jugozapadno od Zagreba.*
6. Wie viele Kilometer nördlich von Heidelberg liegt Frankfurt? – *Koliko kilometara sjeverno od Heidelberga leži Frankfurt?*

Übung 9.14
1. upaliti, Klaus, zaboraviti, odmorište, svjetlo – *Na odmorištu je Klaus zaboravio upaliti svjetlo.*
2. živcirati se, Klaus, budala, preteći – *Klaus se živcira jer ga je jedan budala pretekao.*
3. područje, Zagreb, ležati, Plitvička jezera, 140 km, južni – *Područje Plitvičkih jezera leži sto četrdeset kilometara južno od Zagreba.*
4. tražiti, Jasmina, ruksak, sluga – *Jasmina traži „slugu" koji će nositi njezin ruksak.*
5. nacionalni park, divlji, imati, medvjed, puno – *U nacionalnom parku nema puno divljih medvjeda.*
6. skriven, blago, špilja, roman, Karl May – *Po romanu Karla Maya blago je skriveno u jednoj špilji.*

Übung 9.15
1. Zašto je Jasmina zlovoljna? – *Ona se ne želi rano vratiti sa večernjeg izlaska.*
2. Kako je Klaus došao na ideju ići na Plitvice? – *Vidio je s Gerhardom u Zadru zanimljive internet-stranice o Plitvičkim jezerima.*
3. Koliko dugo traje vožnja do Plitvičkih jezera? – *Vožnja od Turnja do Plitvičkih jezera traje autom nekoliko sati.*
4. Zašto obitelj Berger ide na odmorište? – *Ona tamo želi doručkovati.*
5. Zašto obitelji ne idu jednim autom? – *To ne bi bilo ugodno sa sedam osoba jer vožnja traje dugo. Uz to žele Gerhard i Brigitte još razgledati nacionalni park Paklenica.*
6. Zašto se Klaus uzbuđuje? – *Jedan budala ga je pretekao i nije vidio radarsku kontrolu.*
7. Što se dogodilo u blizini Plitvičkih jezera? – *Policija je kontrolirala Klausove isprave i rekla mu je da se vozi bez svjetla.*
8. Zašto obitelj Berger ne može naći Gerharda i njegovu obitelj? – *Gerhard je otišao na drugi ulaz.*
9. Gdje su smještena Plitvička jezera? – *Ona su smještena sto četrdeset kilometara južno od Zagreba.*
10. Koliko jezera čini nacionalni park? – *Šesnaest jezera čine taj park.*
11. Što stoji u vodiču o vodi tih jezera? – *Voda je kršila i nagrizala stijene tijekom tisućljeća i tako učinila jednu od najljepših znamenitosti Europe.*
12. Koji problem ima Jasmina kad ide kroz nacionalni park? – *Jasminin ruksak je vrlo težak. Zato ona traži jednog „slugu" koji će nositi njezin ruksak.*
13. Zašto je Denis žedan? Što mu Klaus preporučuje? – *On je već popio svoju Colu. Klaus mu preporučuje piti vodu Plitvičkih jezera.*
14. Što mislite: Da li se bez brige može piti voda Plitvičkih jezera? – *Naravno! Voda tih jezera sigurno je čista.*
15. Što mislite: Ima li medvjeda na Plitvičkim jezerima? – *Znam da ima tamo medvjeda.*
16. Jesu li medvjedi opasni za ljude? Utemeljite Vaše mišljenje! – *Normalno nisu medvjedi opasni za ljude jer žele živjeti na miru. Mogli bi biti opasni kada bi ih netko smetao.*
17. Što Klaus priča o filmu „Blago u srebrenom jezeru"? – *To je prvi film koji je vidio u kinu.*
18. Što nudi nacionalni park turistima koji neće ići pješice? – *On nudi električni vlak i čamac.*

W 9.1
1. Brigitte kann ausgezeichnet kochen. – *Brigitte zna odlično kuhati.*
2. Das hast du gut gemacht. – *To si dobro napravio.*
3. Die Polizei hat Klaus schnell geholfen. – *Policija je Klausu brzo pomogla.*
4. Ich kann mich nicht genau erinnern. – *Ne mogu se točno sjetiti.*

5. Jasmina hat beim Tennisturnier nicht schlecht gespielt. – *Jasmina nije loše igrala na teniskom turniru.*
6. Wolfgang fährt mit seinem Segelboot langsam vom Liegeplatz ab. – *Wolfgang polako odlazi sa veza.*

Lektion 10 Pisma iz Hrvatske

Übung 10.2
1. Denis trifft alle seine Freunde am Strand. – *Denis sreće sve svoje prijatelje na plaži.*
2. Alle Mails sind zurückgekommen. – *Svi mailovi su se vratili.*
3. Haben wir nicht über alles gesprochen? – *Nismo li o svemu razgovarali?*
4. Warum hast du allen deine Adresse gegeben? – *Zašto si svima dao svoju adresu?*
5. Ljilja will mit allen ihren Freundinnen ins Kino gehen. – *Ljilja želi sa svim svojim prijateljicama ići u kino.*
6. Davor ist mit aller Kraft zur Insel geschwommen. – *Davor je svom snagom plivao prema otoku.*
7. Wolfgang verbringt seinen Urlaub an der Adria, weil man da vor allem gut segeln kann. – *Wolfgang provodi svoj odmor na Jadranu zato što se tamo prije svega može dobro jedriti.*
8. Jasmina schreibt allen Freundinnen je eine Ansichtskarte. – *Jasmina piše svim prijateljicama po jednu razglednicu.*
9. Ist Pele der beste Fußballer aller Zeiten? – *Je li Pele najbolji nogometaš svih vremena?*

Übung 10.3
1. Als Monika und Denis Delfinen begegneten, freuten sie sich. – *Srećući delfine Monika i Denis su se radovali.*
2. Weinend ging kleine Junge nach Hause. – *Mali dječak je plačući išao kući.*
3. Während Jasmina einen Brief schrieb, hörte sie Radio. – *Pišući pismo Jasmina je slušala radio.*
4. Als Monika und Brigitte in Zadar einkauften, wurden sie müde. – *Kupujući u Zadru Monika i Brigitte su se umorili.*
5. Während Klaus auf Monika wartet, trinkt er ein großes Bier vom Fass. – *Čekajući Moniku Klaus pije veliko točeno pivo.*
6. Als der kroatische Arzt in Heidelberg wohnte, hat er ausgezeichnet Deutsch gelernt. – *Stanujući u Heidelbergu hrvatski liječnik je odlično naučio njemački.*
7. Während Klaus auf dem Balkon schlief, bekam er einen Sonnenbrand. – *Spavajući na balkonu Klaus je dobio opeklinu od sunca.*
8. Als wir nach Senj reisten, trafen wir unsere Freunde aus Heidelberg. – *Putujući u Senj sreli smo svoje prijatelje iz Heidelberga.*
9. Während Jasmina Tennis gespielt hat, hat sie an Ihren Freund Daniel gedacht. – *Igrajući tenis Jasmina je mislila na svog prijatelja Daniela.*
10. Als Jure mir im Garten geholfen hat, hat er die ganze Zeit gesungen. – *Pomažući mi u vrtu Jure je cijelo vrijeme pjevao.*
11. Davor lernt die neuen Wörter am besten, indem er sie laut liest. - *Davor najbolje uči nove riječi čitajući ih glasno.*

Übung 10.4
1. *Monika i Denis su se radovali kad su sreli delfine.*
2. -
3. –
4. *Monika i Brigitte su se umorile dok su kupovale u Zadru.*
5. *Dok čeka Moniku Klaus pije veliko točeno pivo.*
6. -
7. *Dok je Klaus spavao na balkonu dobio je opeklinu od sunca.*
8. *Kad smo putovali u Senj sreli smo svoje prijatelje iz Heidelberga.*
9. *Kad je Jasmina igrala tenis mislila je na svog prijatelja Daniela.*

KROATISCH LERNEN? NEMA PROBLEMA! BAND 2

Übung 10.5
1. Das wäre möglich. – *To bi bilo moguće.*
2. Zvonko hat in der laufenden (=gehenden) Woche viel Arbeit. – *Idućeg tjedna Zvonko ima puno posla.*
3. Der Vater hat seinen schlafenden Sohn geweckt. – *Otac je probudio svog spavajućeg sina.*
4. Als ich zum Bahnhof kam, sah ich den abfahrenden Bus. – *Stižući na kolodvor vidio sam odlazeći autobus.*

Übung 10.7
1. Nachdem wir alle Sachen für den Urlaub gekauft hatten, kehrten wir nach Hause zurück. – *Kupivši sve stvari za odmor, vratili smo se kući.*
2. Nachdem sie in der Disco angekommen war, begrüßte Jasmina ihre Freunde. – *Stigavši u disko Jasmina je pozdravila svoje prijatelje.*
3. Nachdem er aus dem das Boot gestiegen war, fühlte sich der Tourist besser. – *Sišavši sa čamca turist se bolje osjećao.*
4. Als Monika die Badetücher gekauft hatte, war sie zufrieden. – *Kupivši ručnike za kupanje Monika je bila zadovoljna.*
5. Als er sein Auto mit kaputtem Reifen erblickt hatte, begann Klaus laut zu werden. – *Ugledavši svoj auto sa oštećenom gumom Klaus je počeo galamiti.*
6. Weil sie sich verspätet hatten, erhielten sie keine Karten. – *Zakasnivši nisu dobili karte.*
7. Die Gäste begrüßten Jure und gingen ins Apartment. – *Pozdravivši Juru gosti su ušli u apartman.*

Übung 10.8
1. *Pošto smo kupili sve stvari za odmor, vratili smo se kući.*
2. *Pošto je stigla u disko, Jasmina je pozdravila svoje prijatelje.*
3. *Pošto je sišao sa čamca, turist se bolje osjećao.*
4. *Pošto je Monika kupila ručnike za kupanje, bila je zadovoljna.*
5. *Pošto je ugledao svoj auto sa oštećenom gumom, Klaus je počeo galamiti.*
6. *Budući da su zakasnili, nisu dobili karte.*
7. *Gosti su pozdravili Juru i ušli u apartman.*

Übung 10.9
1. Marko ima pijesak u *očima*.
2. Matko gleda u *Sonjine plave oči*.
3. Neno ne može dobro čuti na *desno uho*.
4. Koliko *očiju* vidite na ovoj slici?
5. Jedna zanimljiva priča je došla do *naših ušiju*.
6. Imam neku lijepu glazbu u *svojim ušima*.

Übung 10.11
er hätte gewusst	on bi bio znao	du hättest gewünscht	ti bi bio želio
sie hätte angeschaut	ona bi bila pogledala	wir wären gekommen	mi bismo bili došli
sie hätten gemeint	oni bi bili misli	ihr hättet bestellt	vi biste bili naručili
ich wäre losgegangen	ja bih bio krenuo	es hätte gespielt	ono bi bilo igralo

Übung 10.12
1. Wenn Jure Zeit gehabt hätte, wäre er gekommen. – *Kad bi Jure bio imao vremena, bio bi došao.*
2. Wenn du mehr gearbeitet hättest, hätte sich deine Mutter gefreut. – *Da si više radio, tvoja majka bi se bila radovala.*

3. Wenn Marko einen Hund gehabt hätte, wäre er öfter spazieren gegangen. – *Da je Marko imao psa, bio bi češće šetao.*
4. Wenn Jasmina und Daniel früher zurückgekehrt wären, hätte sich Klaus nicht über sie geärgert. – *Kad bi se Jasmina i Daniel bili ranije vratili, Klaus se na njih ne bi bio ljutio.*
5. Wenn Marija gewusst hätte, dass heute schönes Wetter ist, hätte sie ihre Sonnenbrille mitgenommen. – *Kad bi Marija bila znala da je danas lijepo vrijeme, bila bi uzela svoje sunčane naočale.*

Übung 10.14
1. Što Monika preporučuje svojoj obitelji ulazeći u dnevnu sobu? – *Monika im preporučuje pisati nekoliko pisama.*
2. Kako reagiraju Jasmina i Denis? – *Oni nisu baš oduševljeni.*
3. Denis ne želi pisati pismo. Kako Klaus argumentira potrebu za pisanjem pisma? – *Denis treba pisati svom djedu i svojoj baki jer dobija uvijek poklone od njih. Uz to bi se oni jako radovali.*
4. Što mislite? Da li bi Klaus rado bio pisao pismo? – *Ne, mislim da bi Klaus radije imao slobodnog vremena.*
5. Što Klaus radi umjesto toga? – *Klaus Denisu pomaže u pisanju.*
6. Što je Denis radio svakog dana? – *Svakog dana je igrao nogomet.*
7. Je li se Denis jako povrijedio u biogradskoj luci? – *Ne, imao je samo glavobolju.*
8. Kako Denis objašnjava zašto je njegovo pismo tako kratko? – *On piše da ima još puno obaveza.*
9. Što Denis želi raditi sa svojim djedom? – *On se želi igrati svojom željeznicom.*
10. Što Monika piše o Danici i Juri? – *Oni su ljubazni. Puno su im pomogli.*
11. Što Monika i Klaus obično rade cijeli dan? – *Oni provode vrijeme na plaži, plivaju ili uživaju u miru ispod drveća.*
12. Zašto se Monika brine za Jasminu? – *Jasmina je postala tipična tinejdžerka. Često živcira svojim uvredljivim ponašanjem.*
13. Kakav problem ima Sonjin muž? – *On je imao operaciju kuka tako da ovog ljeta nije mogao ići na odmor.*
14. Što Jasmina piše o svojim roditeljima? – *Oni je strašno živciraju jer im uvijek nešto smeta kod nje.*
15. Što Jasmina piše o Danielu? – *Jasmina piše da je on sladak mladić.*
16. Što bi bili Jasmina i Daniel radili da nisu morali ići na izlet sa svojim roditeljima? – *Ne bi bilo loše kad bi prali suđe ili učili nešto za školu.*
17. Što mislite: Koji dan je bio najljepši za Jasminu? Imate li razne prijedloge? – *Možda je dan na Wolfgangovom čamcu bio najljepši. Ali mislim da je njezin uspjeh na teniskom turniru isto bio prelijep dan za nju.*

W 10.1
1. Denis will keinen Brief schreiben. – *Denis neće pisati pismo.*
2. Können wir eine Karte für das Theater erhalten? – *Možemo li dobiti kartu za kazalište?*
3. Ich kann morgen zu den Plitwitzer Seen fahren. – *Ja mogu sutra ići na Plitvička jezera.*
4. Ich werde Ihnen alles sagen, was ich weiß. – *Ja ću Vam reći sve što znam.*
5. Warum willst du mir nicht erzählen, wo du gestern warst? – *Zašto mi nećeš ispričati gdje si jučer bio?*
6. Die Touristen wollten lieber zu Fuß gehen als mit dem Zug fahren. – *Turisti su radije htjeli ići pješice nego vlakom.*
7. Könnt ihr mir sagen, wie viel Uhr es ist? – *Možete li mi reći koliko je sati?*
8. Gestern konnte das Boot nicht zu den Kornaten fahren, weil das Wetter schlecht war. – *Jučer čamac nije mogao ploviti na Kornate jer je vrijeme bilo loše.*
9. Ivica ist erst 8 Jahre alt, kann aber schon gut schreiben und lesen. – *Ivica ima tek osam godina ali već zna dobro pisati i čitati.*

Lektion 11 Spremanje za odlazak

Übung 11.1
1. Wegen schlechten Wetters kann die Fähre nicht nach Rijeka abfahren. – *Zbog lošeg vremena ne može trajekt otploviti u Rijeku. Trajek ne može otploviti u Rijeku jer je vrijeme loše.*
2. Familie Berger ist wegen des Einkaufs von Souveniren nach Zadar gefahren. – *Obitelj Berger je radi kupovine suvenira otišla u Zadar. Obitelj Berger je otišla u Zadar jer želi kupiti suvenire.*
3. Familie Berger ist wegen der schönen Natur zu den Plitwitzer Seen gefahren. – *Obitelj Berger je zbog lijepe prirode otišla na Plitvička jezera. Obitelj Berger je otišla na Plitvička jezera zato što je tamo priroda lijepa.*
4. Die Polizei hat den Wagen angehalten wegen des alkoholisierten Zustands seines Fahrers. – *Policija je zaustavila kola zbog alkoholiziranog stanja njihovog vozača. Policija je zaustavila kola zato što je vozač bio alkoholiziran.*
5. Monika ist wegen des Vergleichs der Preise in verschiedene Geschäfte gegangen. – *Monika je radi uspoređenja cijena išla u razne dućane. Monika je išla u razne dućane jer je željela usporediti cijene.*
6. Wolfgang ist wegen des Segelns ans Meer gefahren. – *Wolfgang je radi jedrenja išao na more. Wolfgang je išao na more jer želi tamo jedriti.*

Übung 11.2
1. Vesna sitzt im Zimmer und spricht allein mit sich selbst. – *Vesna sjedi u sobi i priča sama sa sobom.*
2. Gestern habe ich euch in Filipjakov gesehen. – *Jučer sam vas vidio u Filipjakovu.*
3. Was wollen Sie über sich schreiben? – *Što ćete pisati o sebi?*
4. Die anderen Gäste haben uns überrascht angesehen. – *Drugi gosti su nas iznenađeno pogledali.*
5. Klaus hat sich einen neuen Hammer gekauft. – *Klaus si je kupio nov čekić.*
6. Wir haben uns gestern im Kino getroffen. – *Sreli smo se jučer u kinu.*
7. Monika hat für sich einen guten Friseursalon in Zadar gefunden. – *Monika je pronašla za sebe dobar frizerski salon u Zadru.*
8. Denis freut sich, weil er bald wieder mit seinem Großvater spielen kann. – *Denis se raduje zato što se može skoro opet igrati sa svojim djedom.*
9. Habt ihr euch einen schönen Platz im Restaurant reserviert? – *Jeste li si rezervirali lijepo mjesto u restoranu?*
10. Monika hat ihre Familie um sich herum versammelt. – *Monika je skupila svoju obitelj oko sebe.*
11. Sehen wir euch in einer Stunde am Strand? – *Hoćemo li vas vidjeti za jedan sat na plaži?*
12. Willst du dir keinen neuen Badeanzug kaufen? – *Nećeš li si kupiti nov kupaći kostim?*

Übung 11.3
1. -
2. *Jučer smo te vidjeli u Filipjakovu.*
3. *Što ćeš pisati o sebi?*
4. *Drugi gost me je iznenađeno pogledao.*
5. -
6. -
7. -
8. -
9. *Jesi li si rezervirao lijepo mjesto u restoranu?*
10. -
11. *Hoću li te vidjeti za jedan sat na plaži?*
12. *Nećete li si kupiti nove kupaće kostime?*

KROATISCH LERNEN? NEMA PROBLEMA!

Übung 11.4
1. Monika, trebati, kupiti, nešto, odlazak – *Monika treba kupiti nešto prije odlaska.*
2. Monika, lista, napraviti. – *Monika si je napravila listu.*
3. Gdje, prodavati, med, sir. – *Gdje se prodaje med i sir?*
4. Jasmina, ogrlica, željeti, kupiti, Biograd, stakleni delfin. – *Jasmina si želi kupiti ogrlicu sa staklenim delfinom u Biogradu.*
5. Jure, Klaus, razgovarati, brz, put, autocesta – *Jure i Klaus razgovaraju o najbržem putu do autoceste.*

Übung 11.6
1. Jasmina hat einen neuen Freund. – *Jasmina ima nova prijatelja.*
2. Spielst du mit deinem neuen Tennisschläger besser als mit deinem alten? – *Igraš li bolje novim reketom nego starim?*
3. Zadar ist eine schöne Stadt. – *Zadar je lijep grad.*
4. Der Dieb hat Marijas neuen Fernseher gestohlen. – *Lopov je ukrao Marijin novi televizor.*
5. Ist das der schöne Friseursalon, über den wir gesprochen haben? – *Je li to lijepi frizerski salon o komu smo govorili?*
6. Klaus hat vier große Biere und zwei kleine Schliwowitz getrunken. – *Klaus je popio četiri velika piva i dvije male šljivovice.*
7. Die Kirche befindet sich auf einem malerischen Hügel. – *Crkva se nalazi na slikovitu brežuljku.*
8. Haben Sie schon in diesem ausgezeichneten Restaurant gegessen? – *Jeste li već jeli u ovom odličnom restoranu?*
9. Die kroatische Sprache ist schwer, schwerer als Englisch – *Hrvatski jezik je težak, teži od engleskog.*
10. Dinamo Zagreb ist einer der zwei bekanntesten Fußballclubs Kroatiens. – *Dinamo Zagreb je jedan od dva najpoznatija nogometska kluba Hrvatske.*
11. Verena hat drei große Brüder. – *Verena ima tri velika brata.*
12. Wie viele Flaschen dieses hervorragenden trockenen Weines möchten Sie kaufen? – *Koliko boca ovog izvrsnog suhog vina želite kupiti?*

Übung 11.8
1. Zvonko fährt jeden Sommer mit seiner ganzen Familie ans Meer. – *Zvonko ide svakog ljeta sa svojom cijelom obitelji na more.*
2. Die Fahrt von Zadar nach Rijeka dauert viele Stunden. – *Vožnja od Zadra do Rijeke traje puno sati.*
3. Am Montag werden wir nach Deutschland aufbrechen. – *U ponedjeljak ćemo krenuti u Njemačku.*
4. Letztes Wochenende hat Jasmina beim Turnier ausgezeichnet gespielt. – *Prošlog vikenda je Jasmina igrala odlično na turniru.*
5. Jeden Tag badet Matko im Meer. – *Svakog dana se Matko kupa u moru.*
6. Am nächsten Freitag muss Vesna mit dem Bus nach Hause fahren. – *Slijedećeg petka Vesna mora autobusom ići kući.*
7. Jeden Herbst fährt Familie Berger mit einem befreundeten Paar nach Slowenien. – *Svake jeseni obitelj Berger ide sa sprijateljenim parom u Sloveniju.*

Übung 11.9
Denisov deveti rođendan
Poslije svog *lijepog* odmora u Turnju obitelj Berger se vratila *kući*. *Svakog* dana Denis treba ići u školu. U petak i u *subotu* treba uraditi puno zadaća. Ali u nedjelju se vrlo *raduje* jer ne treba *ništa* raditi za školu. Uz to Denis slavi svoj deveti *rođendan*. Pozvao je puno rođaka i prijatelja. „Sretan rođendan", mu želi njegov djed. Denis je od njega dobio novu lokomotivu za svoju *željeznicu*. Kakav *lijepi* poklon! Denis se igra svojom novom lokomotivom do *večeri*. Poslije *izvrsna* jela Klaus i Monika su iznenadili Denisa trikoom sa autogramima poznatih *nogometaša*. „Tata, mama, gdje ste to dobili?" pita Denis. „Nećemo ti to reći. To je naša *velika* tajna." Denis je vrlo uzbuđen tako da ne može dobro spavati. Ali *slijedećeg* dana počinje opet normalni život sa mnogim *obavezama*.

Übung 11.11

1. Während Jasmina eine Halskette kaufte, entdeckte Daniel eine elegante Sonnenbrille. – *Dok je Jasmina kupovala ogrlicu, Daniel je ugledao elegantne sunčane naočale.*
2. Ich brauche 20 Minuten, bis ich am Bahnhof ankomme. – *Trebam dvadeset minuta dok ne dođem na kolodvor.*
3. Wenn der Bus im Bahnhof ankommt, müssen wir uns beeilen. – *Kad autobus stigne na kolodvor, moramo požuriti.*
4. Jeden Morgen hat Klaus die Zeitung gelesen. – *Svakog jutra je Klaus čitao novine.*
5. Während Marija ihre Hosen anzog, klingelte das Telefon. – *Dok je Marija oblačila svoje hlače, zvonio je telefon.*
6. Während Monika und Klaus Denis suchten, telefonierte Jure mit der Polizei. – *Dok su Monika i Klaus tražili Denisa, Jure je telefonirao s policijom.*
7. Mehrere Male habe ich die Filme Karl Mays gesehen. – *Nekoliko puta sam gledao filmove Karla Maya.*
8. Jetzt ist es möglich, dass wir unser Gespräch fortsetzen. – *Sada je moguće da nastavimo svoj razgovor. (Sada je moguće nastaviti svoj razgovor)*
9. Casanova war ein Abenteurer, der sich oft im Mittelpunkt von Skandalen befand. – *Casanova je bio avanturist koji se često nalazio u središtu skandala.*
10. Blanka Vlašić sagte in einem Interview: „Am wichtigsten ist es, dass ich gesund bleibe." – *Blanka Vlašić je rekla u intervjuu: „Najvažnije je da ostanem zdrava."*

Übung 11.13

1. Zašto je obitelj Berger tužna? – *Ona je tužna jer mora preksutra otići kući.*
2. Što obitelj Berger želi kupiti u Turnju ili u Filipjakovu? – *Ona želi kupiti rakiju, med i sir.*
3. Što se može kupiti usput? – *Može se kupiti rum, med i paški sir.*
4. Koje obaveze ima Klaus zadnjeg dana odmora? – *Klaus mora kontrolirati stanje ulja i vode u svom autu.*
5. Zašto obitelj Berger neće svratiti u Krapinske Toplice? – *Krapinske Toplice nisu usput, i Klaus ne želi voziti dužim putom.*
6. Gdje se nalaze Krapinske Toplice? – *One se nalaze četrdeset pet kilometara sjeverozapadno od Zagreba.*
7. Tko će ići u frizerski salon a tko neće? Zašto? – *Monika će ići u frizerski salon. Klaus neće ići jer ima samo malo kose na glavi.*
8. Zašto Jasmina želi ići u Biograd? – *Ona želi tamo kupiti ogrlicu sa staklenim delfinom.*
9. Kako će ona tamo doći? – *Ona će ići autobusom.*
10. Što ima Denis u planu? – *On kao i uvijek želi igrati nogomet.*
11. Kako se može od Turnja najbrže izaći na autocestu? – *Od Turnja trebate voziti prema Zadru i u Sukošanu trebate skrenuti desno.*
12. Koji veliki problem ima Klaus prije odlaska? – *On još mora platiti za boravak u Jurinom apartmanu.*
13. Što Jure kaže o Klausovoj ženi? Zašto? Kako Klaus reagira? – *Jure kaže da je ona šefica zato što je blagajna za odmor kod nje. Klaus ne želi to čuti i suprostavlja se.*
14. Kako je obitelj Berger našla nove prijatelje? – *Oni su sjedili za susjednim stolom. Klaus je čuo da oni uče hrvatski i žele naručiti piće i jelo na hrvatskom.*
15. Što im Monika preporučuje za učenje hrvatskog jezika? – *Monika im preporučuje odličan udžbenik koji se zove „Kroatisch lernen? Nema problema!"*
16. Kako je Klaus slijedećeg jutra? Zašto? – *On se osjeća vrlo loše zato što je previše popio.*
17. Što je Klaus sanjao? – *Sanjao je da su lopovi bili u apartmanu, ukrali sve stvari i odletjeli.*
18. Što je bio Denisov zadatak? Je li ga obavio? – *Denis je morao baciti smeće, ali je to zaboravio.*
19. Želi li obitelj Berger doći u Turanj slijedeće godine? Znate li kada? – *Obitelj Berger želi doći u Turanj slijedeće godine, možda već u proljeće.*
20. Kada počinje sezona u Turnju? – *Sezona počinje u travnju.*
21. Što Monika kaže Danici i Juri prije odlaska? – *Ona se zahvaljuje na gostoljubivosti i pomoći i kaže da su oni sada prijatelji.*

22. Što Jure preporučuje vozaču? – *On mu* preporučuje *opreznu vožnju.*

W 11.1
1. Geben Sie dem Kind eine Tafel Schokolade! – *Dajte djetetu jednu ploču čokolade!*
2. Warum trägst du den Scheitel auf der rechten Seite? – *Zašto nosiš tjeme na desnoj strani?*
3. Monika und ihre Freundin unterhalten sich über ihre Kinder. – *Monika i njezina prijateljica razgovaraju o svojoj djeci.*
4. Von Zeit zu Zeit nervt sie uns. – *S vremenom na vrijeme ona nas nervira.*
5. Wie viele Namen haben Sie? – *Koliko imate imena?*

Lektion 12 Treći test

Übung 12.1
1. Gestern habe ich Jure getroffen, dessen Haus in der Nähe von Biograd liegt. – *Jučer sam sreo Juru, čija kuća se nalazi u blizini Biograda.*
2. Ich würde gerne mit Mario, den ich gestern kennengelernt habe, Tennis spielen. – *Rado bih igrao tenis s Mariom kojeg sam jučer upoznao.*
3. Hast du den Fußballer gesehen, von dem ich ein Autogramm bekommen habe? – *Jesi li vidio nogometaša od kojeg sam dobio autogram?*
4. Er soll sofort Wolfgang rufen, dessen Segelboot in Jures Hafen liegt! – *Neka on odmah pozove Wolfganga čija jedrilica leži u Jurinoj luci.*
5. Auf der Insel Brač gibt es einen bekannten Strand, welcher „Zlatni Rat" heißt. – *Na otoku Braču ima poznata plaža koja se zove „Zlatni Rat".*
6. Wir waren in Zadar, in dessen Altstadt sich die bekannte Kirche Sveti Donat befindet. – *Bili smo u Zadru, u čijem starom dijelu grada se nalazi poznata crkva Svetog Donata.*
7. Familie Berger hat ihren Urlaub in Turanj verbracht, in dessen Umgebung es viele Möglichkeiten der Unterhaltung gibt. – *Obitelj Berger je provela svoj odmor u Turnju u čijoj okolini ima puno mogućnosti zabave.*
8. Denis hat gute Ideen gehabt, von denen ein halbes Jahr später nichts übrig geblieben ist. – *Denis je imao dobre ideje od kojih pola godine kasnije nije ništa ostalo.*
9. Familie Berger hat die Kornaten besichtigt, auf denen die Leute nur im Sommer wohnen. – *Obitelj Berger je razgledala Kornate na kojima ljudi stanuju samo ljeti.*
10. Gestern habe ich im Fernsehen ein Interview mit Ivan Ljubičić gesehen, das sehr interessant war. – *Jučer sam na televiziji vidio intervju s Ivanom Ljubičićem koji je bio vrlo zanimljiv.*

Übung 12.2
1. Wenn wir uns auf dem Hügel neben der Kirche befinden, können wir alles bis zu den Kornaten sehen. – *Nalazeći se na brežuljku pokraj crkve možemo vidjeti sve do Kornata.*
2. Als ich ins Zimmer hereinkam, traf ich Ivica. – *Ušavši u sobu sreo sam Ivicu.*
3. Nachdem wir von Pula aufgebrochen waren, haben wir in Rovinj Ivan getroffen. – *Krenuvši od Pule sreli smo Ivana u Rovinju.*
4. Nachdem ich den Film „Schatz im Silbersee" gesehen hatte, wollte ich auf jeden Fall zu den Plitwitzer Seen fahren. – *Pogledavši film „Blago u srebrenom jezeru" htio sam u svakom slučaju ići na Plitvička jezera.*
5. Als Wolfgang mit dem Boot nach Westen fuhr, sah er einen schönen Sonnenuntergang. – *Ploveći čamcem prema zapadu Wolfgang je vidio lijep zalazak sunca.*
6. Während er Musik von Verdi hört, fährt Klaus mit seinem Auto in eine Radarkontrolle. – *Slušajući Verdijevu glazbu Klaus nailazi svojim autom na radarsku kontrolu.*
7. Nachdem wir an unserem Ziel angekommen waren, waren wir sehr glücklich. – *Stigavši na svoj cilj bili smo vrlo sretni.*

8. Von der Disko zurückkommend traf Jasmina ihre Eltern, welche wegen der späten Zeit nicht gerade begeistert waren. – *Vraćajući se iz diska Jasmina je srela svoje roditelje koji zbog kasnog vremena nisu baš bili oduševljeni.*
9. Während die Mutter ihrer kleinen Tochter aus einem Buch vorlas, schaute der Vater fern. – *Dok je majka svojoj maloj kćerki čitala iz jedne knjige, otac je gledao televiziju.*

Übung 12.3
1. *Kada se nalazimo na brežuljku pokraj crkve možemo vidjeti sve do Kornata.*
2. *Kad sam ulazio u sobu sreo sam Ivicu.*
3. *Pošto smo krenuli od Pule sreli smo Ivana u Rovinju.*
4. *Pošto sam pogledao film „Blago u srebrenom jezeru" htio sam u svakom slučaju ići na Plitvička jezera.*
5. *Kad je Wolfgang plovio čamcem na zapad vidio je lijep zalazak sunca.*
6. *Dok Klaus sluša Verdijevu glazbu nailazi svojim autom na radarsku kontrolu.*
7. *Pošto smo stigli na svoj cilj bili smo vrlo sretni.*
8. *Kada se Jasmina vraćala iz diska srela je svoje roditelje koji zbog kasnog vremena nisu baš bili oduševljeni.*

Übung 12.5
1. Ich würde sehr gerne Zagreb besichtigen. – *Vrlo rado bih razgledao Zagreb.*
2. Familie Berger würde länger in Turanj bleiben, wenn sie mehr Zeit hätte. – *Obitelj Berger bi duže ostala u Turnju, kad bi imala više vremena.*
3. Wenn Klaus die Radarkontrolle gesehen hätte, wäre er langsamer gefahren. – *Da je Klaus vidio radarsku kontrolu, bio bi vozio sporije.*
4. Würdest du mir dieses Buch leihen? – *Bi li mi (ti) pozajmio ovu knjigu?*
5. Wenn ihr die Zeitung lesen würdet, wüsstet ihr, was in der Welt geschehen ist. – *Kad biste čitali novine, znali biste što se dogodilo u svijetu.*
6. Die Mehrheit der Deutschen würde lieber ein neues Auto kaufen als das alte zu reparieren. – *Većina Nijemaca bi radije kupila nov auto nego popravila stari.*
7. Es wäre besser, wenn Sie die Wahrheit sagen würden. – *Bilo bi bolje kad biste rekli istinu.*

Übung 12.10
U samostanu
Jeste li već bili u jednom samostanu? Na kraju *odmora* obitelj Berger je išla *trajektom* na izlet na otok Pašman. U blizini *sela* Tkon nalazi se *stari* benediktinski samostan. Smješten je na *brežuljku* Ćokovac uz kapelu Svete Kuzne i Damjana. Jedan od 8 *redovnika* je vodio obitelj Berger *kroz* samostan i pokazao joj stare glagoljske *natpise*. Monika i Klaus su već *pretpostavili* da bi to za Jasminu i Denisa bilo *dosadno*. Zato su poslije pola sata *izišli* vani. Sa brežuljka su imali divan pogled na more, čak *do* Velebita.

Alphabetisches Vokabelverzeichnis

Bei den Verben haben wir in den Fällen, in denen die Präsensformen nicht unmittelbar aus dem Infinitiv ersichtlich sind, die erste Person Präsens hinzugefügt. Perfektive und imperfektive Verben werden, falls erforderlich, durch pf beziehungsweise ipf gekennzeichnet. Bei direkt nebeneinander stehenden Verbpaaren wird das perfektive Verb zuerst aufgeführt.

Kroatisch – Deutsch

	Kroatisch	*Deutsch*
A	adresa	Adresse
	agencija	Agentur
	akord	Akkord
	akumulator	Akkumulator, (Auto)Batterie
	alkoholizirati	alkoholisieren
	argumentirati	argumentieren
	arheološki /-a/-o	archäologisch
	arhitekt	Architekt
	auspuh	Auspuff
	autobusni /-a/-o	Autobus~
	autocesta	Autobahn
	autogram	Autogramm
	automat	Automat
	avantura	Abenteuer
	avanturist	Abenteurer
B	baciti	werfen
	baka	Großmutter, Oma
	bar(em)	wenigstens
	baština	Erbe
	baviti se	sich befassen mit
	benzinska postaja	Tankstelle
	benzinski /-a/-o	Benzin~
	biser	Perle
	bivši /-a/-e	früher, ehemalig
	bižuterija	Modeschmuck
	blagajna	Kasse
	blago	Schatz
	blistati	strahlen
	blizina	Nähe
	bližiti se	sich nähern
	bog (Pl bogovi)	Gott
	bogat /-a/-o	reich
	boja	Farbe
	boljeti, bolim	schmerzen
	bolnica	Krankenhaus
	boravak	Aufenthalt
	bože! (Vok)	Mein Gott!
	braniti, branim	verbieten
	brežuljak	Hügel, Anhöhe
	brinuti (se), brinem	(sich) sorgen, kümmern
	brojan /-jna/-o	zahlreich
	budala (m)	Dummkopf
	budući da	weil, da
	buniti, ~se	aufwiegeln, meutern

C	cesta	(Auto)straße
	cijena	Preis
	cijev (f)	Röhre
	cilj	Ziel
	cjenkati se	feilschen, handeln
	crvenkast /-a/-o	rötlich
	cvijet	Blume
	cvrčak	Grille
	cvrčanje	Zirpen
Č	čak	sogar
	časak	Augenblick
	častiti	ehren, bewirten, einladen
	čekaonica	Wartezimmer, Warteraum
	činiti	bilden, machen
	čitanje	Lesen
D	demontirati	demontieren
	desiti se	geschehen, sich ereignen
	dići (pf), dignem; dizati (ipf), dižem	(hoch)heben
	dihalica	Schnorchel
	dihati, dišem	atmen
	dijagnoza	Diagnose
	dio, Gen dijela	Teil
	direktan /-tna/-o	direkt
	disko	Disco
	diskoteka	Diskothek
	diskusija	Diskussion
	diviti se (+Dat)	bewundern, bestaunen
	divlji /-a/-e	wild
	dječak	Junge
	djed	Großvater, Opa
	djevojčica	Mädchen
	dobiti (pf) / dobivati, dobijati, dobijem (ipf)	erhalten, gewinnen
	dodjela	Vergabe, Zuteilung
	doduše	allerdings
	dogovoriti	abmachen, vereinbaren
	dok	während
	doktor	Doktor
	domaći /-a/-e	(ein)heimisch
	dopasti, dopadnem (pf)	zufallen, zuteil werden
	~ se	gefallen
	doprinijeti, doprinesem	beitragen
	doručkovati, doručkujem	frühstücken
	dosadan /-dna/-dno	langweilig
	dosađivati (se) (ipf), dosađujem	(sich) langweilen
	dotjerivati (ipf), dotjerurem	einrichten, ausfeilen
	~ se	sich herrichten, sich stylen
	dovesti, dovedem	hinfahren, hinbringen
	dovršiti	vollenden
	dozvola	Genehmigung, Erlaubnis
	dozvoljavati	erlauben
	doživljaj	Erlebnis
	dragulj	Diamant
	drug	Gefährte, Kumpel, (polit.) Genosse
	držati, držim	halten
	dubok /-a/-o	tief
	dućan	Laden, kleines Geschäft
	duh	Geist
	dva (tri) puta	zwei (drei) Mal
E	ekstra	extra

	elegantan /-tna/-o	elegant
	elektičan /-čna/-o	elektrisch
F	ferije (f, Pl)	Ferien
	fin /-a/-o	fein, zart, anständig
	finale	Finale, Endspiel
	finalni /-a/-o	Final~
	formalnost (f)	Formalität
	formular	Formular
	fotografirati	fotographieren
	frizerski /-a/-o	Friseur~
G	ga (Akk von on)	ihn
	galamiti	laut werden, lärmen
	gladak /glatka/-o	glatt
	glagoljski /-a/-o	glagolitisch
	glasan /-sna/-o	laut, deutlich
	glava	Kopf
	glavobolja	Kopfschmerz(en)
	glazba	Musik
	god	... auch immer
	gora	Berg, Gebirge
	gore	oben, oberhalb
	gorivo	Kraftstoff
	gornji /-a/-e	obere(r), Ober~
	gospodar	Herr, Gebieter
	gospodin	Herr
	gospođa	Frau
	gostoljubivost (f)	Gastfreundschaft
	govor	Sprache
	granica	Grenze
	grliti (ipf), zagrliti (pf)	umarmen, um den Hals fallen
	grub /-a/-o	grob, derb
	guma	Gummi, Reifen
	gumen /-a/-o	Gummi~
	gumeni čamac	Schlauchboot
	gužva	Getümmel, Schwierigkeiten
H	hitan /-tna/-o	eilig, dringend
	hitna pomoć	erste Hilfe
	hvala bogu!	Gott sei Dank!
I	iako	obwohl, wenn auch
	ići na pecanje	angeln gehen
	igračka	Spielzeug
	igrati (se)	spielen
	im (Dat von oni)	ihnen
	ime	Name, Vorname
	indiskretan /-tna/-o	indiskret
	infekcija	Infektion
	informirati	informieren
	injekcija	Injektion, Spritze
	institucija	Institution
	interesantan /-ntna/-o	interessant
	interesirati (se)	(sich) interessieren
	intervju (m), Gen intervjua	Interview
	isključiti	ausschließen, ausschalten
	isplatiti (se)	(sich) auszahlen
	ispričati (pf)	erzählen, mitteilen
	ispuniti (pf), ispunjavati (ipf)	ausfüllen
	ispušni /-a/-o	Auspuff~
	istina	Wahrheit
	istočni /-a/-o	östlich, Ost~

	istok	Osten
	Istra	Istrien
	itko	irgend jemand
	ivičnjak	Bordstein, Straßenrand
	izabrati, izaberem	auswählen, aussuchen
	izaći, izađem (pf) / izlaziti (ipf)	herausgehen
	izazvati, izazovem	herausfordern, provozieren
	izgubiti (pf)	verlieren
	izgubljen /-a/-o	verloren
	izlaz	Ausgang, Ausfahrt
	izlazak	Ausgang, Aufgang
	izlog	Schaufenster
	iznenaditi, ~ se	überraschen, überrascht sein
J	jadan /-dna/-o	arm, erbärmlich
	jasan /-sna/-o	klar, deutlich
	javiti	melden, mitteilen
	jednom	einmal
	jedrenje	Segeln
	jedrilica	Segelboot
	jedriti	segeln
	jeftin /-a/-o	billig
	jesen (f)	Herbst
	jezik	Zunge, Sprache
	jug	Süden
	junak	Held
	južni /-a/-o	südlich, Süd~
K	k(a) (+Dat)	zu, gegen, nach
	kabina	Kabine, Kajüte
	kajati se, kajem se	bedauern, bereuen
	kao da	als ob
	kapela	Kapelle
	kaskada	Kaskade
	kasniti (ipf)	zu spät kommen, sich verspäten
	kat	Stock(werk)
	katedrala	Kathedrale
	kazalište	Theater
	kazna	Strafe
	kći (f), Gen kćeri	Tochter
	klimatiziran /-a/-o	klimatisiert
	klinika	Klinik
	klub	Club
	klupa	Bank
	knjižara	Buchhandlung
	koga?	Wen?
	kola (n, Pl)	Wagen
	kolega (m)	Kollege
	koljeno	Knie
	kolo	Rad, Kreis, Sport: Runde
	kolodvor	Bahnhof
	kolovoz	August
	komentar	Kommentar
	kompjutor (auch: kompjuter)	Computer
	kondicija	Kondition
	konflikt	Konflikt
	konkurencija	Konkurrenz
	konobarica	Kellnerin
	kontrola	Kontrolle
	kontrolirati	kontrollieren
	kopneni /-a/-o	Binnen~, Land~

	koralj	Koralle
	korito	Trog, Flussbett
	kosa	Haar
	košarka	Basketball
	košulja	Hemd
	kovač	Schmied
	kralj	König
	krasan /-sna/-sno	herrlich, prächtig
	prekrasan	wunderhübsch
	krenuti (se) (pf), krenem /	bewegen, sich in Bewegung setzen,
	kretati (se) (ipf), krećem	aufbrechen
	krilo	Flügel
	kristalan /-lna/-o	kristallen
	kriv /-a/-o	krumm, schief, schuld(ig)
	krivina	Kurve
	križanje	Kreuzung
	kroz (+Akk)	(hin)durch
	kršiti	(ab)brechen
	kucati	(an)klopfen
	kuk	Hüfte
	kukavica (m)	Kuckuck, Feigling
	kula	Turm
	kupanje	Baden
	ručnik za ~	Badetuch
	kupati se	baden
	kupovina	Einkauf
	kurs	Kurs
	kut	Ecke, Winkel
L	lasta	Schwalbe
	latinski /-a/-o	lateinisch
	leći (pf), legnem; lijegati (ipf), liježem	sich hinlegen
	leđa (n,Pl)	Rücken
	legendaran /-rna/-o	legendär
	letjeti, letim	fliegen
	licenca	Lizenz
	liječnik	Arzt
	liker	Likör
	linija	Linie
	lipanj	Juni
	listopad	Oktober
	lokalni /-a/-o	lokal, örtlich
	lokomotiva	Lokomotive
	lonac	Topf
	lopov	Dieb, Gauner
	lopta	Ball
	loptica	Bällchen, Tennisball
	loviti; ~ ribu	jagen, fangen; angeln
	lučka kapetanija	Hafenamt
	lučki /-a/-o	Hafen~
Lj	lječilište	Kurort
	ljekarna	Apotheke
	ljepota	Schönheit
	ljepotica	Schönheit (Person)
	ljeto	Sommer
	ljubav (f)	Liebe
	ljubomoran /-rna/-o	eifersüchtig
	ljutiti se (na + Akk)	sich ärgern (über), sauer sein (auf)
M	magistrala	Fernverkehrsstraße, Magistrale
	mahati, mašem	winken

	mail	Mail
	makar	wenigstens
	marljiv /-a/-o	fleißig, eifrig
	maska	Maske
	maska za ronjenje	Taucherbrille
	mati (f), Gen matere	Mutter
	maziti	verwöhnen
	meč	Match
	medalja	Medaille
	medvjed	Bär
	među (+Instr)	zwischen, unter
	međusobno	wechselseitig
	međuvremenu	zwischendurch
	melodija	Melodie
	mirovanje	(Aus)Ruhen
	mirovati, mirujem	(aus)ruhen
	misao (f), misli	Gedanke
	mladić	junger Mann
	mladost (f)	Jugend
	mnogobrojan /-jna/-o	zahlreich
	modrozelen /-a/-o	blaugrün
	mogući /-a/-e	möglich
	mogućnost (f)	Möglichkeit
	moment	Moment
	montirati (ipf), razmontirati (pf)	montieren
	monumentalan /-lna/-o	monumental
	motivirati	motivieren
	mrmljati	murmeln, brummeln
	mu (Dat von on)	ihm
	mudrost (f)	Weisheit
	muha	Fliege
	muškarac	Mann
N	nabaviti	beschaffen
	način	Art, Weise
	nada	Hoffnung
	nadležan /-žna /-o	zuständig, kompetent
	nadoknaditi	nachholen, ersetzen
	nagnuti, nagnem (pf) (se)	(sich) neigen, schräg stellen
	nagrada	Belohnung, Preis
	nagrizati	anbeißen, (ver)ätzen
	naići, naiđem (pf), nailaziti (ipf)	begegnen, antreffen
	najaviti (pf)	anmelden, ankündigen
	najesti se, najedem	sich satt essen
	najzad	endlich
	nakit	Schmuck
	nakon (+Gen, zeitl)	nach
	nakon što	nachdem
	nalog	Auftrag
	namjeran /-rna/-o	absichtlich, vorsätzlich
	namjeravati	beabsichtigen
	namontirati	anmontieren
	naočale (f, Pl), sunčane ~	Brille, Sonnenbrille
	napolje	nach draußen
	naporan /-rna/-o	anstrengend, mühevoll
	napraviti	anfertigen
	napuniti	(auf)füllen
	napuniti gorivo	tanken
	narodan /-dna/-o	volkstümlich, Volks~
	narudžba	Bestellung

	naslućivati (ipf), naslućujem	(er)ahnen, voraussahnen
	nastaviti (pf), nastavljati (ipf)	fortsetzen, weitermachen
	natpis	Aufschrift, Inschrift
	natrag	zurück
	navika	Gewohnheit
	naviknuti (se), naviknem	(sich) gewöhnen
	nazdraviti	zuprosten
	nazvati, nazovem	nennen, anrufen
	nebo	Himmel
	nedaleko	nicht weit, unweit
	nedostajati (ipf), nedostajem	fehlen
	nekakvo	irgendwie
	neki /-e/-a	irgendwelche
	neobičan /-čna/-o	ungewöhnlich, seltsam
	neogotički /-a/-o	neugotisch
	nepažnja	Unaufmerksamkeit
	neprilika	Unannehmlichkeit, Klemme
	nervirati	nerven, auf die Nerven gehen
	nestati (pf), nestanem	verschwinden
	nestrpljiv -a/-o	ungeduldig
	netko (Gen nekoga)	(irgend)jemand
	neudoban /-bna/-o	unbequem, ungemütlich
	nezgoda	Ungeschick, Panne, Pech
	nezgodan /-dna/-o	ungünstig, unpassend
	ni	auch nicht, nicht einmal
	nigdje	nirgendwo
	nikad(a)	nie, niemals
	nitko	niemand
	nizati, nižem	(auf)reihen
	njega (Akk von on)	ihn
	noćni /-a/-o	nächtlich, Nacht~
	noga	Bein
	nogomet	Fußball
	nogometaš	Fußballspieler
	normalizirati	normalisieren
	nos	Nase
	novčanik	Geldbörse
	nuditi (ipf)	anbieten
O	oba, obadva	(alle) beide
	obala	Ufer, Küste
	obaveza	Verpflichtung
	obaviti	erledigen
	obećati (pf)	versprechen, versichern
	obilaziti	umgehen
	objaviti (pf)	bekannt geben, veröffentlichen
	objasniti (pf), objašnjavati (ipf)	erklären
	objedovati, objedujem	(zu Mittag) essen
	obožavatelj	Bewunderer, Fan
	obradovati, obradujem	erfreuen
	obrt	Handwerk
	ocijeniti	beurteilen, abschätzen
	odatle	von da (aus)
	odbojka	Volleyball
	odbojka na pijesku	Beachball
	odgovarati (ipf), odgovoriti (pf)	(be)antworten, entgegnen, zusagen, passen
	odjeća	Kleidung
	odlazak	Abfahrt, Abreise
	odlaziti (ipf)	abfahren, abreisen, weggehen
	odletjeti, odletim	wegfliegen, abfliegen

odlučiti	entscheiden
odmahivati, odmahujem, ~ glavom	abwinken, den Kopf schütteln
odmarati se (ipf); odmoriti se (pf)	sich erholen
odmorište	Rastplatz
odnosno	beziehungsweise
odrasli (m, Pl)	Erwachsene
održavati (ipf),	(er)halten, aufrecht erhalten
~ se	sich behaupten, stattfinden
oduševiti (se)	(sich) begeistern
oduševljen /-a/-o	begeistert
odvesti, odvedem	wegbringen, wegfahren
ogledalo	Spiegel
ogrlica	(Hals)kette
ogroman /-mna/-o	riesig, riesengroß
oklada	Wette
oko	Auge
okolina	Umgebung, Umwelt
okretati (se) (ipf), okrećem	(sich) umdrehen, zuwenden
okupiti, ~ se	(an)sammeln, sich versammeln
omiljen /-a/-o	beliebt, Lieblings~
omiljeti (pf), omilim	gefallen, beliebt werden
opera	Oper
opisati, opišem	beschreiben
oporavak	Besserung
oprati, operem	(ab)waschen
oprema	Ausrüstung, Ausstattung
oprez	Vorsicht
oprezan /-zna/-o	vorsichtig
oprostiti (se)	(sich) entschuldigen, verabschieden
optimist(a) (m)	Optimist
orah	Nuss
organizator	Organisator
orgulje (f, Pl), morske ~	Orgel, Meeresorgel
ortopedija	Orthopädie
ortopedski /-a/-o	orthopädisch
osjećati se	sich fühlen
osmijeh	Lächeln
osnivanje	Gründung
osnovati	gründen, errichten
osobito	besonders
ostali /-a/-o	der /die/das übrige
ostaviti (pf), ostavljati (ipf)	(ab)lassen, zurücklassen, hinterlassen
osvojiti (pf); osvajati (ipf)	erobern, gewinnen
oštar /oštra/-o	scharf, spitz
oštećen /-a/-o	beschädigt
oštetiti (pf)	beschädigen, benachteiligen, abnutzen
otapati	(auf)lösen, schmelzen
oteti (pf), otmem	wegnehmen, entführen
otići (pf), otiđem / odem; odlaziti (ipf)	weggehen, abfahren
otkud(a)	woher
otploviti	abfahren (eines Schiffs)
ovakav /-kva/-o	solch ein
ovamo	hierher
ozbiljan /-jna/-o	ernst(haft)
ožujak	März
P pa	und (dann)
pacijent	Patient
palma	Palme
pamet (f)	Verstand

par	Paar
park	Park
parkiralište	Parkplatz
parkiranje	Parken
parkirati	parken
parkirni /-a/-o	Park~
partner	Partner
pasti (pf), padnem	fallen, stürzen
paviljon	Pavillon
paziti (na + Akk)	aufpassen, achten (auf)
pecanje	Angeln
peh	Pech
pejzaž	Landschaft
peraja	Flosse
(gumene) peraje	Schwimmflossen
pesimist(a) (m)	Pessimist
pijesak	Sand
pisanje	Schreiben
pismo	Brief
pjevati	singen
pitak /-tka/-o	trinkbar, Trink~
pivovara	Brauerei
pjenušav /-a/-o	schaumig, Schaum~
pješačenje	Wanderung
plakat	Plakat
plakati, plačem	weinen
planinski /-a/-o	gebirgig
plašiti	ängstigen, erschrecken
~ se	sich ängstigen, Angst haben
plin	Gas
Plitvice (f, Pl)	Plitwitze
Plitvički /-a/-o	Plitwitzer
plivanje	Schwimmen
ploviti	(Schiff) fahren
po (+Lok)	an, auf, über, nach
pobijediti	siegen
pobjednica	Siegerin
pobrinuti se (pf), pobrinem	sorgen, sich kümmern
početi (pf), počnem; počinjati (ipf)	anfangen, beginnen
poći, pođem, ~sa (+ Instr)	losgehen, (jemandem) folgen
podizati (ipf), podižem	errichten, aufstellen, aufbauen
podne	Mittag
podnijeti (pf), podnesem	ertragen, aushalten
područje	Gebiet
podsjećati (ipf)	erinnern
podsjetiti (pf) (se)	(sich) erinnern
poduzeti, poduzmem	unternehmen
pogađati, pogađam	(er)raten
poena	Punkt (Sport)
pogoršati (se) (pf), pogoršavati (ipf)	(sich) verschlechtern
pojavljivati se, pojavljujem	erscheinen, auftauchen
pokazati, pokažem, pokazivati (ipf), pokazujem	zeigen
pokliznuti, pokliznem	ausrutschen
poklon	Geschenk
pokušati (pf), pokušavati (ipf)	versuchen
policajac	Polizist
policija	Polizei
policijski /-a/-o	Polizei~
politički /-a/-o	politisch

polufinale	Halbfinale
pomalo	allmählich, langsam
pomisliti	denken, sich vorstellen
ponašanje	Benehmen, Verhalten
ponašati se	sich benehmen
ponekad	manchmal
ponijeti, ponesem	mitbringen
ponos	Stolz
ponovo	erneut, abermals
popis	Verzeichnis
popraviti (pf) / popravljati (ipf)	verbessern, (aus)bessern
popust	Nachlass, Rabatt
popustiti (pf)	nachlassen
popušiti (pf)	(zu Ende) rauchen
pored (+Gen)	neben, bei, nebst
poruka	Botschaft, SMS
posada	Mannschaft, Crew
posjedovati (ipf), posjedujem	besitzen
posjet	Besuch
posjetiti	besuchen, besichtigen
postaja	Station, Haltestelle
postati (pf), postanem	werden, entstehen
postavljati (ipf)	aufstellen
pošto	nachdem
posuditi	(aus)leihen
potok	Bach
potreba	Notwendigkeit, Bedarf
potreban /-bna/-o	notwendig, erforderlich
potvrda	Bescheinigung
potvrditi (pf), potvrđivati (ipf), potvrđujem	bescheinigen, bestätigen, bejahen
pouka	Lehre, Belehrung
povesti, povedem	mitführen
~ (+ Akk + Dat)	jdn. zu jdm. bringen
povesti, povezem, povezao /-zla/-o	mitnehmen (mit dem Auto)
povijest (f)	Geschichte
povoljan /-jna/-o	günstig
povreda	Verletzung
pozajmiti	(aus)leihen
pozdrav	Gruß
poznat /-a/-o	bekannt
poznati	(er)kennen
pozvati, pozovem	(her)rufen, einladen
prati, perem (ipf), oprati, operem (pf)	waschen, (Geschirr) spülen
prebaciti	hinüberwerfen, überführen
prebaciti kolima (+ Dat)	mit dem Wagen nach ... bringen
predivan /-vna/-o	wunderschön
pred (+Instr)	vor
predmet	Gegenstand, Objekt
predsjednik	Präsident
pregaziti	durchschreiten, überfahren
pregledati	durchsehen, untersuchen
prekidati	unterbrechen, abbrechen
prelistavati (ipf)	(durch)blättern
prema (+Lok)	nach, in Richtung
prenoćiti	übernachten
prenositi	übertragen
prepoznati	erkennen
prestati	aufhören, Halt machen
preteći, pretečem	übertreffen, überholen

	pretpostavljati	vermuten
	prezime	Nachname
	pričati	erzählen, plaudern
	pričekati (pf), pričekivati (ipf), pričekujem	abwarten, sich gedulden
	prijava	Anmeldung
	prije vremena	vorzeitig
	prijedlog	Vorschlag
	prijem	Empfang
	prijemni /-a/-o	Empfangs~
	prijenos	(TV-, Radio-) Übertragung
	prikriti, prikrijem	verdecken, verschleiern
	prilaziti (ipf)	herantreten, hinzutreten
	primati	empfangen, entgegennehmen
	primjer	Beispiel
	primijetiti (pf), primjećivati (ipf), primjećujem	bemerken, anmerken
	pripremati	vorbereiten, zubereiten
	pristajati, pristajem	zustimmen, passen, (gut) stehen
	pritisak	Druck
	privatan /-tna/-o	privat
	privredan /-dna/-o	wirtschaftlich
	prljav /-a/-o	schmutzig
	probuditi (pf)	(auf)wecken
	proći (pf), prođem, ~ kraj (+ Gen)	vorbeigehen, vorübergehen, ~ an
	pročitati	(vor)lesen
	profesionalan /-lna/-o	professionell
	proglasiti	bekannt machen, proklamieren
	program	Programm
	progutati	(ver)schlucken
	projekt	Projekt
	prolaziti (ipf)	vorbeigehen, hindurchführen
	proljeće	Frühling
	promatranje	Betrachten, Beobachten
	promatrati	betrachten, beabachten
	promenada	Promenade
	promet	Verkehr
	prometan /-tna/-o	Verkehrs~
	propasti (pf) , propadnem	untergehen, scheitern
	prosinac	Dezember
	prošli /-a/-o	vergangen
	protivnica	Gegnerin
	provesti (pf), provedem, provoditi (ipf)	durchführen, vollführen, (Zeit) verbringen
	~ se lijepo	sich gut amüsieren
	provjeriti	überprüfen
	provozati (se)	herumfahren, herumgondeln
	prtljag	Gepäck
	prtljažnik	Kofferraum
	prvenstvo	Vorrang, Vorrecht, Sport: Meisterschaft
	pubertet	Pubertät
	puniti (ipf)	füllen
	pustiti	(zu)lassen
	pušiti (ipf)	rauchen
	putovati, putujem	reisen
R	rad	Arbeit, Schaffen
	radarski /-a/-o	Radar~
	radi (+Gen)	wegen, zwecks
	radionica	Werkstatt
	radnja	Handlung, Arbeit(en)
	radost (f)	Freude
	rajčica	Tomate

rakija	Schnaps
rame	Schulter
raskomotiti se	es sich bequem machen
raskrvariti	blutig machen
raspakirati	auspacken
raspitati (pf) se, (o + Lok)	nachfragen, sich erkundigen (über)
raspravljati	verhandeln, diskutieren
rast	Wuchs
razgledanje	Besichtigung
razgledati	betrachten, besichtigen
razgovarati (ipf), razgovoriti (pf)	sprechen, sich unterhalten
razgovor	Unterhaltung
razlika	Unterschied
razmak	Abstand
razmisliti (pf), razmišljati (ipf)	nachdenken, überlegen
razočaran /-rna/-o	enttäuscht
razočariti (pf)	enttäuschen
razumjeti, razumijem	verstehen
reagirati	reagieren
recepcija	Rezeption
recept	Rezept
receptura	Rezeptur
rečenica	Satz, Spruch
redovnik	Mönch
regija	Region
registracija	Registrierung
registracija auta	Nummernschild
regulirati	regulieren
reket	Schläger, Racket
relativan /-vna/-o	relativ
rentgenski /-a/-o	Röntgen~
republika	Republik
rezultat	Resultat
riječ (f), riječi	Wort
rijeka	Fluss
rimski /-a/o	römisch
riskantan /-tna/-o	riskant
rječica	Flüsschen
rješavanje	Lösung
roditelji (Pl, m)	Eltern
roditi (pf)	gebären
~ se	geboren werden
rođendan	Geburtstag
roman	Roman
ronilac, Gen ronioca	Taucher
ronilački /-a/-o	Tauch~
roniti	tauchen
ronjenje	Tauchen
roštilj	Grill, Rost
rujan	September
ruka	Hand
ruksak	Rucksack
rum	Rum

S

sa (+Gen)	von
sabor	Parlament
saft	Soße
salon	Salon
sam /-a/-o	allein, einsam
samoposluga	Selbstbedienungsladen

samostan	Kloster
san (Gen sna)	Traum
sanjati	träumen
sastaviti	zusammenstellen, verfassen
sastojati se, sastojim se	bestehen, zusammengesetzt sein aus
saznati (pf)	erfahren
semafor	Ampel
semestar	Semester
servis	Service, Sport: Aufschlag
sezona	Saison
sići (pf), siđem / silaziti (ipf)	absteigen, aussteigen, heruntergehen
siječanj	Januar
simbol	Symbol
simpozij	Symposium
sistem	System
sitnica	Kleinigkeit
sjedište	Sitz
sjesti, sjednem (pf)	sich hinsetzen, Platz nehmen
sjever	Norden
sjeverni /-a/-o	nördlich, Nord~
skandal	Skandal
skladište	Lager(raum), Magazin
skratiti	(ver)kürzen
skrenuti (pf), skrenem	ablenken, abbiegen
skriven /-a/-o	versteckt, verborgen
skroz	durch(gängig)
skuhati (pf)	kochen
skupiti (pf) / skupljati (ipf)	sammeln
slab /-a/o	schwach, schlecht
sladak /-tka/-o	süß
slagati (ipf) se, slažem se	übereinstimmen, einverstanden sein
slap	Wasserfall
slaviti	feiern
slijep /-a/-o	blind
slomiti	brechen
slomljen /-a/-o	gebrochen
složiti (pf) / slagati (ipf), slažem	zusammensetzen
~ se	übereinstimmen, einverstanden sein
slučaj	Fall, Zufall
slučajnost (f)	Zufälligkeit
sluga (m)	Diener
smeće	Abfall, Müll
smiriti (se) (pf)	(sich) beruhigen
smješkati se	lächeln, schmunzeln
smjeti, smijem	dürfen
snaći, snađem	betreffen
~ se	sich zurechtfinden
snimak	Aufnahme
snimiti	(Bilder, Töne) aufnehmen
sniženje	(Preis)Senkung, Minderung
sol (f)	Salz
sol za kupanje	Badesalz
sos	Soße
spakirati	(zusammen) packen
specijalan /-lna/-o	speziell, Spezial~
spojiti	verbinden
spor /-a/-o	langsam, träge, spärlich
spreman /-mna/-o	(einsatz)bereit
spremanje	Vorbereitung

spremati	(zu)bereiten, vorbereiten, fertig machen
sprijateljiti se	sich anfreunden
sprovesti, sprovedem	durchführen
srce	Herz
srdačan /-čna/-o	herzlich
srebren /-a/-o	silbern, Silber~
središte	Zentrum
srediti	ordnen, einräumen
sređen /-a/-o	geordnet, ausgestattet
sretan /-tna/-o	glücklich
sresti (pf), sretnem; sretati (se) (ipf), srećem	(sich) treffen
srpanj	Juli
stabilizirati	stabilisieren
staklen /-a/-o	gläsern
stan	Wohnung
stanje	Zustand
stanovati, stanujem	wohnen
starost (f)	Alter
stati, stanem	stehen bleiben, anhalten
stići (pf), stignem, stigao /-gla	ankommen, erreichen
stijena	Fels(wand)
stizati, stižem (ipf)	ankommen, erreichen
stoljeće	Jahrhundert
strana	Seite
strašan /-šna/o	furchtbar, schrecklich
stres	Stress
strog /-a/o	streng, strikt
strpljivost (f)	Geduld
studeni, Gen studenog(a)	November
studirati	studieren
stvar (f)	Sache, Ding
stvaran /-rna/-o	wirklich, tatsächlich
suđe	Geschirr
sudjelovati, sudjelujem	teilnehmen, mitwirken
sumnja	Zweifel
suprostavljati se (ipf)	sich widersetzen, trotzen
suprotan /-tna/-o	entgegengesetzt
susjeda	Nachbarin
susjedni /-a/-o	Nachbar~
susret	Begegnung
suvenir	Souvenir
svagdašnji /-a/-e	alltäglich
svatko	jeder(mann)
sve više	immer mehr
svejedno	gleich(gültig), egal
sveti /-a/-o	heilig
sveučilište	Universität
svibanj	Mai
sviđati se	gefallen
svijet	Welt
svirati	spielen (eines Instruments), pfeifen
svjetlo	Licht
svjetski /-a/-o	Welt~
svjež /-a/-e	frisch
svoj /-a/-e	sein (eigener)
svratiti (se)	abbiegen, einkehren, einen Abstecher machen
svud(a)	überall

Š

šala	Scherz, Spaß
šansa	Chance

	šaptati, šapćem	flüstern
	šetalište	Spazierweg, Promenade
	škola	Schule
	školjka	Muschel
	školjka bisernica	Perlmuschel
	štednjak	Herd
	špilja	Höhle, Grotte
	šum	Rauschen
	šuma	Wald
	šuman /-mna/-o	rauschend
	šumovit, -a/-o	bewaldet
T	tableta	Tablette
	tada	dann (zeitl), damals
	tajna	Geheimnis
	takav /-kva/-o	solch ein(er)
	te	und (so), sowie
	teći, tečem	fließen, strömen
	telefonska govornica	Telefonzelle
	tema	Thema
	tenisač	Tennisspieler
	tenisačica	Tennisspielerin
	tenisice (f,Pl)	Tennisschuhe
	teniski /-a/-o	Tennis~
	termalan /-lna/-o	Thermal~
	teškoća	Schwierigkeit
	tijekom	im Laufe des/der
	tinejdžerka	Teenagerin
	tip	Typ, Tipp
	tisućljeće	Jahrtausend
	tjeme (Gen tjemena)	Scheitel, Geheimratsecke
	toliko	so viel, so sehr
	ton	Ton
	toplice (f,Pl)	Thermalbad
	tradicijonalan /-lna/-o	traditionell
	trag	Spur, Fährte
	travanj	April
	trener	Trainer
	trening	Training
	trenirati	trainieren
	trg	Platz, Marktplatz
	trgovati, trgujem	(ver)handeln
	trgovina	Geschäft
	triko (Gen trikoa)	Trikot
	trošak (Sg)	Ausgabe
	troškovi (Pl)	Kosten, Gebühren
	tumarati	bummeln
	turistički /-a/-o	Touristen~
	turnir	Turnier
	tužan /-žna/-o	traurig
	tvornica	Fabrik
	tvrditi	behaupten, erhärten
U	ublaživati (ipf), ublažujem	lindern, mildern
	ubrajati (ipf)	mitzählen, dazu rechnen
	udaljiti (se) (pf)	(sich) entfernen
	udžbenik	Lehrbuch
	ugođaj	Stimmung, Atmosphäre
	uho	Ohr
	uhvatiti	(auf)fangen, ertappen, packen, befallen
	ukrasti, ukradem	stehlen

ukusan, -sna/-o	köstlich
ulaz	Eingang, Einfahrt
ulje	Öl
umak	Soße
umalo	fast, beinahe
umjesto (+Gen)	anstelle von
umjetnost (f)	Kunst
umoriti se	ermüden, müde werden
unatoč (+Dat)	trotz, trotzdem
unuk	Enkel
unutra	hinein
uobičajen /-a/-o	gewöhnlich, üblich
upaliti	anzünden, anschalten, starten
upamtiti (pf) / upamćivati (ipf), upamćujem	sich merken
upisati (se), upišem	(sich) einschreiben, eintragen
upravo (zeitl)	gerade, soeben
ured	Amt, Büro
uskoro	bald
uspjeh	Erfolg
uspješan /-šna/-o	erfolgreich
uspjeti, uspijem	Erfolg haben, gelingen
uspomena	Andenken, Erinnerung
usporediti / uspoređivati , uspoređujem	vergleichen
uspoređenje	Vergleich
usput	nebenbei, unterwegs
utakmica	Wettkampf
utemeljiti	begründen
utješiti (pf)	trösten
uvredljiv /-a/-o	beleidigend, empfindlich
uvrstiti	einreihen
uzbuditi (pf) (se), uzbuđivati (se) (ipf)	(sich) aufregen
uzbuđen /-a/-o	aufgeregt
uzburkati	aufwiegeln, aufwühlen
uže, Gen užeta	Leine, Seil

V

vaditi	herausnehmen
val	Welle, Woge
vas troje	ihr drei
vaterpolo	Wasserball
važnost (f)	Wichtigkeit, Bedeutung
večera	Abendessen
većina	Mehrheit
većinom	meistens, überwiegend
velegrad	Großstadt
veličina	Größe
veljača	Februar
vez	Stickerei, Einband, Liegeplatz (für Boote)
veza	Verbindung, Beziehung
vic	Witz
viknuti (pf), viknem; vikati, vičem (ipf)	schreien
vikend	Wochenende
vizitni /-a/-o	Visiten~
vjerojatan /-tna/-o	wahrscheinlich, vermutlich
vjerovati (u) vjerujem	glauben (an), vertrauen
vježba	Übung
vlada	Regierung
vlak	Zug
vodič	(Reise)führer
volja	Wille, Lust
vrag	Teufel

	vrh	Gipfel, Spitze
	vrijediti	wert sein, sich lohnen
	vući, vučem	ziehen, schleppen
	vulkanizer	Vulkaniseur
Z	za vrijeme (+ Gen)	während
	zabavljati se (ipf)	sich vergnügen, amüsieren
	zabrinjavati (ipf), zabrinjujem	beunruhigen, Sorgen bereiten
	zaći, zađem (pf), zalaziti (ipf)	umgehen, (hinter etw.) gehen, untergehen
	zadaća	(Haus)Aufgabe
	zadatak	Aufgabe
	zadnji /-a/-e	der /die/das letzte
	zadobiti, zadobijem	erreichen, erlangen
	zahvaliti (pf) (na + Lok), ~ se	danken (für), sich bedanken
	zahvaljivati (ipf) (se), zahvaljujem	(sich be)danken
	zajednički /-a/-o	gemeinsame(r)
	zalazak	Untergang, Niedergang
	zaljubiti se	sich verlieben
	zamicati, zamičem	entwischen, verschwinden
	zanimanje	Beruf, Interesse
	zanimati (se)	(sich) interessieren
	zaobilazak	Umweg
	zaobilaznica	Umleitung
	zapad	Westen
	zapadni /-a/-o	westlich, West~
	započeti, započnem	beginnen
	zapravo	eigentlich
	zaprepastiti, ~ se	erschrecken, bestürzen; bestürzt sein, erschüttert sein
	zar	etwa, vielleicht
	zastati, zastanem	stehen bleiben
	zaštita	Schutz
	zatim	danach, hinterher
	zaustaviti (pf)	anhalten
	zauzeti, zauzmem	einnehmen, besetzen
	zavoj	Verband (Medizin), Kurve
	završiti (pf)	beenden, vollenden, absolvieren
	zbog toga	deswegen
	zbratimiti se	sich verbrüdern
	zdenac	Brunnen
	zgrada	Gebäude, Bauwerk
	zid	Wand
	zima	Winter
	značiti	bedeuten
	znamenitost (f)	Sehenswürdigkeit
	znamenje	Wahrzeichen
	znanstven /-a/-o	wissenschaftlich
	zračna luka	Flughafen
	zviždaljka	Pfeife
	zvučati, svučim	klingen, tönen
Ž	ždrijeb	Los, Auslosung
	žeđ (f)	Durst
	željeznica	Eisenbahn
	živcirati	auf die Nerven gehen
	život	Leben
	životinja	Tier

Index

A

Adjektive – bestimmte und unbestimmte Form ... 181
Adjektivische Verwendung des Gerundium I 162
Aorist 88
Aorist des Hilfsverbs biti 91

B

Bekleidung... 121

D

Dativ auf die Frage wohin...................................... 99
Deklination der Adjektive...................................... 47
Deklination der Fragewörter tko und što............... 15
Deklination der Maskulina auf –a, –o und -io 147
Deklination der Personalpronomina..................... 32
Deklination der Possessivpronomina im Plural...... 56
Deklination der Possessivpronomina im Singular.. 51
Deklination von Eigennamen................................ 76
Deklination von mati und kći 200
Deklination von otac 162
Deklination von sav 157
Deklination von uho und oko 166
Demonstrativpronomina ovaj, taj und onaj 110
doppelte Verneinung.. 15
Drugi Test – zweiter Test..................................... 129

E

erste Palatalisation 87

F

Finalsätze 97

G

Gerundium I (Partizip Präsens Aktiv)................. 159
Gerundium II 164
God in Verbindung mit einem Pronomen 110

H

Himmelsrichtungen.. 150

I

i – Deklination 27
Imperativ für die dritte Person 79

J

Jahreszeiten... 184
Jedrenje ili ronjenje – Konversation..................... 84
Jedrenje ili ronjenje? – Segeln oder Tauchen?..... 84
Jotierung 28

K

Kollektive Zahlwörter 99
Konditional I... 91
Konditional II 167
Konsonantenverschmelzung und Assimilation ... 163
Kroatisch lernen ? 1
Kupovina u Zadru – Einkauf in Zadar 105
Kupovina u Zadru - Konversation....................... 105

L

Lösungen der Übungen 202

M

Monatsnamen und Datumsangaben 122

N

Nekoliko + Genitiv + Verb 17

O

Optativ 18

P

Partizip Passiv.. 114
Partizip Passiv in adjektivischer Verwendung 117
Passivsätze im Präsens...................................... 120
Perfekt 6
Pisma iz Hrvatske – Briefe aus Kroatien............. 155
Pisma iz Hrvatske – Konversation 155
Plitvička jezera - Konversation 137
Plitvička jezera – Plitwitzer Seen 137
Possessivadjektive 73
possessiver Dativ 36
Präposition s(a) mit Genitiv 57
Pronomen čiji 145
Prvi Test – erster Test 62

R

Reći, rečem, reci - Lautveränderungen 6
reflexives Possessivpronomen svoj 54
Reflexivpronomen 179
Relativpronomen koji 141

S

Spremanje za odlazak – Vorbereitung zur
Abfahrt... 173
Spremanje za odlazak -Konversation................. 173
Što/sve + Komparativ eines Adverbs 37

T

Teniski turnir - Konversation................................ 43
Teniski turnir – Tennisturnier 43
Tražimo Denisa! – Konversation 3
Tražimo Denisa! – Suchen wir Denis ! 3
Trebamo novu gumu – Konversation................... 69
Trebamo novu gumu – Wir brauchen einen neuen
Reifen 69
Treći test – dritter Test....................................... 193
Tumarati ulicom 122

U

U bolnici – Im Krankenhaus 24
U bolnici - Konversation....................................... 24
Uživati + u + Lokativ.. 53

V

Verbaspekt... 11
Verwendung perfektiver und imperfektiver
Verben 187
Vokabelverzeichnis.. 237

W

Wegen – zbog oder radi? 177

Z

za in unterschiedlicher Bedeutung 20
Zeitangaben mit Akkusativ oder Genitiv 185